W0382222

Werner Tiedtke

Notarkosten

AUSBILDUNGSREIHE FÜR NOTARFACHANGESTELLTE

HERAUSGEGEBEN VON DER NOTARKASSE MÜNCHEN A.D.Ö.R.

Notarkosten

von

Notariatsoberrat
Werner Tiedtke
München

DeutscherNotarVerlag

Weitere Titel der Ausbildungsreihe für Notarfachangestellte

Melanie Falkner
Kaufvertrag
(ISBN 978-3-95646-116-3)

Michael Gutfried
Grundschulden
(ISBN 978-3-95646-120-0)

Jens Haßelbeck
Wohnungs- und Teileigentum
(ISBN 978-3-95646-121-7)

Andreas Kersten
Büroorganisation
(ISBN 978-3-95646-114-9)

Jens Neie
Überlassungsvertrag
(ISBN 978-3-95646-117-0)

Sonja Pelikan
Basiswissen im Notariat
(ISBN 978-3-95646-115-6)

Sonja Pelikan
Grundbuch lesen und verstehen
(ISBN 978-3-95646-124-8)

Holger Sagmeister
Vereinsanmeldungen und Anmeldungen zum Handelsregister
(ISBN 978-3-95646-119-4)

Markus Sikora
Vollmachten, Genehmigungen, Zustimmungen, Beglaubigungen
(ISBN 978-3-95646-118-7)

Michael Volmer
Vollzug und Betreuung
(ISBN 978-3-95646-122-4)

Hinweis
Die Formulierungsbeispiele in diesem Buch wurden mit Sorgfalt und nach bestem Wissen erstellt. Sie stellen jedoch lediglich Arbeitshilfen und Anregungen für die Lösung typischer Fallgestaltungen dar. Die Eigenverantwortung für die Formulierung von Verträgen, Verfügungen und Schriftsätzen trägt der Benutzer. Autor und Verlag übernehmen keinerlei Haftung für die Richtigkeit und Vollständigkeit der in dem Buch enthaltenen Ausführungen und Formulierungsbeispiele.

Umschlaggestaltung: gentura, Holger Neumann, Bochum
Satz: Griebsch + Rochol Druck GmbH, Hamm
Druck: Medienhaus Plump GmbH, Rheinbreitbach
ISBN 978-3-95646-123-1

Bibliografische Information der Deutschen Bibliothek
Die Deutsche Nationalbibliothek verzeichnet diese Publikation in der Deutschen Nationalbibliografie; detaillierte bibliografische Daten sind im Internet abrufbar über http://dnb.d-nb.de.

Geleitwort

Hinter jedem guten Notar stehen seine Mitarbeiter, die den reibungslosen Ablauf im Notariat sicherstellen.

Der Beruf der Notarfachangestellten ist ein spannender und vielfältiger Beruf, der in Anforderung und Verantwortung weit über einen „gewöhnlichen" Bürojob hinausgeht. Immobilienkäufe, Testamente, Unternehmensgründungen, Eheverträge, Scheidungsvereinbarungen und einiges mehr – über die ganze Bandbreite notarieller Tätigkeiten müssen auch Sie als Mitarbeiter im Notariat tiefgehende Kenntnisse haben. Nur mit Ihrer Unterstützung kann der Notar sein Büro erfolgreich führen.

Wie kann man Sie möglichst gezielt und effizient unterstützen, um eine bestmögliche Ausbildung zum Notarfachangestellten zu absolvieren? Diese Frage haben wir uns als Notarkasse gemeinsam mit Autoren aus der Praxis, nämlich Notarinnen und Notare, Notarassessoren und Büroleitern gestellt. Zusammen mit dem Deutschen Notarverlag wurde die *„Ausbildungsreihe für Notarfachangestellte"* ins Leben gerufen. Wir haben uns zum Ziel gesetzt, Auszubildende während ihrer anspruchsvollen Ausbildungszeit und Berufsanfänger bei ihrem Einstieg in den komplexen Büroalltag zu unterstützen. Auch für Quereinsteiger zur Vermittlung von Grundlagen und für den erfahrenen Notarfachangestellten als Nachschlagewerk ist die Reihe gut geeignet.

Pro Band vermitteln die Autoren dieser Reihe anschaulich die komplette Bandbreite eines notariellen Fachgebiets von den Grundlagen bis hin zu komplexeren Fallgestaltungen. Um Ihnen die Anwendung des Erlernten zu erleichtern, enthält jedes Buch ein Kapitel zur Wissensüberprüfung. Die Lösungsvorschläge verbinden bereits einzelne Fachgebiete miteinander und geben so Gelegenheit zur Vertiefung der gewonnenen Fähigkeiten.

Mit diesem Band erläutert Werner Tiedtke das gesamte Notarkostenrecht. Bis zu seinem Ruhestand mit Wirkung zum 1.10.2017 hatte Werner Tiedtke nicht nur die Leitung der Prüfungsabteilung der Notarkasse (die Notarkasse ist die zuständige Stelle nach dem Berufsbildungsgesetz) inne, sondern auch die Leitung der Ausbildungsabteilung. Er ist somit mit allen Belangen der Ausbildung bestens vertraut und den Auszubildenden nahe verbunden. Der Autor ist nicht nur Mitherausgeber und Autor mehrerer kostenrechtlicher Werke, wie z.B. des führenden Kostenkommentars Korintenberg, der derzeit in 20. Auflage 2017 vorliegt. Er war auch Mitglied der Expertenkommission beim BMJV in Berlin, die für das 2. Kostenrechtsmodernisierungsgesetz (am 1.8.2013 in Kraft getreten) zuständig war. Am GNotKG, insbesondere bei den Notarkosten, hat er entscheidend mitgewirkt. Von seinen Kenntnissen wird nicht nur der Azubi, sondern jeder, der sich mit dem Kostenrecht befasst, profitieren.

Dr. Tilman Götte

Präsident der Notarkasse A.d.ö.R., München

Vorwort

Notarfachangestellte unterstützen die Notare bei der Erfüllung ihrer vielfältigen Aufgaben in allen Rechtsgebieten der freiwilligen Gerichtsbarkeit. Daher ist es unumgänglich, sich in alle Fachbereiche notarieller Aufgaben einzuarbeiten. Die Ausbildung zum oder zur Notarfachangestellten bietet die Möglichkeit zu einer juristischen Tätigkeit mit Möglichkeiten der Weiterbildung ohne ein Hochschulstudium zu absolvieren zu müssen. Schwerpunkte notarieller Fachbereiche sind vor allem Beurkundungen im Immobilienrecht, im Familien- und Erbrecht und im Handels- und Gesellschaftsrecht. Nicht nur bei der Vorbereitung von Beurkundungen, sondern auch beim Vollzug derartiger Urkunden sind die Notarfachangestellten für die Notare wertvolle Mitarbeiter und bilden damit eine Säule des Notariats.

Jedem Auszubildenden kann man zu seiner Berufswahl nur gratulieren, angesichts der Möglichkeiten, die ihm das Notariat bieten kann. Neben dem Unterricht in einer Berufsschule findet die Ausbildung vor allem im Notariat selbst statt. Darüber hinaus wird jeder oder jede Auszubildende danach streben, sich durch geeignete Literatur begleitend fortzubilden. Bei der Wahl der „geeigneten" Literatur tut sich der Berufsanfänger aber mitunter schwer. Auf dem Markt finden sich gute bis sehr gute Lehrbücher, in welchen der Leser zu jeder Frage Antworten findet. Die nun ins Leben gerufene Buchreihe gibt jedem Interessierten Hinweise zu einem bestimmten Fachgebiet, ohne sich in ein „dickes Buch" einlesen zu müssen. Die neue Buchreihe trägt dazu bei, sich bei dem einzelnen Band auf ein bestimmtes Thema konzentrieren zu können.

Der vorliegende Band beschäftigt sich ausschließlich mit dem Kostenrecht in allen notariellen Fachbereichen. Es wird ausdrücklich darauf verzichtet, sich mit unterschiedlicher Rechtsprechung oder Literaturmeinungen zu befassen. Es gibt daher keine Fußnoten mit Hinweisen auf gerichtliche Entscheidungen oder Literaturfundstellen. Neben Ausführungen zu Verfahrensfragen, Formvorschriften und allgemeinen Bewertungstatbeständen erhält der Neueinsteiger einen kompletten Überblick über Wert-, Gebühren- und Auslagenvorschriften zu allen im GNotKG geregelten Sachverhalten. Unterstützt werden die Erläuterungen zum besseren Verständnis durch zahlreiche Beispielberechnungen. Den Abschluss bilden Praxisfälle, anhand derer der Leser sein Wissen überprüfen und vertiefen kann.

In den meisten Notariaten wird die Erstellung notarieller Kostenberechnungen an fachkundige Mitarbeiter übertragen. Wer gute bis sehr gute Kenntnisse im notariellen Kostenrecht nachweisen kann, hat deutliche Vorteile bei der Bewerbung auf eine Mitarbeiterstelle beim Notar. Die Umsetzung notarieller Kostenberechnungen erfordert darüber hinaus aber auch grundlegende Kenntnisse im Zivil- und Beurkundungsrecht. Wer eine Kostenberechnung zu erstellen hat, muss den Inhalt der zu bewertenden Urkunde verstanden haben, da es sich bei dem Kostenrecht um ein Folgerecht des materiellen Rechts handelt. Der vorliegende Band soll den Anwender bei der Umsetzung dieses Vorhabens unterstützen. Muss allerdings ein kostenrechtliches „dickes Brett gebohrt" werden, ist ein Rückgriff auf eine tiefergehende Literatur unumgänglich.

Für Anregungen und Hinweise bin ich jedem Leser dankbar. Ich danke der Notarkasse A.d.ö.R., München und insbesondere ihrem Präsidenten, Herrn Dr. Tilman Götte, dafür, dass sie meine Idee für diese Buchreihe in Kooperation mit dem Deutschen Notarverlag Bonn umgesetzt und die Herausgeberschaft übernommen haben.

Werner Tiedtke

München, im Oktober 2017

Inhaltsverzeichnis

Geleitwort 5
Vorwort 7

§ 1 Systematischer Überblick über das GNotKG 17

A. Was muss ich mir unter Notarkosten vorstellen? 17
I. Öffentlich-rechtlicher Anspruch 17
II. Keine Gebührenvereinbarung zulässig 17
III. Prüfung der Gebührenerhebung durch die Dienstaufsichtsbehörde 17
IV. Gerichtliche Überprüfung 17
V. Zurückbehaltungsrecht 18
VI. Kostenvorschuss 18
VII. Beitreibung seiner Kosten 18
B. Welches Gesetz regelt die Kostenerhebung? 18
C. Wie ist das Gesetz aufgebaut? 18
I. Paragrafenteil 18
II. Kostenverzeichnis 20
D. Welche Gebühren sind im Gesetz geregelt? 21
I. Wertabhängige Gebühren 21
1. Allgemeine Grundsätze 21
2. Unterschiedliche Tabellen 22
II. Abgeltungsbereich 22
1. Beurkundungsverfahren 22
2. Fertigung von Entwürfen außerhalb eines Beurkundungsverfahrens 23
III. Einmalige Gebührenerhebung 23
IV. Gebührensätze für Beurkundungsverfahren 23
1. 2,0-Gebühr nach KV-Nr. 21100 GNotKG 23
2. 1,0-Gebühr nach KV-Nr. 21200 GNotKG 24
3. 0,5-Gebühren nach KV-Nr. 21201 GNotKG 25
4. Sonderfälle der 0,5-Gebühr gem. KV-Nr. 21101 GNotKG 25
5. Sonderfälle der 1,0-Gebühr gem. KV-Nr. 21102 GNotKG 26
V. Gebühren für isolierte Entwürfe 27
1. Allgemeines 27
2. Entwurf ohne Beurkundungsauftrag 27
3. Entwürfe im Rahmen des Vollzugs 27
4. Überprüfung, Ergänzung oder Änderung eines Entwurfs 28
5. Anrechnung der Entwurfsgebühr auf eine nachfolgende Beurkundung 28
6. Sonderregelungen für Serienentwürfe 28
7. Gebührenhöhe bei Entwürfen 29
VI. Vorzeitige Beendigung eines Beurkundungsverfahrens 29
1. Grundsätze – Tatbestandsvoraussetzungen 29
2. Beendigungsstufen 30
3. Anrechnung auf ein erneutes Beurkundungsverfahren 30
4. Beendigungsgebühren 30
5. Gebührensätze bei vorzeitiger Beendigung eines Beurkundungsverfahrens, KV-Nr. 21300 bis 21304 GNotKG 30
a) Frühzeitige Beendigung 30
b) Beendigung nach persönlicher oder schriftlicher Beratung des Notars . 31
c) Beendigung nach Versand des Entwurfs oder Beginn der Beurkundung 31
VII. Gebühren für Beratungstätigkeiten 32
1. Grundsätze 32
2. Allgemeine Beratungstätigkeit (KV-Nr. 24200 bis 24202 GNotKG) 32
3. Beratung im Zusammenhang mit einem anderen Verfahren oder Geschäft 33

4. Geschäftswert ... 33
5. Anrechnung ... 33
6. Beratung bei der Vorbereitung oder Durchführung von Haupt- und Gesellschafterversammlungen ... 33

VIII. Rahmengebühren ... 34
1. Grundsätze ... 34
2. Ermessensausübung ... 34

IX. Gebühren für Sonstige notarielle Verfahren (Hauptabschnitt 3 KV GNotKG) 35
1. Grundsätze ... 35
2. Sonstige notarielle Verfahren im Einzelnen ... 35
a) Abschnitt 1: Rückgabe eines Erbvertrags aus der notariellen Verwahrung ... 35
b) Abschnitt 2, Verlosung, Auslosung ... 36
c) Abschnitt 3, Eid, eidesstattliche Versicherung, Vernehmung von Zeugen und Sachverständigen ... 36
d) Abschnitt 4, Wechsel- und Scheckproteste ... 38
e) Abschnitt 5, Vermögensverzeichnis und Siegelung ... 38
f) Abschnitt 6, Freiwillige Versteigerung von Grundstücken ... 38
g) Abschnitt 7, Versteigerung von beweglichen Rechten und Sachen ... 38
h) Abschnitt 8, Vorbereitung der Zwangsvollstreckung ... 39
i) Abschnitt 9, Teilungssachen ... 39

X. Gebühren für Sonstige Geschäfte (Hauptabschnitt 5 KV GNotKG) ... 40
1. Abschnitt 1, Beglaubigungen und sonstige Zeugnisse (§§ 39, 39a des BeurkG) ... 40
a) KV-Nr. 25100 GNotKG (Beglaubigung Unterschrift oder Handzeichen) ... 40
b) KV-Nr. 25101 GNotKG (Beglaubigung Unterschrift oder Handzeichen – Sonderfälle) ... 41
c) KV-Nr. 25102 GNotKG (Beglaubigung von Ablichtungen) ... 41
2. Abschnitt 2, Andere Bescheinigungen und sonstige Geschäfte ... 42
3. Abschnitt 3, Verwahrung von Geld, Wertpapieren und Kostbarkeiten ... 44

XI. Vollzugsgebühren ... 44
1. Allgemein ... 44
2. Vollzugsauftrag ... 45
3. Einmalige Erhebung der Vollzugsgebühren ... 45
4. Regelungsbereiche für die Vollzugsgebühren ... 45
5. Gebührenauslösende Tätigkeiten ... 46
6. Entstehungszeitpunkt ... 49
7. Gebührensätze ... 49
8. Geschäftswert ... 50
9. Anfordern einer Vollzugserklärung durch Entwurf des Notars ... 50
10. Vollzug in besonderen Fällen ... 50
a) Allgemein ... 50
b) Gebühren nach KV-Nr. 22120 bis 22124 GNotKG ... 50
c) Gebühr nach KV-Nr. 22124 Nr. 1 GNotKG ... 52
d) Gebühr nach KV-Nr. 22124 Nr. 2 GNotKG ... 52
11. Vollzugsgebühr für die XML-Strukturdatei ... 53
a) Vollzugsauftrag ... 53
b) XML-Gebühr neben anderen Vollzugsgebühren ... 54
c) Gebührenhöhe und Geschäftswert ... 54
d) Gebühr nach KV-Nr. 22114 GNotKG ... 54
e) XML-Datenstruktur – 0,6-Gebühr nach KV-Nr. 22125 GNotKG, (kein Beurkundungsverfahren, kein Entwurf für das zu vollziehende Geschäft) ... 55

XII. Betreuungsgebühr 55
1. Allgemeine Grundsätze 55
2. Gebührensatz 56
3. Gebührentatbestände 56
a) Erteilung einer Bescheinigung über den Eintritt der Wirksamkeit von Verträgen, Erklärungen und Beschlüssen, Nr. 1 56
b) Prüfung und Mitteilung des Vorliegens von Fälligkeitsvoraussetzungen einer Leistung oder Teilleistung, Nr. 2 56
c) Beachtung einer Auflage eines an dem Beurkundungsverfahren Beteiligten, Nr. 3 56
d) Prüfung und Beachtung der Auszahlungsvoraussetzungen von verwahrtem Geld und der Ablieferungsvoraussetzungen von verwahrten Wertpapieren und Kostbarkeiten, Nr. 4 58
e) Anzeige oder Anmeldung einer Tatsache, insbesondere einer Abtretung oder Verpfändung, Nr. 5 58
f) Erteilung einer Bescheinigung über Veränderungen hinsichtlich der Personen der Gesellschafter oder des Umfangs ihrer Beteiligung (§ 40 Abs. 2 GmbHG), Nr. 6 59
g) Entgegennahme der für den Gläubiger bestimmten Ausfertigung einer Grundpfandrechtsbestellungsurkunde zur Herbeiführung der Bindungswirkung gemäß § 873 Abs. 2 BGB, Nr. 7 59
XIII. Treuhandgebühren 59
1. Allgemein 59
2. Geschäftswert 59
3. Mehrere Treuhandauflagen 60
XIV. Zusatzgebühren 61
1. Allgemein 61
2. Unzeitgebühr (Tätigwerden außerhalb festgelegter Zeiten) 61
3. Fremdsprachliche Tätigkeiten 61
a) Abgabe der zu beurkundenden Erklärung in einer fremden Sprache 62
b) Beurkundung in fremder Sprache 62
c) Übersetzungen 62
d) Gebührenhöhe 63
4. Auswärtsgebühr (für Tätigkeiten außerhalb der Geschäftsstelle) 63
a) Allgemeine Entstehungsvoraussetzungen 63
b) Unterbleiben des Geschäfts 63
c) Kein Tage- und Abwesenheitsgeld neben der Zusatzgebühr 63
d) Höhe der Auswärtsgebühr 63
e) Privilegierte Geschäfte 64
f) Mehrere Geschäfte 65
E. Auslagen 65
I. Grundsätze 65
II. Dokumentenpauschalen (Auslagen für Kopien und Ausdrucke) 65
1. Begriff 65
2. Dokumentenpauschale nach KV-Nr. 32000 GNotKG 66
3. Keine Dokumentenpauschale bei Beglaubigung von Dokumenten 67
4. Dokumentenpauschale nach KV-Nr. 32001 GNotKG 67
5. Dokumentenpauschale nach KV-Nr. 32002 GNotKG 69
6. Dokumentenpauschale nach KV-Nr. 32003 GNotKG 69
7. Dokumentenpauschale nach KV-Nr. 32004 und 32005 GNotKG 69
III. Reisekosten 70
1. Begriff der Geschäftsreise 70
2. Höhe der Reisekosten 70
3. Abwesenheitsgelder 70

IV. Sonstige Auslagen, Umsatzsteuer 71
F. Darf der Notar Gebühren ermäßigen oder erlassen? 71
I. Ermäßigung bestimmter Gebühren 71
II. Gebührenfreie Tätigkeiten 72
1. Gebührenfreiheit nach § 64 Abs. 2 S. 3 Nr. 2 SGB X 72
2. Beurkundungen nach § 67 Abs. 1 BeurkG 73
III. Gebührenerlass in bestimmten Fällen 73
IV. Nichterhebung von Kosten bei unrichtiger Sachbehandlung 73
G. Vorsicht bei Kostenauskünften 73
H. Wie fordert der Notar seine Kosten ein? 74
I. Grundsätze zu den Formerfordernissen 74
II. Inhalt der Kostenberechnung 74
1. Gegenstand des gebührenpflichtigen Geschäfts 74
2. Angewandte Nummern des Kostenverzeichnisses 74
3. Geschäftswert 75
4. Wertvorschriften 75
5. Beträge der Gebühren 76
6. Auslagen 76
7. Vorschüsse 76
III. Kostengläubiger/Kostenschuldner 77
IV. Rechtsbehelfsbelehrung 77
V. Aufhebung der Kostenberechnung bei Formmängeln 77
VI. Verjährung, Beitreibung der Kosten 77
VII. Durchlaufende Posten 78
VIII. Nachträgliche Änderung der Kostenberechnung 78
IX. Beifügung einer Kopie zu den Akten oder elektronische Aufbewahrung 78
I. Wer schuldet eigentlich die Kosten? 78
I. Veranlassungsschuldner 78
II. Übernahmeschuldner 79
III. Kostenschuld aufgrund einer gesetzlichen Haftung 79
IV. Haftung der Urkundsbeteiligten 79
V. Kostenhaftung bei mehreren Schuldnern 79
VI. Reihenfolge der Inanspruchnahme mehrerer Schuldner? 79
J. Gibt es Höchst- und Mindestwerte oder Festwerte? 80
I. Höchstwerte 80
II. Mindestwerte 80
III. Festwerte 81
K. Müssen Mindest- und Höchstgebühren beachtet werden? 82
I. Mindestgebühren 82
II. Höchstgebühren 83
L. Gibt es auch Festgebühren? 83
M. Beurkundungsgegenstände 84
I. Grundsätze 84
II. Begriff des Beurkundungsgegenstands 85
III. Mehrere Erklärungen in einem Beurkundungsverfahren 85
1. Allgemein 85
2. Derselbe Gegenstand 85
3. Weitere Fälle von Erklärungen mit demselben Beurkundungsgegenstand . 86
4. Verschiedene Beurkundungsgegenstände 88
5. Besondere Gegenstände 90
6. Berechnungsweisen 90

§ 2 Konkrete Sachverhalte: Geschäftswertberechnungen und Hinweise zu verschiedenen Sachverhalten mit Beispielen 91

A. Allgemeines 91
I. Geschäftswerte – Grundsätze 91
1. Grundnorm 91
2. Maßgeblicher Bewertungszeitpunkt 91
3. Bruttowerte, also kein Abzug der Verbindlichkeiten, Ausnahmen hierzu .. 91
4. Hauptgegenstand 91
5. Allgemeiner Geschäftswert 91
6. Austauschvertrag 92
7. Veränderungen eines Rechtsverhältnisses 92
II. Bewertungsvorschriften 92
1. Grundstücke 92
2. Land- und forstwirtschaftliche Betriebe 93
3. Wohnungs- und Teileigentum 93
4. Grundstücksgleiche Rechte (z.B. Erbbaurecht), § 49 GNotKG 93
5. Bestellung eines Erbbaurechts (§ 43 GNotKG) 94
6. Kaufverträge 94
7. Schuldrechtliche Verpflichtungen 94
8. Vor- und Wiederkaufsrechte, Erwerbs- und Veräußerungspflichten, Verfügungsbeschränkungen 95
9. Wiederkehrende Leistungen einschl. Dienstbarkeiten 95
10. Grundpfandrechte und sonstige Sicherstellungen 96
11. Geschäftsanteile und Gesellschaftsbeteiligungen 96
III. Geschäftswerte – konkrete Regelungen 96
1. Allgemein 96
2. Vollmachten und Zustimmungen 97
3. Miet- und Pachtverträge 97
4. Eheverträge (güterrechtliche Angelegenheiten) 97
5. Letztwillige Verfügungen 98
6. Rechtswahlen 99
7. Annahme als Kind 99
8. Registeranmeldungen 99
a) Bestimmter Geldbetrag 99
b) Sonstige Anmeldungen 100
c) Erstanmeldungen ohne bestimmten Geldwert 100
d) Spätere Anmeldungen ohne bestimmten Geldwert 100
e) Anmeldung ohne wirtschaftliche Bedeutung 101
f) Privilegierte Gesellschaften 101
g) Höchstwert für Anmeldungen zu bestimmten Registern (§ 106 GNotKG) 101
9. Anmeldungen zum Vereinsregister 101
10. Gesellschaftsverträge 102
11. Gesellschafterbeschlüsse 102
12. Vollzugsgeschäfte 104
13. Betreuungstätigkeiten 104
14. Verwahrung von Geld, Wertpapieren und Kostbarkeiten 105
15. Erklärungen gegenüber dem Nachlassgericht, Anträge an das Nachlassgericht 105
B. Einzelfälle – Beispiele 105
I. Unterschriftsbeglaubigungen 105
1. Erbausschlagung 105
2. Löschung eines Grundpfandrechts (nur Beglaubigung der Unterschrift) .. 106

3. Bewertung, wenn der Notar die Löschungserklärung auf Antrag vollständig entworfen hätte (mit Unterschriftsbeglaubigung) 107
4. Löschung eines Wohnungsrechts nach Tod des Berechtigten 108
5. Grunddienstbarkeit (Leitungsrecht) 108
6. Bewertung, wenn der Notar die Dienstbarkeitsbestellung auf Antrag vollständig entworfen hätte (mit Unterschriftsbeglaubigung) 109

II. Beglaubigung von Kopien und Ablichtungen 110
1. Zeugnisabschrift (2 Seiten) 110
2. Schriftsatz (200 Seiten) 110

III. Versicherung an Eides statt 111
1. Mit Erbscheinsantrag 111
2. Mit Testamentsvollstreckerzeugnis 111

IV. Vereinsregisteranmeldungen 112
1. Anmeldung eines neu gegründeten Vereins 112
2. Anmeldung bei Veränderungen im Vorstand 113

V. Gründung einer GmbH 114
1. Gründung durch eine Person 114
a) Errichtung der GmbH 114
b) Entwurf der Registeranmeldung 115
2. Gründung durch mehrere Personen 116
a) Errichtung der GmbH 116
b) Entwurf der Registeranmeldung 116
3. Errichtung einer UG (haftungsbeschränkt) 117
a) Errichtung der UG (haftungsbeschränkt) 117
b) Entwurf der Registeranmeldung 118

VI. Beschluss über eine Kapitalerhöhung mit Übernahmeerklärung 119
1. Beschlussurkunde mit Übernahmeerklärung 119
2. Entwurf der Registeranmeldung 120

VII. Anmeldungen zum Handelsregister 120
1. Abberufung und Neubestellung eines Geschäftsführers 120
2. Auflösung einer GmbH mit Anmeldung der Liquidatoren 121
3. Anmeldung eines Einzelkaufmanns 122
4. Ausscheiden und Eintritt eines Kommanditisten 123

VIII. Veräußerung eines Geschäftsanteils 124

IX. Grundschuldbestellungen 125
1. Grundschuld mit Unterwerfungserklärungen 125
2. Grundschuldbestellung – ausschließlich Grundbucherklärungen 126
3. Grundschuldbestellung mit Entwurf 126
4. Grundschuldbestellung Entwurfsüberprüfung und -ergänzung 127
5. Grundschuldbestellung – nur Beglaubigung der Unterschrift 128

X. Kaufverträge mit Vollzugs- und Betreuungstätigkeiten 129
1. Grundstückskaufvertrag, einfache Vollzugstätigkeit, Fälligkeitsmitteilung, Vollzugsüberwachung 129
2. Grundstückskaufvertrag, Lastenfreistellung, Fälligkeitsmitteilung, Vollzugsüberwachung 130
3. Verkauf einer Eigentumswohnung mit Verwalterzustimmung 131

XI. Überlassungen 133
1. Überlassung eines Grundstücks von Eltern an Sohn mit Gegenleistungen. 133
2. Schenkung eines bebauten Grundstücks von Eltern an Tochter 134

XII. Begründung von Wohnungseigentum 135
1. Aufteilung durch den Alleineigentümer (§ 8 WEG) 135
2. Vertragliche Aufteilung nach § 3 WEG 135

XIII. Testament 136

XIV. Vollmacht 137
XV. Adoption eines Minderjährigen 137

§ 3 Prüfe dein Wissen 139

A. Allgemeines 139
B. Fragestellungen 139
I. Bewertung eines Kaufvertrages mit Vollzugs- und Betreuungstätigkeiten sowie Lastenfreistellungserklärungen 139
II. Gründung einer GmbH, Beschluss über die Bestellung des Geschäftsführers sowie Registeranmeldung 141
III. Aufhebung eines Erbvertrages zwischen Ehegatten, Teil a), Teilaufhebung und neue Verfügung, Teil b) 144
IV. Ehevertrag: Gütertrennung, Zugewinnausgleich 145
V. Grundschuldbestellungen 146
VI. Überlassung eines Grundstücks mit Gegenleistungen 149
VII. Bestellung einer Grunddienstbarkeit (Geh- und Fahrtrecht) 150
VIII. Erteilung einer Vollmacht (Entwurf mit Beglaubigung der Unterschrift) 150
IX. Aufteilung in Wohnungseigentum (§ 8 WEG) mit Vollzugs- und Betreuungstätigkeiten 151
X. Errichtung einer Kommanditgesellschaft mit Registeranmeldung 152
XI. Ist ein Gebührenerlass möglich? 154

Stichwortverzeichnis 155

§ 1 Systematischer Überblick über das GNotKG

A. Was muss ich mir unter Notarkosten vorstellen?

I. Öffentlich-rechtlicher Anspruch

Unter den Begriff **„Kosten" fallen Gebühren und Auslagen** (§ 1 GNotKG). Es handelt sich um einen öffentlich-rechtlichen Anspruch des Notars, was sich insbesondere daran zeigt, dass sich der Notar ohne Gerichtsverfahren selbst eine vollstreckbare Ausfertigung seiner Kostenberechnung erteilen (§ 89 GNotKG) und mit dieser seine Kosten zwangsweise beitreiben kann (s. Rdn 7). 1

II. Keine Gebührenvereinbarung zulässig

Notare sind gem. § 17 Abs. 1 BNotO verpflichtet, die gesetzlich vorgeschriebenen Kosten zu erheben. Gem. § 125 GNotKG sind **Vereinbarungen über die Höhe der Kosten stets unwirksam**. 2

Lediglich § 126 GNotKG macht hiervon in engem Rahmen eine Ausnahme. Der Notar kann ausnahmsweise für seine Tätigkeit als **Mediator oder Schlichter** durch öffentlich-rechtlichen Vertrag eine **Gegenleistung in Geld vereinbaren**. Gleiches gilt für notarielle Amtstätigkeiten, für die im GNotKG keine Gebühr bestimmt ist. Dies gilt aber nur, wenn diese Tätigkeit nicht im Zusammenhang mit einer anderen gebührenpflichtigen Tätigkeit steht (z.B. isolierte Inverwahrungnahme anderer Dinge, als Geld, Wertpapiere oder Kostbarkeiten). Die **Gebühren müssen angemessen** sein und sind – wie alle anderen Gebühren und Auslagen des Notars – von der Dienstaufsichtsbehörde oder auf Antrag vom Landgericht zu prüfen.

III. Prüfung der Gebührenerhebung durch die Dienstaufsichtsbehörde

Die zutreffende Kostenerhebung der Notare wird in regelmäßigen Abständen durch die **Dienstaufsichtsbehörde (Landgerichtspräsident)** geprüft. Dieser setzt hierfür Kostenrevisoren ein. Dort wo eine Notarkasse eingerichtet ist (Notarkasse München und Ländernotarkasse Leipzig), erfolgt die Prüfung durch diese (§ 113 BNotO). 3

Der Notar erhält nach Abschluss der Prüfung einen **Prüfungsbericht** und wird im Falle unzutreffender Berechnungen angewiesen, zu wenig erhobene Gebühren nachzufordern. Zu viel erhobene Gebühren müssen zurückgezahlt werden.

Für den Notar besteht keine Pflicht die Auffassung des Prüfers zu teilen. In diesem Falle kann der Notar jedoch angewiesen werden, die streitige Kostenfrage dem Landgericht zur Entscheidung vorzulegen, Beschwerde oder Rechtsbeschwerde zu erheben (§ 130 Abs. 2 GNotKG).

IV. Gerichtliche Überprüfung

Gegen die Kostenberechnung des Notars (§ 19 GNotKG), gegen die Verzinsungspflicht, gegen die Zahlungspflicht, die Ausübung des Zurückbehaltungsrechts und die Erteilung einer Vollstreckungsklausel kann die Entscheidung des Landgerichts (LG), in dessen Bezirk der Notar den Amtssitz hat, beantragt werden (§ 127 Abs. 1 S. 1 GNotKG). **Antragsberechtigt** sind zum einen die Kostenschuldner, aber auch der Notar, wenn ihm gegenüber die Kostenberechnung beanstandet wird und er der Beanstandung nicht abhilft (§ 127 Abs. 1 S. 2 GNotKG). Es genügt ein **einfacher Antrag**, für den Kostenschuldner besteht in dem Verfahren vor dem Landgericht **kein Anwaltszwang**, er kann somit das Verfahren ohne anwaltlichen Beistand selbst betreiben. 4

Gegen die Entscheidung des LG kann die **Beschwerde zum Oberlandesgericht** (OLG) erfolgen. Auch hier besteht noch keine Anwaltspflicht. Auch ist kein bestimmter Beschwerdewert vorgeschrieben.

Gegen die Entscheidung des OLG ist die **Rechtsbeschwerde zum Bundesgerichtshof** (BGH) zulässig, aber nur, wenn sie vom OLG zugelassen worden ist. Das OLG kann die Rechtsbeschwerde zulassen, wenn es um eine grundsätzliche Bedeutung der zur Entscheidung anstehenden Rechtsfrage geht. Beim BGH besteht für den Kostenschuldner allerdings Anwaltszwang, für den Notar dagegen nicht. Auch können sowohl beim OLG, als auch beim BGH Kosten für den Unterlegenen entstehen. Diese richten sich nach den Vorschriften des FamFG.

V. Zurückbehaltungsrecht

5 Der Notar kann bis zur Zahlung seiner Kosten auch bestimmte Unterlagen zurückbehalten. Hierüber kann er nach eigenem Ermessen entscheiden. § 11 GNotKG bestimmt, dass **Urkunden, Ausfertigungen, Ausdrucke und Kopien sowie gerichtliche Unterlagen** vom Notar nach billigem Ermessen zurückbehalten werden können, bis die in der Angelegenheit entstandenen **Kosten bezahlt** sind. In der Praxis wird von diesem Zurückbehaltungsrecht aber eher selten Gebrauch gemacht. Wenn aber eine Urkunde nach § 53 BeurkG vollzugsreif ist, muss der Notar z.B. einen Kaufvertrag dem Grundbuchamt zum Vollzug einreichen. Die **Vollzugspflicht hat Vorrang** vor dem Zurückbehaltungsrecht.

VI. Kostenvorschuss

6 Der Notar darf seine Tätigkeit nicht ohne Grund verweigern, da er eine sog. **Urkundsgewährpflicht** hat. Er kann aber seine Tätigkeit davon abhängig machen, dass der Antragsteller oder Auftraggeber einen zur Deckung der Kosten ausreichenden **Vorschuss** vor Beginn der Amtstätigkeit bezahlt. Auch von dem Kostenvorschuss wird in der Praxis nur selten Gebrauch gemacht. Kennt man allerdings den Antragsteller oder Auftraggeber aus früheren Amtstätigkeiten als säumigen Kostenschuldner, ist das Verlangen eines Kostenvorschusses durchaus ratsam. Das muss und kann der Notar aber im Einzelfall selbst entscheiden. Eine gesetzliche Pflicht zur Erhebung eines Kostenvorschusses besteht nicht.

VII. Beitreibung seiner Kosten

7 Schließlich gilt für den Notar ein **vereinfachtes Beitreibungsverfahren**. Gem. § 89 GNotKG werden die Kosten eines Notars und die auf diese entfallenden Zinsen (§ 88 GNotKG) aufgrund einer mit der Vollstreckungsklausel des Notars versehenen Ausfertigung der Kostenberechnung (§ 19 GNotKG, s. Rdn 151 ff.) nach den Vorschriften der Zivilprozessordnung (ZPO) beigetrieben. Der **Notar** kann sich also **selbst** einen **Vollstreckungstitel** in Form einer vollstreckbaren Kostenberechnung erteilen. Durch den Verweis auf die ZPO müssen dann aber die **Zustellung** und das weitere Verfahren über den **Gerichtsvollzieher** gehen.

B. Welches Gesetz regelt die Kostenerhebung?

8 Grundlage für die Kostenerhebung der Notare ist das Gerichts- und Notarkostengesetz (GNotKG), das durch das 2. KostRMoG vom 23.7.2013 am 1.8.2013 in Kraft getreten ist. Es hat die bis dahin geltende Kostenordnung (KostO) abgelöst (BGBl I, 2013, 2586 ff.).

C. Wie ist das Gesetz aufgebaut?

I. Paragrafenteil

9 Das GNotKG ist in seinem äußeren und in seinem systematischen Aufbau weitgehend an die beiden anderen Justizkostengesetze, wie z.B. das Gerichtskostengesetz (GKG), das Rechtsanwaltsvergütungsgesetz (RVG), das Gesetz über Gerichtskosten in Familiensachen (FamGKG), angepasst worden.

Auffällig ist als erstes die **Aufteilung in einen Paragrafenteil und in einen Tabellenanhang**. Innerhalb des Paragrafenteils ist der systematische Aufbau mit dem der anderen

Kostengesetze vergleichbar. Bedingt durch seinen Geltungsbereich für Gerichte und Notare weist das GNotKG allerdings zahlreiche Besonderheiten auf.

Es finden sich in dem für die freiwillige Gerichtsbarkeit geltenden Kostengesetz **zwei Gebührentabellen** (§ 34 GNotKG). Mit der **Tabelle A** findet die sonst für das GKG und das FamGKG geltende Gebührentabelle Einzug in die Nachfolgeregelung zur Kostenordnung. Für die **Gerichtsgebühren** kommt dieser Tabelle die Hauptbedeutung zu. Für die **Notare gilt ausschließlich die Tabelle B** (zu erkennen in der Kopfzeile in Teil 2 des Kostenverzeichnisses), eine Fortschreibung der KostO-Tabelle, die bei den Gerichten nur noch im Erbscheinsverfahren und in den Verfahren zur Erteilung anderer Zeugnisse (Teil 1 Hauptabschnitt 2 Abschnitt 2 KV GNotKG) und in Grundbuchsachen, Schiffs- und Schiffsbauregistersachen und in Angelegenheiten des Registers für Pfandrechte an Luftfahrzeugen (Teil 1 Hauptabschnitt 4) Anwendung findet. Im Übrigen gilt die Tabelle A nur für das Gericht, für Notare gibt es keinen Anwendungsbereich in Tabelle A (s. auch die weiteren Hinweise bei Rdn 20).

Sowohl bei den **Gerichtsgebühren als auch bei den Notargebühren** werden die Gebühren zu einem großen Teil als **Verfahrensgebühren** (für den Notar sind unter Verfahren das Beurkundungsverfahren gem. Teil 2 Hauptabschnitt 1 KV GNotKG und die sonstigen notariellen Verfahren gem. Teil 2 Hauptabschnitt 3 KV GNotKG zu verstehen) ausgestaltet. Die Begrifflichkeit der Verfahrensgebühr für notarielle Verfahren bedeutet im Ergebnis, dass **jede Gebühr nur einmal** erhoben werden darf (§ 93 Abs. 1 GNotKG). Betrifft ein Verfahren mehrere Gegenstände mit verschiedenem Gegenstand, muss die Gebühr immer aus dem **Gesamtwert aller Verfahrensgegenstände** (§ 35 Abs. 1 GNotKG) berechnet werden. Bei unterschiedlichen Gebührensätzen müssen allerdings **Vergleichsberechnungen** vorgenommen werden (§ 94 GNotKG, s. hierzu Rdn 182 ff.). **10**

Der Paragrafenteil gliedert sich in insgesamt 4 Kapitel auf: **11**

Kapitel 1: Gemeinsame Vorschriften für Gerichte und Notare

In diesem Kapitel sind vor allem die Verjährung der Gerichts- und Notarkosten (§ 6 GNotKG), die Rechtsbehelfsbelehrung auf der Kostenberechnung (§ 7a GNotKG), die Fälligkeit der Kosten (für den Notar gem. § 10 GNotKG), die Einforderung der Notarkosten durch die Kostenberechnung (§ 19 GNotKG), die Frage der Kostenschuldnerschaft (§§ 29–32 GNotKG), allgemeine und besondere Wertvorschriften (§§ 35–45 GNotKG) und Bewertungsvorschriften (§§ 46–54 GNotKG) geregelt.

In den **Bewertungsvorschriften** sind vor allem die **Geschäftswerte** für die am häufigsten in der notariellen Praxis vorkommenden Beurkundungssachverhalte geregelt, wie z.B. Vorschriften über die Bewertung von Grundbesitz (§ 46 GNotKG), für Grundstückskaufverträge (§ 47 GNotKG), Besonderheiten für land- und forstwirtschaftliche Betriebe (§ 48 GNotKG), Wertbestimmung für grundstücksgleiche Rechte, wie z.B. Erbbaurechte (§ 49 GNotKG), Bewertung bestimmter schuldrechtlicher Ansprüche, wie z.B. Verfügungsverbote und Bauverpflichtungen (§ 50 GNotKG), Geschäftswert für Erwerbs- und Veräußerungsrechte, wie z.B. Vorkaufs- und Wiederkaufsrechte, Rückübertragungsverpflichtungen im Zusammenhang mit einer Überlassung (§ 51 GNotKG), Nutzungs- und Leistungsrechte und somit die Bewertung von wiederkehrenden Nutzungen und Leistungen, wie z.B. ein Wohnungsrecht oder eine Dienstbarkeit (§ 52 GNotKG), der Geschäftswert für Grundpfandrechte und sonstige Sicherheiten (§ 53 GNotKG), die Bewertung bestimmter Gesellschaftsanteile, wie z.B. Geschäftsanteil an einer GmbH oder Kommanditanteil (§ 54 GNotKG). **12**

Kapitel 2: Dieses Kapitel regelt **ausschließlich Gerichtskosten** und umfasst die §§ 55–84 GNotKG. Alle Regelungen in Kapitel 2 sind für den Notar tabu. **13**

Kapitel 3: In diesem Kapitel, das die §§ 85 bis 131 GNotKG umfasst, sind Regelungen **ausschließlich für den Notar** enthalten. Dieser Teil ist in 6 Abschnitte aufgeteilt mit folgenden Regelungsumfängen: **14**

- In **Abschnitt 1** sind allgemeine Vorschriften enthalten, vor allem die Erläuterung der Begriffe „notarielle Verfahren" (§ 85 GNotKG), der „Beurkundungsgegenstände" (§ 86 GNotKG) sowie der Gleichsetzung eines Sprechtages durch den Notar außerhalb der Geschäftsstelle mit dieser (§ 87 GNotKG).
- **Abschnitt 2** regelt die Verzinsung des Kostenanspruchs des Notars (eine solche erfolgt nur in bestimmten Fällen) gem. § 88 GNotKG, Regelungen über die Beitreibung der Notarkosten einschl. etwaiger Zinsen (§ 89 GNotKG) über Rückzahlungsverpflichtungen einschl. Schadenersatz bei Erhebung zu hoher oder unberechtigter Gebühren (§ 90 GNotKG).
- **Abschnitt 3** enthält Gebührenvorschriften zur Gebührenermäßigung (§ 91 GNotKG), zu Rahmengebühren (§ 92 GNotKG), bestimmt die einmalige Erhebung einer Gebühr (§ 93 GNotKG) und regelt die Berechnungsweise, wenn in einer Niederschrift mehrere Beurkundungsgegenstände zusammengefasst werden (derselbe oder verschiedene Beurkundungsgegenstände einschl. Berechnungsart der Gebühren, wenn unterschiedliche Gebührensätze anzuwenden sind, s. hierzu Rdn 182 ff.).
- In **Abschnitt 4** sind Wertvorschriften zusammengefasst, er regelt zunächst allgemeine Wertvorschriften (§§ 96, 97 GNotKG) in Unterabschnitt 1 und in Unterabschnitt 2 Wertvorschriften in den §§ 97 bis 111 GNotKG (s. § 2 Rdn 21 ff.). in Unterabschnitt 3 sind die Wertvorschriften für Vollzugs- und Betreuungsgebühren enthalten, in Unterabschnitt 4 die Werte der sonstigen notariellen Geschäfte (s. Rdn 64 ff.).
- **Abschnitt 5** enthält das Verbot der Gebührenvereinbarung (§ 125 GNotKG) mit der Ausnahme zum Abschluss eines öffentlich-rechtlichen Vertrags (§ 126 GNotKG).
- **Abschnitt 6** für die gerichtlichen Verfahren in Notarkostensachen (§§ 127 bis 131 GNotKG).

15 **Kapitel 4** schließt mit **Schluss- und Übergangsvorschriften** ab (§§ 133 bis 136 GNotKG).

II. Kostenverzeichnis

16 Das Kostenverzeichnis folgt einer klaren Gliederung. Es trennt die Kostenvorschriften für die Gerichte von denen für die notariellen Tätigkeiten.

- **In Teil 1 finden sich die Gebühren der Gerichte,**
- **in Teil 2 die der Notare und**
- **in Teil 3 die Auslagen für Gerichte und Notare.**

Innerhalb des **Auslagenteils** wird ebenfalls strikt zwischen **Gerichten und Notaren getrennt**: Die Auslagentatbestände in Teil 3 Hauptabschnitt 1 für Gerichte und in Hauptabschnitt 2 für Notare.

Die Gebühren für die Verfahren in den einzelnen Rechtsgebieten bei den Gerichten (z.B. Betreuungssachen und betreuungsgerichtliche Zuweisungssachen, Nachlass- und Teilungssachen) als auch für die Verfahren der Notare (z.B. Beurkundungsverfahren) sowie für abgeschlossene Tätigkeitsfelder der Notare (z.B. Vollzug, Betreuungstätigkeiten, Beratung) sind jeweils in einem in sich abgeschlossenen Gliederungsteil abschließend geregelt.

Verfahrensübergreifende Gebührentatbestände und Gebührentatbestände, die für mehrere oder gar alle Verfahren bzw. für alle Tätigkeitsfelder der notariellen Tätigkeit gelten, bilden die Ausnahme. Als Beispiel für eine solche Ausnahme seien für die Notare die Zusatzgebühren in den KV-Nrn. 26000 bis 26003 GNotKG genannt.

17 Die Gliederung im **Kostenverzeichnis** folgt dem Aufbau nach klar abgegrenzten Ebenen:

- **Teil**
- **Hauptabschnitt**
- **Abschnitt**
- **Unterabschnitt.**

Dieser Aufbau ist für den Umgang mit den Regelungen des Kostenverzeichnisses von erheblicher Bedeutung. Um das Zurechtfinden zu erleichtern, sind auch die Nummern der Gebühren- und Auslagentatbestände in den ersten vier Stellen von den Nummern der Gliederungsebene abgeleitet. Fehlt es an einer Gliederungsebene, steht dafür eine Null. Die letzte Ziffer ist die laufende Nummer des Tatbestands, die jedoch nicht mit „1“, sondern mit „0“ beginnt.

Beispiel: 18

Die Gebühr für das Beurkundungsverfahren für eine letztwillige Verfügung hat folgenden Standort:

Teil 2 des Kostenverzeichnisses Notargebühren

Hauptabschnitt 1. Beurkundungsverfahren

Abschnitt 2. Sonstige Erklärungen, Tatsachen und Vorgänge

Einen besonderen Unterabschnitt gibt es nicht. An die Stelle eines Unterabschnitts tritt die Ziffer „0“.

Die Gebühr für das Beurkundungsverfahren ist der erste Gebührentatbestand des betreffenden Abschnitts. Sie trägt daher die Nummer 21200.

Durch diese klare Gliederung wird die „Navigation“ im Verzeichnis ganz erheblich erleichtert.

Es gibt im Grundsatz **zwei Arten von Gebühren**:

- die **originäre** Gebühr, also die Hauptgebühr (im oben stehenden Beispiel die Gebühr KV-Nr. 21200 GNotKG) und
- die **modifizierte** Gebühr (zur Gebühr gem. KV-Nr. 21200 GNotKG die Gebühr KV-Nr. 21201 GNotKG).

Bei der „Grundgebühr“ handelt es sich um den Grundtatbestand einer Gebühr. Er ist in der Regel kurz und prägnant. Er bestimmt in der Regel die Gebühr, die pauschal für ein bestimmtes Verfahren zu zahlen ist. Bei vielen Gebühren ist es aber unvermeidbar, für bestimmte Sachverhalte oder Verfahrensabläufe Regelungen zu treffen, die von der Grundgebühr abweichen. Für diese Sachverhalte modifiziert der Gesetzgeber die Grundgebühr. Eine solche Gebühr lässt sich in der Regel an der folgenden Formulierung im Gebührentatbestand erkennen: „Die Gebühr [Nummer der Grundgebühr] beträgt ...“ oder „Die Gebühr [Nummer der Grundgebühr] ermäßigt sich auf ...“. Besonderheit der modifizierten Gebühr ist, dass die Anmerkung zur Grundgebühr auch für die modifizierte Gebühr gilt. Eine eigene Anmerkung zur modifizierten Gebühr gilt allerdings nur für diese und geht ggf. als lex specialis einer Regelung in der Anmerkung zur Grundgebühr vor.

D. Welche Gebühren sind im Gesetz geregelt?

I. Wertabhängige Gebühren

1. Allgemeine Grundsätze

Das Gebührensystem nach dem GNotKG (Bereich der freiwilligen Gerichtsbarkeit) basiert auf dem **Grundsatz der Wertgebühr**. Maßgebend ist also nicht der zeitliche und sachliche Aufwand des Notars, sondern ausschließlich der Geschäftswert. Die Gebühr steigt also bei gleichwertigem Aufwand des Notars abhängig vom Geschäftswert. Dieses System soll ermöglichen, dass die Dienste des Notars auch in Angelegenheiten mit niedrigem Wert in Anspruch genommen werden können, obwohl der Notar in diesen Fällen keine kostendeckenden Gebühren erhält. Ein Ausgleich erfolgt durch die höheren Gebühren bei höherem Geschäftswert. Lediglich bei der Zusatzgebühr für auswärtige Tätigkeiten nach KV-Nr. 26002 GNotKG orientiert sich die Gebührenhöhe am Zeitaufwand (Dauer der Abwesenheit) des Notars. 19

Das GNotKG kennt auch **keine Anknüpfung an den Erfolg** der Tätigkeit. Gebührenauslösend ist allein das Tätigwerden des Notars (z.B. Beurkundung, Beratung, Vollzugs- oder Betreuungstätigkeit). Ob z.B. ein beurkundeter Kaufvertrag auch tatsächlich von den Beteiligten erfüllt wird, ist für den Gebührenanfall unbedeutend. Das Risiko der wirtschaftlichen Zuverlässigkeit eines Vertragspartners tragen allein die Beteiligten und nicht der Notar.

Das GNotKG regelt zwar auch in Teilbereichen Festgebühren. Solche gibt es aber nur für besonders geeignete Fälle und spielen daher eine untergeordnete Rolle, s. hierzu Rdn 181.

2. Unterschiedliche Tabellen

20 Gem. § 34 Abs. 1 GNotKG bestimmt sich eine Gebühr, wenn die Gebühr nach einem Geschäftswert zu berechnen ist, nach **Tabelle A oder Tabelle B**. Die Tabellen A und B sind in § 34 Abs. 2 GNotKG bestimmt. Es handelt sich um Gebührenstaffeln mit unterschiedlichen Erhöhungsbeträgen mit steigendem Geschäftswert. Zum besseren Verständnis hat der Gesetzgeber § 34 als Anlage 2 zum GNotKG Gebührentabellen für Geschäftswert bis zu 3 Mio. EUR beigefügt (§ 34 Abs. 3 GNotKG). Auffällig ist, dass die Gebühren der Tabelle A deutlich höher sind als bei Tabelle B. Welche Tabelle für den Notar anzuwenden ist, ergibt sich nicht aus § 34 GNotKG, sondern aus Teil 2, dem Kostenverzeichnis. In den Kopfzeilen des Kostenverzeichnisses ist jeweils in der rechten Spalte angegeben, welche Gebührentabelle nach § 34 GNotKG anzuwenden ist. Für **Notare** gilt **stets die Tabelle B**, für **Gerichte gilt teilweise die Tabelle B und teilweise die Tabelle A**.

Gebühren werden auf den nächstliegenden Cent-Betrag auf- oder abgerundet, wobei 0,5 Cent aufgerundet werden.

Der **Mindestbetrag einer Gebühr beträgt 15 EUR**, soweit nicht andere spezifische Regelungen Mindestbeträge bestimmt sind, wie z.B. in KV-Nr. 21100 GNotKG für eine 2,0-Gebühr bei Beurkundung eines Vertrages 120 EUR.

II. Abgeltungsbereich

1. Beurkundungsverfahren

21 Die Gebühr, die für ein **Beurkundungsverfahren** entsteht, **gilt alle Tätigkeiten ab**, die der Notar auf das Beurkundungsverfahren selbst aufwendet. Gem. Vorbem. 2.1 Abs. 1 KV GNotKG entsteht die Gebühr für die Vorbereitung und Durchführung der Beurkundung in Form einer Niederschrift (§§ 8 und 36 BeurkG) einschließlich der Beschaffung der Informationen. Mit der Gebühr für das Beurkundungsverfahren sind damit alle Vorbesprechungen und Beratungsgespräche ebenso abgegolten wie z.B. die Grundbuch- oder Registereinsicht (ausgenommen die vom Gericht selbst in Rechnung gestellte Einsichtsgebühr, die der Notar dem Kostenschuldner als Auslagen weiterberechnet, s. KV-Nr. 32011 GNotKG). Dabei bleibt es selbst dann, wenn die Beteiligten den Notar zu Vorgesprächen mehrfach aufsuchen und den zur Beurkundung vorbereiteten Entwurf mehrmals anpassen lassen.

Mit der **Gebühr sind auch abgegolten**:

- Die Übermittlung von Anträgen und Erklärungen an ein Gericht oder eine Behörde,
- die Stellung von Anträgen im Namen der Beteiligten bei einem Gericht (z.B. nach § 15 GBO) oder einer Behörde,
- die Erledigung von Beanstandungen einschließlich des Beschwerdeverfahrens (anders, wenn kein Zusammenhang mit einem Beurkundungsverfahren besteht, dann kostenpflichtig nach KV-Nr. 22123 GNotKG),
- bei Änderung eines Gesellschaftsvertrags oder einer Satzung die Erteilung einer für die Anmeldung zum Handelsregister erforderlichen Bescheinigung des neuen vollständigen Wortlauts des Gesellschaftsvertrags oder der Satzung (z.B. nach § 54 GmbHG).

Durch den engen Zusammenhang dieser Tätigkeiten mit dem Beurkundungsverfahren sollen also keine zusätzlichen Gebühren entstehen.

Anders ist das für bestimmte **Vollzugstätigkeiten**, also Tätigkeiten, die der Notar im Auftrag der Beteiligten über die eigentliche Beurkundung und deren Weitergabe an das Gericht zum Vollzug übernimmt (s. hierzu Rdn 71 ff.) und für bestimmte **Betreuungstätigkeiten** (wie z.B. Fälligkeitsüberwachung und Überwachung des Vollzugs der Eigentumsumschreibung bei einem Kaufvertrag, s. hierzu Rdn 100 ff.) übernimmt. Dies sind Tätigkeiten, die über das eigentliche Beurkundungsverfahren hinausgehen. Übernimmt sie der Notar im Auftrag der Beteiligten, soll er hierfür neben der Gebühr für das Beurkundungsverfahren weitere Gebühren erhalten (s. hierzu Rdn 23).

2. Fertigung von Entwürfen außerhalb eines Beurkundungsverfahrens

Fertigt der Notar Entwürfe, ohne dass ihm zugleich ein Beurkundungsauftrag erteilt wird, entsteht anstelle einer Gebühr für das Beurkundungsverfahren (s. Rdn 24 ff.) eine Entwurfsgebühr nach den Vorgaben des Hauptabschnitts 4 des Kostenverzeichnisses (s. hierzu Rdn 30 ff.). Die **Entwurfsgebühr gilt verschiedene Tätigkeiten des Notars ab**, ähnlich wie beim Beurkundungsverfahren. Hierzu enthält die Vorbem. 2.4.1 Abs. 4 KV GNotKG Regelungen, wonach mit der Entwurfsgebühr folgende Tätigkeiten abgegolten werden: 22

- die Übermittlung von Anträgen und Erklärungen an ein Gericht oder eine Behörde,
- die Stellung von Anträgen im Namen der Beteiligten bei einem Gericht oder einer Behörde und
- die Erledigung von Beanstandungen einschließlich des Beschwerdeverfahrens.

Der enge Zusammenhang dieser Tätigkeiten mit der Entwurfstätigkeit soll auch hier dadurch dokumentiert werden, dass über die Entwurfsgebühr hinaus keine weiteren Gebühren entstehen.

Selbstverständlich können auch bei Entwürfen Vollzugs- oder Betreuungstätigkeiten hinzukommen, welche weitere Gebühren auslösen, wenn alle hierfür vorgeschriebenen Voraussetzungen erfüllt werden (s. Rdn 71 ff.).

III. Einmalige Gebührenerhebung

Das GNotKG prägt den Grundsatz, dass in einem Beurkundungsverfahren aus dem gleichen Wert die Beurkundungsgebühr, die Vollzugs- und Betreuungsgebühren berechnet werden (Verfahrensgebühr). Beinhaltet eine Urkunde mehrere Beurkundungsgegenstände, sind die Einzelwerte zusammenzurechnen (§ 35 Abs. 1 GNotKG). 23

Eine Ausnahme hiervon macht lediglich § 113 Abs. 2 GNotKG, wonach der Geschäftswert für Treuhandauflagen, die dem Notar von nicht am Beurkundungsverfahren beteiligten Dritten (z.B. Gläubiger bei Erteilung der Löschungsbewilligung unter Auflagen) erteilt werden, nach dem jeweiligen Sicherungsinteresse zu bestimmen ist (s. hierzu Rdn 110 ff.). Das Sicherungsinteresse entspricht regelmäßig dem Betrag, den der Gläubiger bei Übersendung der Löschungsbewilligung an den Notar verlangt (zumeist das noch geschuldete Restdarlehen und Tageszinsen bis zur Gutschrift).

Alle Gebühren fallen in einem Verfahren **nur einmal an**, mit **Ausnahme der Treuhandgebühr** nach KV-Nr. 22201 GNotKG, die mehrfach entstehen kann. Neben einer anderweitigen Vollzugsgebühr entsteht auch eine Gebühr nach KV-Nr. 22114 bzw. 22125 GNotKG für die Erzeugung von **XML-Strukturdaten** (s. Rdn 95 ff.). Das ist aber bei der jeweiligen Nr. des Kostenverzeichnisses in Anmerkungen gesondert bestimmt.

Teilwertbildungen gibt es im GNotKG nicht. Steht der Wert einmal fest, gilt er für das Beurkundungsverfahren ebenso wie für Vollzugs- und Betreuungsgebühren.

IV. Gebührensätze für Beurkundungsverfahren

Gebührensätze für das Beurkundungsverfahren sind in Hauptabschnitts 1 des Kostenverzeichnisses bestimmt. Folgende Gebührensätze sind geregelt: 24

1. 2,0-Gebühr nach KV-Nr. 21100 GNotKG

Alle Verträge, bestimmte Erklärungen sowie Beschlüsse von Organen einer Vereinigung oder Stiftung lösen wie ein Vertragsangebot (Antrag auf Abschluss eines Vertrags) und ein gemeinschaftliches Testament eine 2,0-Gebühr aus. 25

Namentlich handelt es sich **z.B. um folgende Vorgänge**:

- Kaufverträge (gleich ob über Grundstücke oder Rechte)
- Überlassungsverträge
- Schenkungsverträge
- Tauschverträge (z.B. Tausch von Grundstücken)
- Auseinandersetzungsverträge (z.B. über die Verteilung des Nachlasses einer Erbengemeinschaft)
- Miet- oder Pachtverträge
- Vertragliche Begründung von Wohnungs- oder Teileigentum (nach § 3 WEG), bei einer Aufteilung nach § 8 WEG entsteht lediglich eine 1,0-Gebühr
- Vertragliche Bestellung eines Erbbaurechts
- Gesellschaftsverträge (z.B. Errichtung einer GmbH durch mehrere Gesellschafter, bei Errichtung durch eine Person lediglich eine 1,0-Gebühr)
- Veräußerung eines Geschäftsanteils an einer GmbH oder eines Anteils an einer anderen Gesellschaft
- Verträge nach dem Umwandlungsgesetz (z.B. Verschmelzung zweier GmbHs)
- Eheverträge (z.B. Vereinbarung eines neuen Güterstandes)
- Erbverträge (z.B. durch Ehegatten über eine gegenseitige Erbeinsetzung mit oder ohne weitere Verfügungen)
- gemeinschaftliche Testamente (nur zwischen Ehegatten möglich)
- Gesellschafterbeschlüsse (z.B. Satzungsänderungen bei einer GmbH), unabhängig davon, ob der Beschluss durch einen oder mehrere Gesellschafter gefasst wird
- Vertragsangebote (z.B. Angebot auf Abschluss eines Kaufvertrages), die Annahme löst eine 0,5-Gebühr nach KV-Nr. 21101 GNotKG aus.

Bei dieser Auswahl handelt es sich um die am häufigsten in der notariellen Praxis vorkommenden Sachverhalte.

2. 1,0-Gebühr nach KV-Nr. 21200 GNotKG

26 Für den überwiegenden Teil notarieller Beurkundungsverfahren, die **keine vertraglichen Regelungen** betreffen (Vertrag = 2,0-Gebühr nach KV-Nr. 21100 GNotKG), entsteht eine 1,0-Gebühr. Sachverhalte hierfür sind alle **einseitigen rechtsgestaltenden Willenserklärungen**, wie z.B.:

- Testament eines Erblassers (gemeinschaftliches Testament dagegen 2,0-Gebühr)
- Vollmachten (z.B. Generalvollmachten oder Betreuungsvollmachten, aber auch Vollmachten zum Abschluss bestimmter Rechtsgeschäfte)
- Zustimmungserklärungen (z.B. des Verwalters einer WEG-Gemeinschaft oder Zustimmungserklärungen Beteiligter, die beim Abschluss der Beurkundung vorbehaltlich Genehmigung vertreten wurden). Hierher gehören aber nicht Zustimmungserklärungen, die der Notar im Rahmen des Vollzugs einer Urkunde einholt. Für sie entsteht eine Vollzugsgebühr, auch wenn der Notar z.B. den Entwurf der Erklärung fertigt und diesen mit übersendet, s. hierzu Rdn 90.
- Schuldanerkenntnisse oder Schuldversprechen (meist im Zusammenhang mit einer Grundschuldbestellung)
- Aufteilung in Wohnungseigentum nach § 8 WEG (die Aufteilung nach § 3 WEG ist Vertrag und löst eine 2,0-Gebühr aus)
- Bestellung eines Eigentümererbbaurechts (für die vertragliche Bestellung eines Erbbaurechts fällt dagegen eine 2,0-Gebühr an)
- Gründung einer GmbH oder einer UG (haftungsbeschränkt) durch eine Person (bei Gründung durch mehrere Personen liegt dagegen ein Vertrag vor, für den die 2,0-Gebühr zu erheben ist)
- Übernahmeerklärungen im Zusammenhang mit einer Kapitalerhöhung bei einer GmbH
- Zwangsvollstreckungsunterwerfungen (persönlich oder dinglich). Zumeist werden solche Unterwerfungen in einem Kaufvertrag im Hinblick auf die Kaufpreiszahlungsverpflichtung mitbeurkundet oder in einer Urkunde über eine Grundschuldbestellung. In

diesen Fällen wird keine zusätzliche Gebühr erhoben, weil die Unterwerfungserklärung dann Teil des anderen Rechtsgeschäfts ist (§ 109), also denselben Beurkundungsgegenstand mit dem Hauptgeschäft betrifft. Die Mitbeurkundung kann aber ausschlaggebend für den Gebührensatz sein, wie das häufig bei Grundschuldbestellungen der Fall ist (s. § 2 Rdn 110 ff.).
- Grundschuldbestellungen, wenn sich die Urkunde nicht nur auf eine reine Eintragungsbewilligung beschränkt. Werden demgemäß Unterwerfungserklärungen mitbeurkundet, fällt ebenso eine 1,0-Gebühr an, wie bei Mitbeurkundung eines Sicherungs- oder Zweckerklärung (bei Finanzierungsgrundschulden im Rahmen eines Grundstückskaufvertrages, die unter Ausübung einer vom Verkäufer erteilten Vollmacht bestellt werden, s. hierzu § 2 Rdn 110 ff.).
- Abtretung von Briefgrundschulden, aber auch von Buchgrundschulden, wenn sich z.B. die Abtretungserklärungen nicht auf die reinen Grundbucherklärungen beziehen
- Patienten- und Betreuungsverfügungen (zumeist im Zusammenhang mit einer Vorsorgevollmacht)
- Sorgerechtserklärungen bezüglich minderjähriger Kinder, die zumeist im Zusammenhang mit einer Scheidungsvereinbarung beurkundet werden.

3. 0,5-Gebühren nach KV-Nr. 21201 GNotKG

Für einen **bestimmten Kreis einseitiger Erklärungen** hat der Gesetzgeber einen **Sonderstatus** geschaffen. Für sie ist eine 0,5-Gebühr festgeschrieben, wenn Beurkundungsgegenstand folgende Sachverhalte sind 27
- der Widerruf einer letztwilligen Verfügung (sowohl bei Widerruf eines einseitigen als auch eines gemeinschaftlichen Testaments),
- der Rücktritt von einem Erbvertrag (die Rücktrittserklärung erfolgt gegenüber dem Vertragsschließenden, § 2296 BGB),
- die Anfechtung einer Verfügung von Todes wegen (Gegenstand der Anfechtung kann ein Einzeltestament, ein gemeinschaftliches Testament oder ein Erbvertrag sein),
- ein Antrag oder eine Bewilligung nach der Grundbuchordnung, der Schiffsregisterordnung oder dem Gesetz über Rechte an Luftfahrzeugen oder die Zustimmung des Eigentümers zur Löschung eines Grundpfandrechts oder eines vergleichbaren Pfandrechts (z.B. Hypothek oder Verpfändungsvermerk), hierher gehört auch die Löschungsbewilligung des Gläubigers. Typische Anträge an das Grundbuchamt sind Vollzugsanträge, Grundbuchberichtigungsanträge, Anträge auf Grundstücksteilungen oder -vereinigungen, Anträge auf Eintragung von Rechten in Abt. II des Grundbuchs (Dienstbarkeiten, Vorkaufs- oder Wiederkaufsrechte, Vormerkungen usw.), oder in Abt. III (z.B. Grundschulden ohne Unterwerfungserklärungen und ohne über die formellen Grundbucherklärungen hinausgehenden Erklärungen, s. § 2 Rdn 110 ff.),
- eine Anmeldung zum Handelsregister (z.B. Gründung einer GmbH, Kapitalerhöhungen oder Satzungsänderungen, auch die Bestellung und Abberufung von Vertretungsorganen usw.) oder zu einem ähnlichen Register (z.B. Vereinsregister, Partnerschaftsregister, Genossenschaftsregister, Güterrechtsregister),
- ein Antrag an das Nachlassgericht (z.B. auf Bestellung eines Ergänzungspflegers, eines Nachlasspflegers oder Nachlassverwalters). Erbscheinsanträge oder Anträge auf Erteilung eines Testamentsvollstreckerzeugnisses werden zumeist mit einer Versicherung an Eides statt verbunden und unterfallen vorrangig KV-Nr. 23300 KV GNotKG,
- eine Erklärung, die gegenüber dem Nachlassgericht abzugeben ist. Typisch sind hierfür die Erbschaftsausschlagungserklärung oder deren Anfechtung,
- die Zustimmung zur Annahme als Kind (Einwilligungserklärung des Kindes, der Eltern bei Annahme eines minderjährigen Kindes, des Ehegatten des allein Annehmenden).

4. Sonderfälle der 0,5-Gebühr gem. KV-Nr. 21101 GNotKG

KV-Nr. 21101 GNotKG regelt **Vergünstigungen für bestimmte Vertragsgestaltungen oder Erklärungen** und nimmt sie aus dem Anwendungsbereich der KV-Nr. 21100 bzw. 28

21200 GNotKG heraus. Anstelle einer sonst anfallenden 1,0-Gebühr oder 2,0-Gebühr entsteht lediglich eine 0,5-Gebühr. Es müssen aber alle Anwendungsvoraussetzungen erfüllt werden. Folgende Vorgänge lösen eine 0,5-Gebühr aus:

- Annahme eines Antrags auf Abschluss eines Vertrags, also die Annahme eines Vertragsangebots. Die 0,5-Gebühr entsteht unabhängig davon, ob derselbe Notar auch das Angebot beurkundet hat oder nicht. Wird das Angebot auf Abschluss eines Kaufvertrages vom Käufer angenommen und unterwirft sich dieser wegen der Kaufpreiszahlungsverpflichtung der sofortigen Zwangsvollstreckung, liegen zwei Erklärungen vor, die aber denselben Beurkundungsgegenstand betreffen (§ 109 Abs. 1 GNotKG). In diesem Falle entsteht aber nicht die 0,5-Gebühr, sondern die 1,0-Gebühr nach KV-Nr. 21200 GNotKG.
- Ein Verfügungsgeschäft und derselbe Notar hat für eine Beurkundung, die das zugrunde liegende Rechtsgeschäft betrifft, die Gebühr nach KV-Nr. 21100 GNotKG erhalten. Der weiter geregelte Fall der Gebühr nach KV-Nr. 23603 GNotKG kann hier vernachlässigt werden (Grundstückserwerb im Rahmen einer freiwilligen Versteigerung). Der Begriff „derselbe Notar" ergibt sich aus Vorbem. 2 Abs. 1 KV GNotKG und lautet wie folgt:

  „In den Fällen, in denen es für die Gebührenberechnung maßgeblich ist, dass ein bestimmter Notar eine Tätigkeit vorgenommen hat, steht diesem Notar der Aktenverwahrer gem. § 51 BNotO, der Notariatsverwalter gem. § 56 BNotO oder ein anderer Notar, mit dem der Notar am Ort seines Amtssitzes zur gemeinsamen Berufsausübung verbunden ist oder mit dem er dort gemeinsame Geschäftsräume unterhält, gleich."

Beurkundet Notar A z.B. zu einem Teilflächenkaufvertrag auch die spätere Auflassung, fällt die 0,5-Gebühr nach KV-Nr. 21101 GNotKG an. Erfolgt die Beurkundung der Auflassung allerdings durch B, entsteht die 1,0-Gebühr nach KV-Nr. 21102 GNotKG. Ist B aber der Sozius von A, kann nur die 0,5-Gebühr nach KV-Nr. 21101 GNotKG erhoben werden.

Betrifft das Verfügungsgeschäft eine von demselben Notar beurkundete letztwillige Verfügung, entsteht für die Auflassung eine 1,0-Gebühr nach KV-Nr. 21102 GNotKG, weil die Anm. (1) bei KV-Nr. 21101 GNotKG in diesem Falle die günstigere 0,5-Gebühr ausschließt („Als zugrunde liegendes Geschäft gilt nicht eine Verfügung von Todes wegen."). Hier ist KV-Nr. 21102 GNotKG anzuwenden.

5. Sonderfälle der 1,0-Gebühr gem. KV-Nr. 21102 GNotKG

29 Für die nachfolgenden **Vertragstypen**, die eigentlich eine 2,0-Gebühr auslösen würden, regelt des GNotKG **Sonderbestimmungen**. Danach wird für die nachfolgenden Verträge anstelle einer sonst anfallenden 2,0-Gebühr das Entstehen einer 1,0-Gebühr bestimmt:

- Ein **Verfügungsgeschäft** und das **zugrundeliegende Rechtsgeschäft sind bereits beurkundet** und die **KV-Nr. 21101 GNotKG ist nicht anzuwenden**. Beide Voraussetzungen müssen kumulativ vorliegen. Liegt nur eine der genannten Voraussetzungen vor, ist der Vertrag nach KV-Nr. 21100 GNotKG mit einer 2,0-Gebühr zu bewerten. Unter KV-Nr. 21101 GNotKG fallen folgende Sachverhalte:

  Beurkundung einer Auflassung zu einem in einer anderen Urkunde beurkundeten Grundstückskaufvertrag über eine Teilfläche nach deren Vermessung, Auflassung zur Erfüllung eines Grundstücksvermächtnisses aufgrund einer notariell beurkundeten Verfügung von Todeswegen, sofern nicht die KV-Nr. 21101 GNotKG einschlägig ist (s. hierzu Rdn 28). Wird zur Erfüllung eines **Vermächtnisses in einem eigenhändigen Testament die Auflassung** beurkundet, entsteht eine 2,0-Gebühr nach KV-Nr. 21100 GNotKG, weil keine der Begünstigungsvorschriften der KV-Nr. 21101 oder 21102 GNotKG erfüllt wird.
- **Aufhebung eines Vertrags**. Hierher gehört die Aufhebung aller Verträge, seien es Grundstücksverträge, Gesellschaftsverträge oder Erbverträge. Einzige Voraussetzung ist, dass ein noch nicht vollständig erfüllter Vertrag existiert. Ist z.B. ein Grundstückskaufvertrag vollständig erfüllt, nachdem der Kaufpreis beglichen und die Auflassung im Grundbuch eingetragen wurde, besteht kein aufhebungsfähiges Vertragsverhältnis mehr. Eine Aufhebung ist dann nicht mehr möglich. Die „Aufhebung" erfolgt in diesem Fall

durch ein neues Übertragungsgeschäft, das eine 2,0-Gebühr nach KV-Nr. 21100 GNotKG auslöst. Nach h.M. fällt die **Aufhebung eines Ehevertrages** nicht unter die 1,0-Gebühr, sondern unter die 2,0-Gebühr nach KV-Nr. 21100 GNotKG. Die Aufhebung anderer familienrechtlicher Verträge, wie Unterhaltsverträge, Vereinbarungen über den Versorgungsausgleich und die Aufhebung eines Erb- oder Pflichtteilsverzichtsvertrags fällt dagegen unter KV-Nr. 21102 GNotKG. Bei **Teilaufhebung** liegt keine Aufhebung nach KV-Nr. 21102 GNotKG vor, sondern eine **Ergänzung oder Änderung des ursprünglichen Vertrags**, für die eine 2,0-Gebühr nach KV-Nr. 21100 GNotKG zu erheben ist.

V. Gebühren für isolierte Entwürfe

1. Allgemeines

Entwurfstätigkeiten, die **nicht mit einem Beurkundungsauftrag** verbunden sind, muss der Notar nach Hauptabschnitt 4 des Kostenverzeichnisses bewerten. Nimmt der Notar die Entwurfstätigkeiten dagegen aufgrund eines ihm bereits erteilten Beurkundungsauftrags vor, hat die Abrechnung nach Hauptabschnitt 1 des Kostenverzeichnisses, Abschnitt 3 (s. hierzu Rdn 37 ff.). **30**

2. Entwurf ohne Beurkundungsauftrag

Isolierte Entwürfe nach Hauptabschnitt 4 des Kostenverzeichnisses liegen vor, wenn außerhalb eines Beurkundungsverfahrens ein **Entwurf für ein bestimmtes Rechtsgeschäft** oder eine bestimmte Erklärung im **Auftrag eines Beteiligten** gefertigt worden ist (Vorbem. 2.4.1 Abs. 1 KV GNotKG). Das können Entwürfe über nicht beurkundungspflichtige Vorgänge sein (z.B. Pacht- oder Mietvertrag, Gesellschaftsvertrag einer GbR ohne Grundstückseinbringung, Schuldanerkenntnis ohne Unterwerfungserklärungen), aber auch Entwürfe über beurkundungspflichtige Vorgänge, für die noch kein Beurkundungsauftrag erteilt wird oder werden kann, die Beteiligten aber vorab bereits einen Entwurf wünschen. Das kann beispielsweise der Fall sein bei einem Kaufvertrag, bei dem der Käufer mit seiner Bank die Finanzierung klären will, bei einer Scheidungsvereinbarung, bei der die Ehegatten den Inhalt vor Beurkundung noch mit ihren Rechtsanwälten abklären wollen oder bei jedem anderen Sachverhalt vor Erteilung des Beurkundungsauftrags. **31**

In aller Regel fallen **Entwürfe von Anmeldungen zum Handelsregister** oder einem anderen Register (z.B. **Vereinsregister, Genossenschaftsregister**), aber auch **Löschungs-, Freigabe- oder Rangrücktrittserklärungen** unter Hauptabschnitt 4 KV GNotKG, da sie nicht der Beurkundungspflicht unterliegen, aber die Beglaubigung der Unterschriften oder Handzeichen erforderlich ist. Werden diese Erklärungen vom Notar entworfen, fällt die Entwurfsgebühr nach Hauptabschnitt 4 an, erfolgt die Fertigung des Entwurfs im **Rahmen des Vollzugs eines anderen Hauptgeschäfts**, z.B. Kaufvertrag, entsteht trotz Entwurffertigung eine **Vollzugsgebühr** (s. nachfolgende Rdn 32), die **erste Beglaubigung einer Unterschrift oder eines Handzeichens** ist dann mit dieser **Entwurfsgebühr abgegolten**, wenn die **Beglaubigung „demnächst"** (etwa innerhalb von 6 Monaten) erfolgt (Vorbem. 2.4.1 Abs. 2 KV GNotKG). Weitere Beglaubigungen lösen jedoch die jeweilige Beglaubigungsgebühr nach KV-Nr. 25100 GNotKG aus. Gebührenpflichtig ist aber die erste Beglaubigung einer Unterschrift oder eines Handzeichens auf einem die Vollzugsgebühr auslösenden Entwurf (s. Rdn 32).

3. Entwürfe im Rahmen des Vollzugs

Fertigt der Notar z.B. einen Löschungsentwurf über eine zu löschende Grundschuld und erfolgt diese Entwurffertigung zum Zwecke der Lastenfreistellung eines verkauften Grundstücks, liegt eine **Vollzugstätigkeit zum Kaufvertrag** vor. In diesem Falle entsteht die Entwurfsgebühr trotz **Fertigung des Entwurfs** nicht, vielmehr ist die **Vollzugsgebühr** gem. KV-Nr. 21110 GNotKG zu erheben, da diese Tätigkeit als Vollzugstätigkeit des Notars eingestuft wird (Vorbem. 2.2 Abs. 2 KV; Vorbem. 2.2.1.1 Abs. 1 S. 2 Nr. 9 KV; Vorbem. 2.4.1 **32**

Abs. 1 S. 2 KV GNotKG). Dies gilt für alle Entwürfe von Erklärungen, die zum Zwecke des Vollzugs eines Hauptgeschäfts vom Notar im Auftrag der Beteiligten eingeholt werden (z.B. Vollmachtsbestätigungen oder Zustimmungserklärungen nicht erschienener Beteiligter (Vorbem. 2.2.1.1 Abs. 1 S. 2 Nr. 5 KV GNotKG), Freigabeerklärung zur Lastenfreistellung eines Grundstücks oder Rangrücktrittserklärungen zur rangrichtigen Eintragung einer neu bestellten Grundschuld (Vorbem. 2.2.1.1 Abs. 1 S. 2 Nr. 9 KV GNotKG) um nur einige wichtige Beispiele zu nennen (s. im Übrigen Rdn 75 ff.).

4. Überprüfung, Ergänzung oder Änderung eines Entwurfs

33 Die Entwurfsgebühr nach Hauptabschnitt 4 KV GNotKG entsteht auch dann, wenn dem Notar ein Entwurf vorgelegt wird, der Notar diesen **Entwurf also gar nicht selbst gefertigt** hat. Eine Gebühr entsteht aber nur dann, wenn der Notar in diesem Falle den Auftrag erhält, den ihm vorgelegten Entwurf zu prüfen, zu ändern oder zu ergänzen (Vorbem. 2.4.1 Abs. 3 KV GNotKG). Der im Einzelfall geringere Aufwand ist bei Festlegung des Gebührensatzes zu berücksichtigen (s. hierzu Rdn 49 ff.).

5. Anrechnung der Entwurfsgebühr auf eine nachfolgende Beurkundung

34 Hat der Notar eine Entwurfsgebühr erhalten und erfolgt aufgrund des gefertigten Entwurfs zu einem späteren Zeitpunkt eine Beurkundung, muss die **Entwurfsgebühr auf die Beurkundungsgebühr angerechnet** werden, wenn die **Beurkundung „demnächst“** erfolgt. Der Notar muss in jedem Einzelfall prüfen, ob die spätere Beurkundung tatsächlich „demnächst“ erfolgt ist. Ist das nämlich nicht der Fall, muss die Beurkundungsgebühr neben der Entwurfsgebühr zusätzlich berechnet werden. Als Faustregel kann man die Begrifflichkeit „demnächst“ mit der in Vorbem. 2.1.3 KV GNotKG bestimmten **Frist von 6 Monaten** gleichsetzen. Das in aber nur eine Art Richtschnur. Liegt nämlich ein **schwieriger Sachverhalt** zugrunde, der noch in rechtlicher oder steuerlicher Hinsicht zu prüfen ist (nicht selten bei Scheidungsvereinbarungen oder bei gesellschaftsrechtlichen Angelegenheiten) kann auch ein **längerer Zeitraum** in Betracht kommen. Allerdings führt ein zeitlicher Abstand zwischen Entwurffertigung und Beurkundung von **mehr als einem Jahr** stets zum **Wegfall der Anrechnungsmöglichkeit**. Das muss aber vom Notar unter Berücksichtigung aller Umstände im Einzelfall entscheiden.

Wie bereits erwähnt, muss die **Beurkundung aufgrund des vorliegenden Entwurfs** erfolgen. Das bedeutet, dass sowohl das Geschäft als solches, aber auch der **Vertragsgegenstand** und die **Beteiligten** bei Entwurf und nachfolgender Beurkundung **identisch** sein müssen. **Anpassungen der vertraglichen Regelungen**, wie z.B. Erhöhung oder Senkung des Kaufpreises, Änderung der Kaufpreisfälligkeit, Aufnahme eines Rücktrittsrechtes oder dergleichen, sind allerdings **unschädlich**. Eine Anrechnung kann aber nicht erfolgen, wenn z.B. der Käufer ausgetauscht wird, statt des Ehemannes soll nunmehr die Ehefrau Käuferin sein, der Vertrag aber im Übrigen unverändert bleibt. Durch den **Austausch des Käufers liegt ein neues Vertragsverhältnis** vor, die bereits erhobene Entwurfsgebühr darf nicht angerechnet werden.

6. Sonderregelungen für Serienentwürfe

35 Der Gesetzgeber hat für sog. Serienentwürfe Sonderregelungen geschaffen. Nach Vorbem. 2.4.1 Abs. 5 KV GNotKG entstehen Gebühren nach Hauptabschnitt 4 KV GNotKG auch für die Fertigung eines Entwurfs zur beabsichtigten Verwendung für **mehrere gleichartige Rechtsgeschäfte oder Erklärungen** (Serienentwurf). Der häufigste Fall eines Serienentwurfs ist der Entwurf eines Kaufvertrags, der für mehrere Kaufverträge innerhalb eines **Bauträgerobjekts** verwendet werden soll. Nur dann spricht man von einem Serienentwurf.

Während im Normalfall (s. Rdn 34) eine Entwurfsgebühr gem. Vorbem. 2.4.1 Abs. 6 die Entwurfsgebühr auf die Gebühr für das Beurkundungsverfahren angerechnet wird, wenn alle Voraussetzungen vorliegen, ist es bei einer Beurkundung aufgrund eines Serienentwurfs genau umgekehrt. Erfolgen Beurkundungen aufgrund des Serienentwurfs demnächst, muss die

Beurkundungsgebühr auf die Entwurfsgebühr angerechnet werden. Dies ergibt sich aus KV-Nr. 24103 GNotKG, wonach sich die Entwurfsgebühr („die Gebühren dieses Abschnitts" jeweils um die Gebühr für das Beurkundungsverfahren ermäßigen. Da die Entwurfsgebühr im Regelfall den Bauträger treffen, soll er auch von späteren Beurkundungsverfahren profitieren, indem die Entwurfsgebühr nach und nach abgeschmolzen wird und zwar so lange, bis die Gebühr für den Serienentwurf aufgebraucht ist. Der Geschäftswert für die Beurkundungsgebühr ist nämlich **nicht die Gesamtsumme aller beabsichtigten Kaufverträge**, sondern nur **die Hälfte** davon (§ 119 Abs. 2 GNotKG).

Der Notar darf Gebühren, die sofort nach Beendigung der gebührenpflichtigen Tätigkeit fällig werden, nicht ohne zwingenden Grund stunden, sondern muss die Gebühren zeitnah einfordern und gegebenenfalls auch Vollstreckungsmaßnahmen ergreifen. Nur wenn solche Maßnahmen wenig Erfolg versprechen, kann der Notar ausnahmsweise Stundungsvereinbarungen treffen. Bei der Entwurfsgebühr für den Serienentwurf ist dieses Stundungsverbot gelockert. Der Notar ist nämlich berechtigt (aber nicht verpflichtet) dem Auftraggeber die Gebühren für die Fertigung eines Serienentwurfs (Fertigstellung des Entwurfs) **bis zu einem Jahr nach Fälligkeit zu stunden** (Vorbem. 2.4.1 Abs. 7 KV GNotKG).

7. Gebührenhöhe bei Entwürfen

Die Höhe einer Entwurfsgebühr hängt zunächst einmal davon ab, **welche Gebühr im Falle der Beurkundung** der entworfenen Erklärung entstehen würde (z.B. bei einem Kaufvertrag oder bei jedem anderen Vertrag eine 2,0-Gebühr nach KV-Nr. 2110 GNotKG 0, bei einseitigen Erklärungen oder bei einem Einzeltestament eine 1,0-Gebühr nach KV-Nr. 21200 GNotKG oder bei einem Grundbuchantrag eine 0,5-Gebühr nach KV-Nr. 21201 Nr. 5 GNotKG). Dementsprechend muss eine **Einordnung in die KV-Nr. 24100 bis 24102** GNotKG erfolgen, je nachdem, was Gegenstand des Entwurfs ist. **36**

Die KV-Nr. 24100 bis 24102 GNotKG regeln aber keine festen Gebührensätze, sondern **Gebührensatzrahmen**, innerhalb derer der Notar im Einzelfall nach dem Umfang seiner Tätigkeit den Gebührensatz nach **billigem Ermessen** festlegt (§ 92 Abs. 1 GNotKG). Der Notar muss gem. § 92 Abs. 2 GNotKG aber dann die **Höchstgebühr** erheben, wenn er den **Entwurf vollständig** erstellt hat, was der Regelfall sein dürfte (zur Rahmengebühr s. Rdn 49 ff.).

VI. Vorzeitige Beendigung eines Beurkundungsverfahrens

1. Grundsätze – Tatbestandsvoraussetzungen

Die Regelung der Gebühren bei vorzeitigem Abbruch des Beurkundungsverfahrens beruht auf dem Konzept der Verfahrensgebühr, also der Gebühr, die nach Hauptabschnitt 1 KV GNotKG zu erheben ist. Deshalb sind die Gebühren für die vorzeitige Beendigung eines beantragten Beurkundungsverfahrens in Hauptabschnitt 1, dort unter Abschnitt 3 KV GNotKG, eingeordnet. Die **Verfahrensgebühr entsteht mit der Erteilung des Beurkundungsauftrags**. Wird der Beurkundungsauftrag später zurückgenommen, hat dies nicht etwa den Wegfall der Verfahrensgebühr zur Folge, sondern kann lediglich zu ihrer Reduzierung führen. Insofern sind die diesen Fall regelnden Gebührentatbestände der Nr. 21300 bis 21304 KV GNotKG (einschließlich Vorbem. 2.1.3 KV) Privilegierungstatbestände zu den Nr. 21100 bis 21201 KV GNotKG. **37**

Wichtig: Die Gebühr für die **vorzeitige Beendigung setzt immer einen Beurkundungsauftrag** voraus. Es kann sich daher – je nach Konstellation – empfehlen, einen solchen Auftrag schriftlich erteilen zu lassen, um Streit bei der Erhebung der „Beendigungsgebühren" zu vermeiden. Der Notar muss auf jeden Fall in der Lage sein, den ihm erteilten Auftrag im Streitfalle schlüssig darzulegen.

2. Beendigungsstufen

37a Den Begriff der vorzeitigen Beendigung definiert Vorbem. 2.1.3 Abs. 1 KV GNotKG: Demnach ist ein Beurkundungsverfahren in den folgenden **drei Fällen vorzeitig beendet**:

- **Fall 1**: Der **Beurkundungsauftrag** wird vor Unterzeichnung der Niederschrift durch den Notar durch einen Beteiligten **zurückgenommen.**
- **Fall 2**: Der **Beurkundungsauftrag** wird vor diesem Zeitpunkt durch den Notar **zurückgewiesen.**
- **Fall 3**: Der Notar kann nach eigener Überzeugung davon ausgehen, dass mit der **beauftragten Beurkundung** aus Gründen, die nicht in seiner Person liegen, **nicht mehr zu rechnen** ist. Regelbeispiel für diesen Fall ist die **Nichtbetreibung** des Verfahrens für **mehr als sechs Monate**.

3. Anrechnung auf ein erneutes Beurkundungsverfahren

38 Wie bei den Entwurfsgebühren sind die Gebühren für die vorzeitige Beendigung auf die für ein **„demnächst"** erneut erfolgendes **Beurkundungsverfahren anzurechnen** (Abs. 2 der Vorbem. 2.1.3 KV GNotKG). Was unter „demnächst" zu verstehen ist, definiert das Gesetz wie bei den Entwurfsgebühren nicht ausdrücklich. Aufgrund verschiedener Regelungen im Gesetz, die für überschaubare Zeiträume meist eine Grenze von sechs Monaten vorsehen (vgl. z.B. § 9 GNotKG und insbesondere Abs. 1 S. 2 der Vorbem. 2.1.3), sollte hier ebenfalls ein Maßstab von **höchstens sechs Monaten**, nur in **Ausnahmefällen bis zu einem Jahr**, angelegt werden. Im Übrigen gilt das Gleiche, wie bei Entwurfsgebühren (s. Rdn 34).

4. Beendigungsgebühren

39 Das GNotKG kennt **drei Stufen der „Beendigungsgebühr"**, die nachfolgend anhand von drei Fallbeispielen erläutert werden sollen:

- Wird das Beurkundungsverfahren zu einem **besonders frühen Zeitpunkt** beendet, ist KV-Nr. 21300 GNotKG anwendbar; es entsteht als erste Stufe der Beendigungsgebühr eine Festgebühr i.H.v. 20 EUR (dazu Rdn 40).
- Hat der Notar in diesen Fällen **persönlich oder schriftlich beraten**, greift die zweite Stufe (KV-Nr. 21301 GNotKG): Die Verfahrensgebühr reduziert sich auf die einschlägige Beratungsgebühr (dazu Rdn 41).
- Wird das Beurkundungsverfahren hingegen **zu einem späteren Zeitpunkt** beendet, reduziert sich die Verfahrensgebühr auf eine von ihrem jeweiligen Gebührensatz abhängige Rahmengebühr (KV-Nr. 21302 bis 21304 GNotKG; zu dieser dritten Stufe s. Rdn 42, zur Rahmengebühr s. Rdn 49).

5. Gebührensätze bei vorzeitiger Beendigung eines Beurkundungsverfahrens, KV-Nr. 21300 bis 21304 GNotKG

a) Frühzeitige Beendigung

40 Hat der Notar einen Beurkundungsauftrag erhalten und wird die **Beurkundung** nicht abgeschlossen, sondern **scheitert vor Unterzeichnung** der Niederschrift durch **Rücknahme des Beurkundungsauftrags** oder aus nicht vom Notar zu vertretenden Gründen, muss der Notar die Gebühren nach Hauptabschnitt 1 Abschnitt 3 Kostenverzeichnis abrechnen (s. hierzu Rdn 37). Die Höhe bestimmt sich nach dem Verfahrensstand und den bereits erbrachten Leistungen.

In einem besonders frühen Beendigungsstadium ermäßigt sich die Gebühr des Beurkundungsverfahrens auf eine **Festgebühr von 20 EUR**. Das ist der Fall, wenn (KV-Nr. 21300 GNotKG):

- **vor Ablauf des Tages**, an dem ein vom Notar gefertigter **Entwurf** an einen Beteiligten durch Aufgabe zur **Post versandt** worden ist,
- **vor der Übermittlung** eines vom Notar gefertigten Entwurfs per **Telefax**, vor der **elektronischen Übermittlung** als Datei oder vor **Aushändigung**,

- **bevor der Notar mit allen Beteiligten** in einem zum Zweck der Beurkundung vereinbarten Termin auf der Grundlage eines von ihm gefertigten Entwurfs mit den **Beteiligten verhandelt** hat.

> *Beispiel:*
>
> A beauftragt den Notar mit der Beurkundung eines Kaufvertrages, mit welchem A seine Eigentumswohnung an B zum Kaufpreis von 300.000 EUR verkaufen will.
>
> Der Notar hat das Grundbuch eingesehen und mit der Vorbereitung der Urkunde begonnen. Noch vor Fertigstellung und Versand des Entwurfs nimmt A den Beurkundungsauftrag zurück, weil der Käufer abgesprungen ist.
>
> Kostenberechnung: KV-Nr. 21300 GNotKG, Gebühr 20 EUR.
>
> Daneben kann der Notar selbstverständlich seine Auslagen berechnen und auch die Abrufgebühr für die Grundbucheinsicht nach KV-Nr. 32011 GNotKG in Rechnung stellen.

b) Beendigung nach persönlicher oder schriftlicher Beratung des Notars

Hat der Notar vor Beendigung des Verfahrens zum geplanten Kaufvertrag beraten, liegt **41**
nicht mehr der Fall der KV-Nr. 21300 GNotKG vor, sondern die „zweite Stufe der Beendigungsgebühr“, die Beendigung nach notarieller Beratung, aber vor Entwurfsversand. Voraussetzung ist aber die **persönliche oder schriftliche Beratung durch den Notar**. Der Notar muss folglich selbst beraten haben; eine **Beratung durch Angestellte des Notars** genügt dann, wenn der Notar Teile der Beratung selbst durchgeführt hat und durch fachkundige Mitarbeiter lediglich unterstützt wird. Auch muss sich der Notar mit dem konkreten Sachverhalt individuell auseinandergesetzt haben; nicht ausreichend ist beispielsweise eine reine Datenerhebung zwecks Urkundsvorbereitung oder die allgemeine Erläuterung des gewöhnlichen Ablaufs einer Beurkundung und deren Abwicklung.

Es entsteht in der Folge eine Gebühr in Höhe der **jeweiligen Beratungsgebühr**, d.h. nach Maßgabe der **KV-Nr. 24200 bis 24202 GNotKG**. Diese orientiert sich wiederum danach, welcher Gebührensatz für die Beurkundung des Beratungsgegenstands angefallen wäre. Ist z.B. ein Kaufvertrag betroffen, handelt es sich um eine 2,0 Gebühr nach KV-Nr. 21100 GNotKG, so dass die 0,3 bis 1,0 Rahmengebühr nach KV-Nr. 24200 GNotKG anzuwenden ist. Bei einer durchschnittlichen Beratung ist nach § 92 Abs. 1 GNotKG der Ansatz eines mittleren Gebührensatzes angemessen, bei umfangreichen Beratungen bis zu 1,0.

Der Geschäftswert der Beratungsgebühr bestimmt sich mangels spezieller Geschäftswertvorschriften nach § 36 Abs. 1 GNotKG. Könnte der Gegenstand der Beratung auch Gegenstand einer Beurkundung sein, so entspricht es billigem Ermessen i.S.v. § 36 Abs. 1, 2 GNotKG, dass der Geschäftswert mit dem im Fall einer Beurkundung identisch ist.

> *Beispiel:*
>
> Gleicher Sachverhalt wie Beispiel Rdn 40, jedoch mit dem Unterschied, dass der Notar mit dem Verkäufer A bei der Auftragserteilung bereits ein Beratungsgespräch im Hinblick auf die beabsichtigte Beurkundung geführt hat. Die Beratung hat etwa eine halbe Stunde gedauert.
>
> Kostenberechnung: KV-Nr. 21301 i.V.m. KV-Nr. 24200 GNotKG, Geschäftswert gem. §§ 97 Abs. 1, 36 Abs. 1, 2 i.V.m. § 47 GNotKG, 300.000 EUR, Rahmengebühr, mittlerer Gebührensatz 0,6, Gebühr 351 EUR.
>
> Auch hier sind Auslagen und die Abrufgebühr für die Grundbucheinsicht nach KV-Nr. 32011 GNotKG in Rechnung stellen.

c) Beendigung nach Versand des Entwurfs oder Beginn der Beurkundung

Hat der Notar den (vollständig erstellten) **Entwurf bereits versandt**, entsteht nach § 92 **42**
Abs. 2 GNotKG die **Gebühr mit dem Höchstsatz von 2,0**, da für das konkrete Beurkun-

dungsverfahren die Gebühr nach KV-Nr. 21100 GNotKG anfällt. Würde sich die Beurkundungsverfahrensgebühr nach KV-Nr. 21102 oder 21200 GNotKG (jeweils 1,0 Gebühren) bzw. nach KV-Nr. 21101 oder 21201 GNotKG (jeweils 0,5 Gebühren) bemessen, entstünde eine Gebühr nach KV-Nr. 21303 bzw. 21304 GNotKG mit jeweils niedrigerem Gebührenrahmensatz (dies gewährleistet, dass in keinem Fall bei vorzeitiger Beendigung des Verfahrens eine höhere Gebühr entstehen kann als bei vollständigem Ablauf des Verfahrens).

Ebenfalls eine 2,0 Gebühr nach KV-Nr. 21302 GNotKG entsteht im Regelfall dann, wenn die **Beurkundung** zum Zeitpunkt der Beendigung des Verfahrens **bereits begonnen** hat: Auch hier ist der Entwurf i.d.R. vollständig erstellt, so dass aufgrund der Regelung des § 92 Abs. 2 GNotKG der Höchstgebührensatz anfällt. Selbst wenn dies noch nicht der Fall ist und wesentliche Punkte des Vertrags noch in der Verhandlung geklärt werden müssen, ist angesichts des bis dahin angefallenen Aufwands (vgl. § 92 Abs. 1 GNotKG) i.d.R. ein Gebührensatz am oberen Ende des Gebührenrahmens angemessen.

Beispiel:

Gleicher Sachverhalt wie Beispiel Rdn 40, jedoch mit dem Unterschied, dass der Notar den Entwurf bereits vollständig erstellt hat. **Vollständig ist der Entwurf**, wenn der Notar **alles aufgenommen** hat, was ihm an **Informationen gegeben worden ist**. Der Entwurf wurde an die Beteiligten per E-Mail übermittelt. Einen Tag später nimmt A den Beurkundungsauftrag zurück.

Kostenberechnung: KV-Nr. 21302 GNotKG, Geschäftswert gem. §§ 97 Abs. 1, 47 GNotKG, 300.000 EUR, Rahmengebühr, wegen vollständigem Entwurf aber höchster Gebührensatz (§ 92 Abs. 2 GNotKG), 2,0-Gebühr 1.270 EUR.

Auch hier sind Auslagen und die Abrufgebühr für die Grundbucheinsicht nach KV-Nr. 32011 GNotKG in Rechnung stellen.

VII. Gebühren für Beratungstätigkeiten

1. Grundsätze

43 Die Gebühren für sog. **„isolierte“ Beratungstätigkeiten** – also jede Beratung durch den Notar, deren Gegenstand **nicht** zugleich **Gegenstand eines anderen gebührenpflichtigen Verfahrens oder Geschäfts** ist, vgl. Abs. 1 der Anmerkung zu KV-Nr. 24200 GNotKG – regelt das GNotKG in KV-Nr. 24200 bis 24203 GNotKG. Dabei ist zunächst zwischen den allgemeinen und den besonderen Beratungsgebühren zu unterscheiden:

KV-Nr. 24200 bis 24202 GNotKG regeln **allgemeine Beratungsgebühren**. Gegenstand dieser Beratung kann grundsätzlich alles sein, was unter die notarielle Amtstätigkeit fällt.

Die **spezielle Beratungsgebühr** nach KV-Nr. 24203 GNotKG regelt allein die Beratung bei der **Vorbereitung oder Durchführung einer Haupt- oder Gesellschafterversammlung**. Diese Gebühr entsteht, wenn der Notar die Gesellschaft über die iR eines Beurkundungsverfahrens bestehenden Amtspflichten hinaus berät (dazu Rdn 48).

Wichtig: Beratungsgebühren entstehen nur bei Beratung durch den Notar. Beraten ausschließlich Mitarbeiter des Notars, entsteht dafür keine Gebühr. Der Notar kann aber zu ergänzenden Beratungen Mitarbeiter einbinden.

2. Allgemeine Beratungstätigkeit (KV-Nr. 24200 bis 24202 GNotKG)

44 In den Fällen der Nr. 24200 und 24201 KV GNotKG entstehen **grundsätzlich Rahmengebühren** (s. hierzu Rdn 49 ff.), die sich – ähnlich wie bei den Entwurfsgebühren – an den Gebührentatbeständen orientieren, die bei einem den Beratungsgegenstand betreffenden Beurkundungsverfahren anwendbar wären:

Würde die Gebühr für das **Beurkundungsverfahren 2,0** betragen (Fälle der KV-Nr. 21100 GNotKG), reicht der Gebührenrahmen für die Beratung gemäß KV-Nr. 24200 GNotKG von **0,3 bis 1,0** Gebühren.

Würde die Gebühr für das **Beurkundungsverfahren** hingegen nur **1,0** betragen (Fälle der KV-Nr. 21102 und 21200 GNotKG), reicht der Gebührenrahmen für die Beratung gemäß KV-Nr. 24201 GNotKG von **0,3 bis 0,5** Gebühren.

Keine Rahmengebühr, sondern eine **„normale" 0,3 Wertgebühr** nach KV-Nr. 24202 GNotKG entsteht, wenn für das Beurkundungsverfahren eine Gebühr von **weniger als 1,0** anfiele (Fälle der KV-Nr. 21102 und 21201 GNotKG).

3. Beratung im Zusammenhang mit einem anderen Verfahren oder Geschäft

Schwierigkeiten bereitet die Frage, wann eine Beratungsgebühr neben einer Gebühr für ein anderes gebührenpflichtiges Verfahren oder Geschäft anfällt, vgl. Abs. 1 der Anmerkung zu KV-Nr. 24200 GNotKG. Die Gesetzesbegründung führt hierzu das Beispiel der **steuerlichen Beratung** an, aus dem auch allgemeine Schlüsse gezogen werden können. Eine qualifizierte, über bloße allgemeine Hinweise (Notar weist auf die Möglichkeit des Anfalls von Schenkungssteuer bei einer Überlassung hin) hinausgehende steuerliche Beratung ist grundsätzlich **nicht gegenstandsgleich zu einer Beurkundung**: Der Notar ist, wie die Gesetzesbegründung ausdrücklich ausführt, zur steuerlichen Beratung grundsätzlich nicht verpflichtet, kann aber auf besonderen Auftrag hin qualifizierte steuerliche Beratung erteilen. Diese Beratung hat regelmäßig eine andere Zielrichtung als die Beratung, die dem Notar nach seinen Amtspflichten im Rahmen seiner Amtstätigkeit nach der BNotO obliegt: „Gegenstand einer qualifizierten steuerlichen Beratung ist die Erzielung steuerlicher Erfolge und nicht der Eintritt bürgerlich-rechtlicher Rechtsfolgen. Eine Gegenstandsgleichheit im Sinne der Anmerkung zur Gebühr KV-Nr. 24200 GNotKG liegt bei einer steuerlichen Beratung dann nicht vor, wenn der Notar auftragsgemäß steuerlichen Rat erteilt, der über die notariellen Hinweis- und Beratungspflichten hinausgeht und für den der Notar die Haftung übernimmt". 45

4. Geschäftswert

Das GNotKG kennt keine besondere Geschäftswertvorschrift für die „isolierte" Beratung nach KV-Nr. 24200 bis 24202 GNotKG, so dass die allgemeine Regelung des § 36 GNotKG zur Anwendung kommt. Dabei kann im Rahmen der Ermessensausübung die für ein **entsprechendes Beurkundungsverfahren einschlägige Geschäftswertvorschrift** als Anhaltspunkt herangezogen werden. Berät der Notar zu einem Gesellschaftsvertrag, ist der Wert nach §§ 36 Abs. 1, 97 Abs. 1, 47 GNotKG mit dem Wert anzunehmen, der für den Kaufvertrag maßgeblich ist, erfolgt die Beratung zu einem Testament, ist der Wert nach §§ 36 Abs. 1, 102 GNotKG zu bestimmen. 46

5. Anrechnung

Wie bei der Entwurfsgebühr sind auch Beratungsgebühren anzurechnen, soweit derselbe Gegenstand demnächst Gegenstand eines anderen gebührenpflichtigen Verfahrens oder Geschäfts ist (KV-Nr. 24200 Anm. 2 GNotKG). Zu Identität des Geschäfts oder Verfahrens und zur Begrifflichkeit „demnächst" sind dieselben Grundsätze anzuwenden wie bei Entwurffertigungen (s. hierzu Rdn 34 ff.) oder bei einer vorzeitigen Beendigung eines Beurkundungsverfahrens (s. hierzu Rdn 38 ff.). 47

6. Beratung bei der Vorbereitung oder Durchführung von Haupt- und Gesellschafterversammlungen

Einen Sonderfall der Beratung regelt KV-Nr. 24203 GNotKG. Der Auftrag an den Notar, eine Niederschrift der Haupt- oder Gesellschafterversammlung bzw. der dort gefassten Be- 48 schlüsse zu fertigen, verpflichtet ihn nicht, die Gesellschaft auch hinsichtlich der zu fassenden Beschlüsse zu beraten. Soll der Notar beispielsweise Einzelheiten hinsichtlich **Voraussetzungen und Rechtsfolgen einzelner Beschlüsse** prüfen, Fragen der Einberufung der Hauptversammlung (z.B. **Überprüfung der Einladung**), bzgl. **Vertretungsbefugnissen**, Beschlüssen in **vergangenen Hauptversammlungen** und deren Auswirkungen etc. klären, sich mit dem **Registerrichter besprechen**, **Anträge entwerfen**, den **Versammlungsleiter beraten**, ein **Teilnehmerverzeichnis** fertigen oder die Ermittlung des **Abstimmungsergebnisses** prüfen, ist dies eine mit einer separaten Gebühr versehene Tätigkeit außerhalb des Beurkundungsverfahrens. KV-Nr. 24203 GNotKG unterwirft diese Fälle einer besonderen Beratungsgebühr, die isoliert oder zusätzlich zur Gebühr für ein Beurkundungsverfahren anfallen kann.

Die für die Beratung entstehende Gebühr nach KV-Nr. 24203 GNotKG ist eine Rahmengebühr (0,5 bis 2,0). Der individuelle Gebührensatz bestimmt sich nach § 92 Abs. 1 GNotKG unter Berücksichtigung des Umfangs der erbrachten Leistung nach billigem Ermessen.

Anders als für die Gebühren zur allgemeinen Beratung sieht das GNotKG in § 120 GNotKG eine spezielle Geschäftswertvorschrift zu KV-Nr. 24203 GNotKG vor: Gemäß § 120 S. 1 GNotKG bestimmt sich der **Geschäftswert nach der Summe der Geschäftswerte** für die Beurkundung der in der Haupt- oder Gesellschafterversammlung zu **fassenden Beschlüsse**, wobei nach S. 2 der Höchstgeschäftswert 5 Mio. EUR beträgt.

VIII. Rahmengebühren

1. Grundsätze

49 Starre Gebührensätze würden nach Auffassung des Gesetzgebers der Gestaltungsvielfalt gerade im Entwurfs- und Beratungsbereich nicht ausreichend Rechnung tragen. Der **Gebührensatz** muss vielmehr vom **Notar im Einzelfall nach billigem Ermessen** zu bestimmt werden, wobei die folgenden Anwendungskriterien nach **§ 92 GNotKG** zu beachten sind:

- **Abs. 1**: Bei **Rahmengebühren** bestimmt der Notar die Gebühr im Einzelfall unter Berücksichtigung des **Umfangs der erbrachten Leistung** nach billigem Ermessen.
- **Abs. 2**: Bei den Gebühren für das Beurkundungsverfahren im Fall der **vorzeitigen Beendigung** und bei den Gebühren für die **Fertigung eines Entwurfs** ist für die **vollständige Erstellung des Entwurfs die Höchstgebühr** zu erheben.
- **Abs. 3**: Ist eine Gebühr für eine vorausgegangene Tätigkeit auf eine **Rahmengebühr anzurechnen**, so ist bei der Bemessung der Gebühr auch die vorgegangene Tätigkeit zu berücksichtigen.

2. Ermessensausübung

50 § 92 Abs. 1 GNotKG legt die Kriterien fest, nach denen der Notar die Gebühr durch **Einzelfallentscheidung** bestimmen soll. Die Angemessenheit des Gebührenrahmens soll sich dabei ausschließlich nach dem **Umfang der Tätigkeit des Notars** bestimmen. Haftungsrechtliche Fragen oder die rechtliche Bedeutung der Einfügungen bleiben dabei ebenso unberücksichtigt, wie die Vermögens- oder Einkommensverhältnisse des Kostenschuldners. Die Angemessenheit des Gebührenrahmens ist im Kostenverfahren nach § 127 GNotKG überprüfbar.

Durch § 92 Abs. 2 GNotKG ist jedoch bestimmt, dass für die **vollständige Fertigung des Entwurfs** der **Gebührenrahmen voll auszuschöpfen** ist. Diese Regelung steht damit nicht zur Disposition des Notars. Ist der Entwurf dagegen nicht vollständig erstellt, ist eine angemessene geringere Gebühr innerhalb des Ermessensrahmens zu erheben. Vollständig ist der Entwurf, wenn alle dem Notar vorliegenden Informationen eingearbeitet sind. Lücken und Platzhalter für offene oder klärungsbedürftige Punkte haben hierauf keinen Einfluss.

IX. Gebühren für Sonstige notarielle Verfahren (Hauptabschnitt 3 KV GNotKG)

1. Grundsätze

Hauptabschnitt 3 des Kostenverzeichnisses regelt Gebühren für „Sonstige notarielle Verfahren". Obwohl auch bei diesen Verfahren Niederschriften errichtet werden, zählen sie nicht zu den Beurkundungsverfahren nach Hauptabschnitt 2 des Kostenverzeichnisses. Die Vorbem. 2.3 KV GNotKG bestimmt, dass mit den Gebühren dieses Hauptabschnitts 3 KV GNotKG auch die Fertigung der Niederschrift abgegolten wird. Die Niederschrift löst somit keine weiteren Gebühren aus. 51

2. Sonstige notarielle Verfahren im Einzelnen

a) Abschnitt 1: Rückgabe eines Erbvertrags aus der notariellen Verwahrung

Ein Erbvertrag kann durch zwei Verfahren aufgehoben werden, nämlich zum einen durch einen **neuen Erbvertrag**, mit welchem der **frühere Erbvertrag aufgehoben** wird. Diese Aufhebung löst eine 1,0-Gebühr nach KV-Nr. 21102 Anm. 2 GNotKG aus. Die **Aufhebung** ist aber auch dadurch möglich, dass der **Erbvertrag aus der amtlichen Verwahrung entnommen** wird. Die Rechtsfolge ist wie beim Testament, dass durch die Rücknahme die Aufhebung erfolgt. 52

Die Beteiligten eines **Erbvertrags** können aber auch auf die amtliche Verwahrung beim Amtsgericht verzichten und die **Verwahrung beim Notar wählen**. Hat der Notar einen Erbvertrag in seiner Verwahrung, kann der Erbvertrag dadurch aufgehoben werden, dass der Notar den Erbvertrag den **Beteiligten zurückgibt und damit aushändigt** (§§ 2300 Abs. 2, 2256 Abs. 1 BGB).

Für dieses Rückgabeverfahren entsteht gem. KV-Nr. 23100 GNotKG eine Verfahrensgebühr i.H. einer **0,3-Gebühr**. Mit dieser Gebühr ist auch die Niederschrift abgegolten, die der Notar über das Rückgabeverfahren errichtet.

Der **Geschäftswert** bestimmt sich gem. **§ 114 GNotKG** durch Verweis nach § 102 Abs. 1 bis 3 GNotKG, je nachdem, welche Verfügung der aufgehobene Erbvertrag enthält. Maßgebend sind die **Wertverhältnisse im Zeitpunkt der Rückgabe**.

> *Beispiel:*
>
> Die Ehegatten Maier hatten sich in einem notariellen Erbvertrag gegenseitig zu Alleinerben eingesetzt. Da sie inzwischen getrennt leben, wollen sie den Erbvertrag aufheben. Zu diesem Zweck wird der Erbvertrag aus der Verwahrung des Notars entnommen und den Ehegatten Maier zurückgegeben (nachdem der Notar die Geschäfts- und Testierfähigkeit der Erblasser festgestellt und über den gesamten Rückgabevorgang eine Niederschrift errichtet hat).
>
> Der Ehemann hat im Zeitpunkt der Rücknahme des Erbvertrages aus der Verwahrung ein modifiziertes Reinvermögen (§ 102 Abs. 1 GNotKG = Vermögen nach Abzug der Verbindlichkeiten bis max. zum halben Vermögenswert) von 200.000 EUR, die Ehefrau ein solches von 100.000 EUR.
>
> Kostenberechnung: Geschäftswert nach § 114 GNotKG = 300.000 EUR, hieraus 0,3-Gebühr nach KV-Nr. 23100 GNotKG = 190,50 EUR.
>
> **Anrechnung**:
>
> Die Anm. bei KV-Nr. 23100 GNotKG regelt: „*Wenn derselbe Notar demnächst nach der Rückgabe eines Erbvertrags eine erneute Verfügung von Todes wegen desselben Erblassers beurkundet, wird die Gebühr auf die Gebühr für das Beurkundungsverfahren angerechnet. Bei einer Mehrheit von Erblassern erfolgt die Anrechnung nach Kopfteilen.*"
>
> Die **Anrechnungsregelung** folgt den Grundsätzen bei Anrechnung von **Entwurfs- oder Beratungsgebühren** (s. Rdn 34, 47). Was unter **„demselben" Notar** zu verstehen ist, s.

unter Rdn 28. Bei mehreren Erblassern ist der Betrag entsprechend aufzuteilen, aber nicht im Verhältnis der Werte der modifizierten Reinvermögen, sondern durch gleichmäßige Aufteilung nach Köpfen.

b) Abschnitt 2, Verlosung, Auslosung

53 Die Gebühr für die Durchführung der Verlosung oder Auslosung ist gem. **KV-Nr. 23200** GNotKG **eine 2,0-Gebühr**. Gebührenpflichtig ist nicht die Errichtung der Niederschrift, sondern die Durchführung des Ver- oder Auslosungsvorgangs. Die Gebühr entsteht allerdings schon dann, wenn der Notar zwar die Ver- oder Auslosung nicht selbst durchführt, aber Prüfungstätigkeiten vornimmt, wie etwa Prüfung des Ziehungsgeräts oder der Ver- oder Auslosungsunterlagen.

Nimmt der **Notar die Ver- oder Auslosung nicht selbst** vor und führt auch keine Prüfungen aus, sondern errichtet **ausschließlich die Niederschrift über den Hergang**, erhält er anstelle der Gebühr nach KV-Nr. 23200 GNotKG lediglich eine **1,0-Gebühr gem. KV-Nr. 21200 GNotKG**.

Unter Verlosung oder Auslosung sind alle Vorgänge zu verstehen, in denen aus einer Mehrheit von Verlosungsbeteiligten eine beschränkte Zahl von Gewinnern mit den erwähnten oder anderen Verlosungsmitteln ermittelt werden, der Notar zur Überwachung des Verlosungsvorganges zwecks Vermeidung von Manipulationen beigezogen ist und hierüber eine Niederschrift erstellt.

Eine konkrete Wertvorschrift enthält das GNotKG nicht, weshalb der Geschäftswert nach § 36 GNotKG nach billigem Ermessen zu bestimmen ist. Es ist allgemein anerkannt, den Wert nach dem Wert der verlosten Gegenstände, bei Geldverlosungen nach den Beträgen, anzusetzen.

Wird das Verfahren **vorzeitig beendet**, ermäßigt sich die Gebühr gem. **KV-Nr. 23201 GNotKG auf eine 0,5-Gebühr.**

Beispiel:

Der Notar führt eine Verlosung durch, überprüft das Ziehungsgerät und erstellt über den Verlosungsvorgang eine Niederschrift. Der Wert der verlosten Gegenstände beträgt 5.000 EUR.

Kostenberechnung: Geschäftswert gem. § 36 GNotKG, Wert der verlosten Gegenstände 5.000 EUR, hieraus 2,0-Gebühr gem. KV-Nr. 23200 GNotKG = 90 EUR.

Hinweis: Eine Mindestgebühr von 120 EUR wie bei KV-Nr. 21100 ist bei KV-Nr. 23200 GNotKG nicht vorgesehen.

c) Abschnitt 3, Eid, eidesstattliche Versicherung, Vernehmung von Zeugen und Sachverständigen

54 Für die notarielle Praxis sind Versicherungen an Eides statt vor allem im Zusammenhang mit der **Beantragung eines Erbscheins oder eines Europäischen Nachlasszeugnisses**, von Bedeutung, aber auch zur Erlangung eines **Testamentsvollstreckerzeugnisses**. Ferner werden auch Eidesstattliche Versicherung zur Glaubhaftmachung von **Tatsachen gegenüber Behörden** (§ 22 Abs. 2 BNotO) beurkundet.

Für die Beurkundung einer Versicherung an Eides statt entsteht eine **1,0-Gebühr nach KV-Nr. 25300 GNotKG** und im Falle der vorzeitigen Beendigung gem. KV-Nr. 25300 GNotKG eine 0,3-Gebühr.

Der **Geschäftswert** bestimmt sich mangels einer konkreten Wertvorschrift nach **§ 36 GNotKG**. Soweit die Versicherung vermögensrechtliche Tatsachen betrifft, ist der Wert nach billigem Ermessen zu bestimmen (§ 36 Abs. 1 GNotKG). Im Übrigen ist der Wert nach § 36 Abs. 2, 3 GNotKG zu bestimmen.

Beispiel 1:

Der Führerschein von A ist nicht mehr auffindbar. A versichert dies an Eides statt gegenüber dem Landratsamt zur Erstellung eines neuen Führerscheins.

Kostenberechnung: Geschäftswert nach § 36 Abs. 2 GNotKG, Ermessenswert 1.000 EUR, hieraus 1,0 Gebühr gem. KV-Nr. 23300 GNotKG = 19 EUR.

Hinweis: Eine Mindestgebühr von 60 EUR wie z.B. nach KV-Nr. 21200 GNotKG, gilt hier nicht.

Die Gebühr nach KV-Nr. 23300 GNotKG entsteht aber nur dann, wenn die **eidesstattliche Versicherung nicht Teil eines anderen Verfahrens oder Geschäfts ist** (Vorbem. 2.3.3 Abs. 1 KV GNotKG). Das ist z.B. der Fall, wenn der Notar ein Vermögensverzeichnis samt Versicherung an Eides statt aufnimmt. In diesem Fall entsteht nur die Gebühr für das **Vermögensverzeichnis** nach KV-Nr. 23500 oder 23502 GNotKG, nicht aber zusätzlich die Gebühr nach KV-Nr. 23300 GNotKG.

Beispiel 2: 55

Der Notar erstellt auf Antrag von A ein **Vermögensverzeichnis** (Wert der verzeichneten Gegenstände 100.000 EUR). A versichert an Eides statt die Richtigkeit und Vollständigkeit der verzeichneten Gegenstände.

Kostenberechnung: Geschäftswert 100.000 EUR gem. § 115 GNotKG, hieraus 2,0-Gebühr gem. KV-Nr. 23500 GNotKG = 546 EUR.

Die Gebühr für die Versicherung an Eides statt nach KV-Nr. 23300 GNotKG wird nicht zusätzlich erhoben (Vorbem. 2.3.3 Abs. 1 KV GNotKG).

Besonderheiten gelten für Versicherungen an Eides statt zur Erlangung eines **Erbscheins**, 56
eines **Europäischen Nachlassverzeichnisses** oder **Testamentsvollstreckerzeugnisses**. Zunächst regelt Vorbem. 2.3.3 Abs. 2 KV GNotKG, dass bei Beurkundung einer Niederschrift über die Abnahme der eidesstattlichen Versicherung ein zugleich mitbeurkundeter **Antrag an das Nachlassgericht** mit der Gebühr nach **KV-Nr. 23300 GNotKG abgegolten** wird. Im Ergebnis wird also nur die Versicherung an Eides statt bewertet, der Erbscheinsantrag oder Antrag auf Erteilung eines Europäischen Nachlasszeugnisses oder eines Testamentsvollstreckerzeugnisses nicht zusätzlich.

Der jeweilige Geschäftswert bestimmt sich nach § 40 Abs. 1 GNotKG. Danach ist der Geschäftswert der **Wert des Nachlasses im Zeitpunkt des Erbfalls** und nicht der Zeitpunkt der Beurkundung. Dies erschwert die Wertbestimmung bei Versicherungen an Eides statt zur Erlangung eines Erbscheins, wenn der Erbfall schon länger zurückliegt. Verbindlichkeiten werden in beschränktem Umfang abgezogen. **Abzugsfähig** sind nämlich nur die vom **Erblasser herrührenden Verbindlichkeiten**. Weitergehende Erbfallschulden, wie Pflichtteilsansprüche, Vermächtnisse, Auflagen oder Erbschaftsteuern aus dem Erbfall sind dagegen nicht abzuziehen. Gleiches gilt für die Versicherung zur Erlangung eines Europäischen Nachlasszeugnisses.

Beispiel:

E ist Alleinerbe aufgrund gesetzlicher Erbfolge nach A geworden. Da auch Grundbesitz zum Nachlass gehört, wird die Erteilung eines Erbscheins beantragt. Die Richtigkeit der Angaben zur Erbfolge werden vom Alleinerben an Eides statt versichert. Ein Grundbuchberichtigungsantrag wird zunächst nicht gestellt, weil das Grundstück verkauft werden soll.

Der Nachlasswert zum Zeitpunkt des Erbfalls beträgt inkl. des Grundstücks 300.000 EUR. Der Erblasser hatte bei der Sparkasse noch Darlehensverbindlichkeiten i.H.v. 80.000 EUR.

Kostenberechnung: Geschäftswert gem. § 40 Abs. 1 GNotKG nach Abzug der Erblasserschulden 220.000 EUR. Gebühr nach KV-Nr. 23300 GNotKG = 1,0-Gebühr = 485 EUR.

57 Für eine Versicherung zur Erlangung eines **Testamentsvollstreckerzeugnisses** ist der Geschäftswert nach § 40 Abs. 5 GNotKG mit **20 % des Nachlasswertes im Zeitpunkt des Erbfalls** zu bestimmen, wobei **Verbindlichkeiten nicht abgezogen** werden.

Beispiel:

Bei einem Nachlasswert von 300.000 EUR und bei Vorhandensein von 80.000 EUR Schulden beträgt der Geschäftswert für die Versicherung an Eides statt 60.000 EUR (20 % aus dem Bruttowert des Nachlasses).

Gebühr: 1,0 gem. KV-Nr. 23300 GNotKG = 192 EUR.

Vernehmungen von Zeugen und Sachverständigen durch den Notar kommen in der Praxis höchst selten vor und können hier vernachlässigt werden.

d) Abschnitt 4, Wechsel- und Scheckproteste

58 Für die Aufnahme eines Wechselprotestes ist nach **KV-Nr. 23400 GNotKG eine Gebühr von 0,5** zu erheben. Als **Geschäftswert** ist nach einhelliger Meinung in der Literatur die **Wechselsumme** ohne Nebenleistungen maßgebend. In Vorbem. 2.3.4 ist geregelt, dass neben der Gebühr nach KV-Nr. 23400 GNotKG die Gebühren nach KV-Nr. 25300 GNotKG (Versicherung an Eides statt) und KV-Nr. 26001 GNotKG (Zusatzgebühr bei Auswärtstätigkeiten) nicht zusätzlich erhoben werden.

Diese Grundsätze sind auch bei **Scheckprotesten** maßgeblich.

Weitere Vertiefungen können an dieser Stelle unterbleiben, da Wechselproteste ebenso wie Scheckproteste in der Praxis eher eine untergeordnete Rolle spielen.

e) Abschnitt 5, Vermögensverzeichnis und Siegelung

59 Ein Vermögensverzeichnis liegt vor, wenn die **Inventarisierung des Vermögens** durch den Notar selbst erfolgt. In der notariellen Praxis kommt die Errichtung eines Vermögensverzeichnisses zumeist im **Zusammenhang mit erbrechtlichen Angelegenheiten** vor (z.B. wegen Anspruch des Nacherben gem. § 2121 Abs. 1 BGB auf Mitteilung der zur Erbschaft gehörenden Gegenstände, das auf Verlangen zu erstellen ist oder wegen des **Anspruchs des Pflichtteilsberechtigten** gem. § 2314 Abs. 1 BGB gegenüber dem Erblasser).

Der Geschäftswert bestimmt sich nach § 115 GNotKG nach dem **Wert der verzeichneten Gegenstände**. Maßgeblich ist der Aktivwert *ohne Abzug der Verbindlichkeiten* (§ 38 GNotKG) zum Zeitpunkt der Beurkundung. Die Gebühr bestimmt sich nach KV-Nr. 23500 GNotKG und beträgt 2,0 (s. Berechnungsbeispiel Rdn 55).

f) Abschnitt 6, Freiwillige Versteigerung von Grundstücken

60 Die Vorschriften des Abschn. 6 KV GNotKG sind auf freiwillige Versteigerungen von Grundstücken und grundstücksgleichen Rechten durch den Notar zum Zwecke der Veräußerung oder Verpachtung anzuwenden. In der notariellen Praxis sind sie selten, sodass auf die Aufnahme weiterer Hinweise verzichtet wird.

g) Abschnitt 7, Versteigerung von beweglichen Rechten und Sachen

61 Die Versteigerung beweglicher Sachen durch den Notar ist der absolute Ausnahmefall. Ist sie durchzuführen, bestimmen sich die Gebühren nach den Vorgaben des Abschn. 7 KV GNotKG.

h) Abschnitt 8, Vorbereitung der Zwangsvollstreckung

Abschn. 8 KV GNotKG enthält vielfältige Regelungen zur Verfahren über die Vorbereitung der Zwangsvollstreckung. Manche Sachverhalte kommen in der Praxis eher selten vor. Neben Regelungen über die Vollstreckbarerklärung eines Anwaltsvergleichs (KV-Nr. 23800 GNotKG), über das Verfahren über die Vollstreckbarerklärung eines Schiedsspruchs mit vereinbartem Wortlaut und der Beendigung durch Zurücknahme des Antrags und weiteren Sonderregelungen sind vor allem die folgenden Sachverhalte von Bedeutung: 62

- KV-Nr. 23803 GNotKG, Verfahren über die **Erteilung einer vollstreckbaren Ausfertigung**, wenn der Eintritt einer **Tatsache oder einer Rechtsnachfolge** zu prüfen ist (§§ 726 bis 729 ZPO). Zunächst ist darauf hinzuweisen, dass die (erstmalige) Erteilung einer vollstreckbaren Ausfertigung durch den Notar keine Gebühren auslöst. Kostenpflichtig wird sie allerdings dann, wenn der Notar z.B. wegen Abtretung einer Eigentümergrundschuld bei der erstmaligen Erteilung der vollstreckbaren Ausfertigung zugleich die Rechtsnachfolge auf der Gläubigerseite feststellen muss. Das ist eine Rechtsnachfolge, welche die Kosten nach KV-Nr. 23803 GNotKG auslöst.

  Die Gebühr selbst ist eine **0,5-Gebühr** und ist aus dem **Nominalbetrag der Grundschuld** (§ 53 Abs. 1 GNotKG) zu berechnen.

  > *Beispiel:*
  >
  > A hat für sich selbst eine Grundschuld zu 300.000 EUR bestellt. Er tritt diese Grundschuld an die Sparkasse X ab. Die Sparkasse X möchte eine vollstreckbare Ausfertigung haben und beauftragt den Notar, diese zu erteilen.
  >
  > Kostenberechnung:
  >
  > Geschäftswert § 53 Abs. 1 GNotKG = Nominalbetrag der Grundschuld, 300.000 EUR, daraus 0,5-Gebühr gem. KV-Nr. 23803 GNotKG = 317,50 EUR. Hinzu kommen etwaige Dokumentenpauschalen, sonstige Auslagen und die MwSt.
  >
  > Hinweis:
  >
  > Eine bloße Berichtigung von Gläubigerbezeichnungen ohne Identitätswechsel löst die Gebühr allerdings nicht aus.

- KV-Nr. 23804 GNotKG, Verfahren über den Antrag auf **Erteilung einer weiteren vollstreckbaren Ausfertigung** (§ 797 Abs. 3, § 733 ZPO), wobei die Gebühr für jede weitere vollstreckbare Ausfertigung gesondert erhoben wird. Dieser Gebührentatbestand ist einschlägig, wenn z.B. der Gläubiger um Erteilung einer weiteren vollstreckbaren Ausfertigung bittet, weil die bereits erteilte vollstreckbare Ausfertigung nicht mehr auffindbar ist. Für das **gesamte hierzu erforderliche Verfahren** beim Notar einschließlich der Erteilung der weiteren vollstreckbaren Ausfertigung fällt lediglich die **Festgebühr nach KV-Nr. 23804 GNotKG von 20 EUR** an. Auslagen und die MwSt. kommen hinzu.

i) Abschnitt 9, Teilungssachen

Abgerundet wird der umfangreiche Hauptabschnitt 3 KV GNotKG (Sonstige notarielle Verfahren) durch Regelungen in Teilungsangelegenheiten. Gem. Vorbem. 2.3.9 Abs. 1 gilt dieser Abschnitt für Teilungssachen zur **Vermittlung der Auseinandersetzung** des Nachlasses und des Gesamtguts einer Gütergemeinschaft nach Beendigung der ehelichen, lebenspartnerschaftlichen oder fortgesetzten Gütergemeinschaft (§ 342 Abs. 2 Nr. 1 FamFG). In der notariellen Praxis sind vereinzelt Vermittlungen zur Auseinandersetzung eines Nachlasses festzustellen, Auseinandersetzungsvermittlungen zur beendeten Gütergemeinschaft sind äußerst selten. 63

Die **Verfahrensgebühr hängt vom Verfahrensstand** ab. Wird die Vermittlung abgeschlossen, entsteht eine 6,0-Gebühr gem. KV-Nr. 23900 GNotKG, sie reduziert sich nach den Vorgaben der KV-Nr. 23901 bis 23903 GNotKG, falls das Verfahren in einem früheren Stadium endet oder der Notar das Verfahren an einen anderen Notar verweist.

Erfolgt im Anschluss an das Vermittlungsverfahren auch die Beurkundung der Auseinandersetzung selbst, ist für diese zusätzlich die Gebühr für das Beurkundungsverfahren (2,0 gem. KV-Nr. 21100 GNotKG) zu erheben (Vorbem. 2.3.9 Abs. 2 KV GNotKG).

X. Gebühren für Sonstige Geschäfte (Hauptabschnitt 5 KV GNotKG)

64 Hauptabschnitt 5 KV GNotKG fasst sonstige Geschäfte des Notars, die nicht unter einen anderen Hauptabschnitt einzuordnen sind, zusammen. In 3 Abschnitten werden die kostenrechtlichen Bestimmungen für Beglaubigungen und sonstige Zeugnisse, für andere Bescheinigungen und sonstige Geschäfte sowie die Gebühren für die Verwahrung von Geld, Wertpapieren und Kostbarkeiten zusammengefasst. Im Einzelnen gilt Folgendes:

1. Abschnitt 1, Beglaubigungen und sonstige Zeugnisse (§§ 39, 39a des BeurkG)

65 Hierunter fallen alle Beglaubigungen von Unterschriften und Handzeichen, die Beglaubigung von Dokumenten, einer Bescheinigung über die Zeit der Vorlage einer Privaturkunde und Tatsachenbescheinigungen.

a) KV-Nr. 25100 GNotKG (Beglaubigung Unterschrift oder Handzeichen)

66 Für die Beglaubigung einer **Unterschrift oder eines Handzeichens** entsteht eine 0,2-Gebühr, die mindestens 20 EUR und höchstens 70 EUR beträgt. Der **Wert** ist nach **§ 121 GNotKG** so zu bestimmen, als wäre die Erklärung beurkundet. Beglaubigt der Notar z.B. unter einer Registeranmeldung eine Unterschrift und er hat hierzu keine Entwurfstätigkeiten vorgenommen, entsteht eine 0,2-Gebühr aus dem Wert der Registeranmeldung unter Beachtung des Mindest- und des Höchstwertes. Hat der Notar den Entwurf gefertigt, ist die Beglaubigung mit der Entwurfsgebühr abgegolten und entsteht nicht zusätzlich (Anm. (1) zu KV-Nr. 25100 GNotKG).

Werden **mehrere Unterschriften oder Handzeichen** in einem **einheitlichen Vermerk** beglaubigt, entsteht nur **eine** Beglaubigungsgebühr (Anm. (2) zu KV-Nr. 25100 GNotKG. Weitere Beglaubigungen sind allerdings kostenpflichtig.

> *Beispiel:*
>
> Drei Miteigentümer (A, B und C) bestellen eine Grundschuld über einen Betrag von 120.000 EUR für die Sparkasse X. Da keine Unterwerfungserklärungen verlangt werden, ist keine Beurkundung nötig. Die Sparkasse X hat die Grundschuldbestellungsurkunde vollständig entworfen, der Notar soll nur die Unterschriften beglaubigen. Auch eine Entwurfsüberprüfung wird nicht verlangt.
>
> A, B und C kommen gleichzeitig zum Notar und unterschreiben die Grundschuldbestellungsurkunde. Der Notar beglaubigt die 3 Unterschriften in einem Vermerk und wird mit der Weiterreichung des Originals zum Grundbuchamt beauftragt (derzeit wird noch keine elektronische Einreichung verlangt).
>
> A, B und C erhalten jeweils eine beglaubigte Ablichtung der Erklärung (5 Seiten).
>
> Bewertung:
>
> Geschäftswert, § 53 Abs. 1 GNotKG, 120.000 EUR,
>
> 0,2-Gebühr für die Beglaubigung aller 3 Unterschriften in einem einheitlichen Beglaubigungsvermerk, KV-Nr. 25100 GNotKG = 60 EUR.
>
> Für die Erteilung der beglaubigten Abschriften fällt, nachdem es keine eigene Urkunde des Notars ist, jeweils eine Beglaubigungsgebühr nach KV-Nr. 25101 GNotKG (s. Rdn 68) an, wie folgt:
>
> 5 Seiten, pro Seite 1 EUR, mindestens aber 10 EUR x 3 = 30 EUR.

Für die Herstellung der Kopien fällt neben der Beglaubigungsgebühr keine Dokumentenpauschale an (Anm. (1) zu KV-Nr. 25102 GNotKG.

Für die Weiterleitung an das Grundbuchamt entsteht eine Vollzugsgebühr nach KV-Nr. 22124 GNotKG i.H.v. 20 EUR. Diese Gebühr schließt auch die Überprüfung der Vollzugsfähigkeit ein.

Dazu kommen etwaige Auslagen (KV-Nr. 32004 oder 32005 GNotKG) sowie die gesetzliche MwSt. (KV-Nr. 32014 GNotKG).

Im Falle der elektronischen Einreichung kämen folgende Kosten hinzu, alle anderen Gebühren einschl. der sonstigen Auslagen blieben unverändert:

- Vollzugsgebühr XML-Datei, KV-Nr. 22125 GNotKG, 0,6-Gebühr aus 120.000 EUR = 180 EUR
- Einscannen der Grundschuldbestellungsurkunde nach Beglaubigung, KV-Nr. 32002 GNotKG, eine Datei 1,50 EUR, aber Vergleich mit Dokumentenpauschale nach KV-Nr. 32000 GNotKG (s. Rdn 136), hier 5 Seiten je 0,50 EUR, somit 2,50 EUR. Die Pauschale von 1,50 EUR fällt weg und wird durch 2,50 EUR ersetzt.

b) KV-Nr. 25101 GNotKG (Beglaubigung Unterschrift oder Handzeichen – Sonderfälle)

Mit dieser Vorschrift werden 3 Fälle einer Unterschriftsbeglaubigung einer **Festgebühr von 20 EUR** unterworfen. Es handelt sich um die Beglaubigung einer Unterschrift oder eines Handzeichens, wenn die Erklärung betrifft 67

1. eine Erklärung, für die nach dem **Staatsschuldbuchgesetzen** eine öffentliche Beglaubigung vorgeschrieben ist (in der Praxis ganz selten),
2. eine **Zustimmung gem. § 27 der Grundbuchordnung** sowie einen damit verbundenen **Löschungsantrag gem. § 13 der Grundbuchordnung**. Dieser Fall ist in der Praxis häufig anzutreffen und betrifft den Fall, dass der Eigentümer eine Löschungsbewilligung vorlegt auf welchem seine Eigentümererklärungen bereits enthalten sind und er nur noch unterschreibt. Der Notar beglaubigt lediglich die Unterschrift oder das Handzeichen.
3. den **Nachweis der Verwaltereigenschaft** gem. § 26 Abs. 3 WEG. Auch das kommt in der Praxis nicht selten vor. Gemeint ist hier die Unterzeichnung der Verwalterbestellung durch die Eigentümergemeinschaft, nicht dagegen eine Verwalterzustimmung zu einem konkreten Kaufvertrag. Diese ist nach ganz anderen Grundsätzen zu bewerten (s. Rdn 81).

c) KV-Nr. 25102 GNotKG (Beglaubigung von Ablichtungen)

Die Beglaubigung von Dokumenten löst eine Gebühr von 1 EUR pro Seite, mindestens aber 10 EUR aus. Etwa vom Notar hierzu hergestellte Kopien des Dokuments lösen keine zusätzlichen Dokumentenpauschalen aus, sie sind mit der Beglaubigungsgebühr abgegolten (vgl. Anm. (1) zu KV-Nr. 25102 GNotKG. 68

Beispiel 1:

A legt ein Abschlusszeugnis (2 Seiten) vor und beantragt die Erteilung einer beglaubigten Ablichtung. Der Notar fertigt die Kopie und beglaubigt diese.

Gebühr: KV-Nr. 25102 GNotKG pro Seite 1 EUR = 2 EUR, mindestens aber 10 EUR.

Für die Herstellung der Kopie fällt keine zusätzliche Dokumentenpauschale an.

Beispiel 2:

A legt dem Notar ein Manuskript im Umfang von 250 Seiten vor und bittet um eine beglaubigte Ablichtung. Der Notar kopiert das Skript und beglaubigt dieses.

Gebühr: KV-Nr. 25102 GNotKG pro Seite 1 EUR = 250 EUR.

Für die Herstellung der Kopien fällt keine zusätzliche Dokumentenpauschale an.

Die Gebühr nach KV-Nr. 25102 GNotKG wird allerdings nicht erhoben, wenn der Notar

- beglaubigte Ablichtungen von **eigenen Urkunden oder von Entwürfen, die er selbst gefertigt** hat oder von Urkunden vornimmt und von solchen, die er in seiner **Urkundensammlung dauernd aufzubewahren** hat (Anm. (2) zu KV-Nr. 25102 GNotKG),
- beglaubigte Ablichtungen von **vorgelegten Vollmachten und Ausweisen** über die Berechtigung eines gesetzlichen Vertreters, die der vom Notar gefertigten **Niederschrift beizulegen** sind (§ 12 Beurkundungsgesetz). Hat der Notar somit z.B. einen Kaufvertrag zu beurkunden, bei dem der Verkäufer aufgrund Vollmacht vertreten werden soll, muss er von der Vollmacht eine beglaubigte Ablichtung dem Kaufvertrag beifügen. Diese beglaubigte Ablichtung löst keine Beglaubigungsgebühr aus, auch dann nicht, wenn der Notar, der den Kaufvertrag beurkundet, die Vollmacht nicht selbst beurkundet hat.

2. Abschnitt 2, Andere Bescheinigungen und sonstige Geschäfte

69 Dieser Abschnitt regelt im Wesentlichen Bescheinigungen des Notar in vielfacher Hinsicht, aber auch die kostenrechtliche Einordnung sonstiger Geschäfte, wie die Beiziehung eines zweiten Notars, die Kosten einer Gründungsprüfung oder die Kosten einer Apostille oder Legalisation. Im Einzelnen ist geregelt:

KV-Nr. 25200 GNotKG – Bescheinigung aufgrund Registereinsicht

Sieht der Notar den Inhalt eines Registers ein (z.B. **Handelsregister wg. der Vertretungsbefugnis des Geschäftsführers**) und erteilt er hierüber eine **Bescheinigung nach § 21 Abs. 1 BNotO**, entsteht eine Gebühr von 15 EUR. Hat er mehrere Registerblätter einzusehen, wie z.B. bei einer GmbH & Co. KG das Registerblatt der GmbH und dasjenige der KG, entsteht die Gebühr für jedes Registerblatt gesondert.

KV-Nr. 25201 GNotKG – Rangbescheinigung (§ 122 GNotKG)

Eine Rangbescheinigung wird in der notariellen Praxis vor allem dann erteilt, wenn sich der Vollzug einer **Grundschuldbestellung** hinzieht, die Grundbuchvorlage durch den Notar aber bereits erfolgt ist und der Notar geprüft hat, dass der rangrichtigen Eintragung der Grundschuld nichts im Wege steht und auch keine weiteren entgegenstehenden Unterlagen beim Grundbuchamt vorliegen. Hierfür entsteht eine 0,3-Gebühr aus dem Nennbetrag der Grundschuld (§ 53 GNotKG).

KV-Nr. 25202 GNotKG – Herstellung eines Teilhypotheken-, -grundschuld- oder -rentenschuldbriefs

Hierfür entsteht eine 0,3-Gebühr aus dem Nominalbetrag des betroffenen Grundpfandrechts. Dieser Sachverhalt kommt in der notariellen Praxis so gut wie nie vor, sodass auf weitere Ausführungen verzichtet wird.

KV-Nr. 25203 GNotKG – Erteilung einer Bescheinigung über das im Inland oder im Ausland geltende Recht einschl. von Tatsachen

Solche Bescheinigungen können im Rechtsverkehr mit **ausländischen Beteiligten, Gerichten oder Behörden**, vorkommen, die über das deutsche Recht nicht hinreichend kundig sind. Hierfür entsteht eine Gebühr von 0,3–1,0 aus einem vom Notar nach § 36 GNotKG nach billigem Ermessen zu bestimmenden Geschäftswert. Den Gebührensatz innerhalb des vorgegebenen Rahmens bestimmt der Notar nach billigem Ermessen.

KV-Nr. 25204 GNotKG – Abgabe einer Erklärung aufgrund einer Vollmacht anstelle einer in öffentlich beglaubigter Form durch die Beteiligten abzugebenden Erklärung

Die Gebühr entsteht in gleicher Höhe wie für die Fertigung eines Entwurfs der betroffenen Erklärung. Es handelt sich hierbei um eine sogen. **Eigenurkunde des Notars**. Beispielhaft ist hierzu eine **Identitätsfeststellung** zu einem Kaufvertrag über eine unvermessene Teilfläche, wenn der Notar nach Vermessung in einer Eigenurkunde die Fl.Nr. des Grundstücks feststellt.

KV-Nr. 25205 GNotKG – Tätigkeit des Notars als zu einer Beurkundung zugezogener zweiter Notar

Die hierfür erfolgten Regelungen erklären sich durch einen Blick in das Gesetz von selbst.

KV-Nr. 25206 GNotKG – Gründungsprüfung gem. § 33 Abs. 3 des Aktiengesetzes durch den Notar, 1,0-Gebühr, mindestens 1.000 EUR

Der Wert bestimmt sich nach § 123 GNotKG aus der Summe aller Einlagen der Gründer der Aktiengesellschaft, höchstens 10 Mio. EUR.

KV-Nr. 25207 GNotKG – Erwirkung der Apostille oder der Legalisation einschl. der Beglaubigung durch den Präsidenten des Landgerichts

Für diese Tätigkeit ist eine Festgebühr von 25 EUR geregelt und gilt alle damit verbundenen Tätigkeiten ab (Übersendung der Unterlagen an das Landgericht, Entgegennahme nach Rücksendung und Aushändigung an den Auftraggeber).

KV-Nr. 25208 GNotKG – Erwirkung der Legalisation, wenn weitere Beglaubigungen notwendig sind

Hier beträgt die Gebühr 50 EUR. Sie hat den gleichen Abgeltungsbereich wie die Gebühr nach KV-Nr. 25207 GNotKG.

KV-Nr. 25209 GNotKG – Einsicht in das Grundbuch, in öffentliche Register und Akten einschl. der Mitteilung an die Beteiligten

Die Gebühr hierfür beträgt 15 EUR. Die Gebühr entsteht allerdings nicht, wenn die Einsicht Teil eines anderen Verfahrens ist. Sieht der Notar somit im Vorgriff auf die Beurkundung eines Kaufvertrages das Grundbuch ein, erhält er hierfür die Gebühr nach KV-Nr. 25209 GNotKG nicht. Die Einsicht ist mit der Beurkundung abgegolten. Es muss also eine **isolierte Einsichtnahme** sein, die der Notar im Auftrag vornimmt.

KV-Nr. 25210 und 25211 GNotKG – Erteilung von Abdrucken aus einem Register oder aus dem Grundbuch auf Antrag oder deren beantragte Ergänzung oder Bestätigung:

- KV-Nr. 25210 GNotKG – ein (einfacher) Abdruck aus dem Grundbuch löst eine Gebühr von 10 EUR aus
- KV-Nr. 25211 GNotKG – für einen beglaubigten Abdruck entsteht eine Gebühr von 15 EUR.

Daneben wird keine Dokumentenpauschale erhoben.

Die Abgrenzung zu KV-Nr. 25209 GNotKG ist nicht ganz einfach. Die Einordnung kann aber wie folgt vorgenommen werden: Druckt der Notar den Grundbuchauszug ab und übermittelt diesen ohne nähere Begründung an den Eigentümer, sind KV-Nr. 25210 oder 25211 GNotKG einschlägig. Begründet er auf Wunsch den Inhalt des Grundbuchs, greift KV-Nr. 25209 GNotKG. Beide Gebührentatbestände (KV-Nr. 25209 und 25210 oder KV-Nr. 25209 und 25211 GNotKG) dürften aber nicht nebeneinander anfallen, was aber nicht eindeutig zu beantworten ist. Denkbar wäre demnach auch der Ansatz beider Gebühren nebeneinander.

KV-Nr. 25212 und 25213 GNotKG – Anstelle der Abdrucke nach KV-Nr. 25210 und 25211 GNotKG werden elektronische Dateien übermittelt:

- KV-Nr. 25212 GNotKG – für eine unbeglaubigte elektronische Datei entsteht eine Gebühr von 5 EUR
- KV-Nr. 25213 GNotKG – eine beglaubigte elektronische Datei löst dagegen eine Gebühr von 10 EUR aus.

Komplettiert wird dieser Bereich der Einsichten und Erteilung von Abdrucken oder elektronischen Dateien durch die Anm. zu KV-Nr. 25213 GNotKG: *„Werden zwei elektronische Dateien gleiche Inhalts in unterschiedlichen Dateiformaten gleichzeitig übermittelt, wir die Gebühr KV-Nr. 25212 oder 25213 nur einmal erhoben. Sind beide Gebührentatbestände erfüllt, wird die höhere Gebühr erhoben.“* Hier hat es der Gesetzgeber sehr genau genommen.

KV-Nr. 25214 GNotKG – Bescheinigung nach § 21 Abs. 3 BNotO 15 EUR

Der Notar kann anstelle der **Beifügung einer beglaubigten Ablichtung einer Vollmacht** die Vertretungsmacht des Bevollmächtigten auch durch **Einsichtnahme in die Vollmachtsurkunde bescheinigen**. Durch seine Bescheinigung ist also die Beifügung der Vollmacht entbehrlich und verschlankt die Urkunde. Diesen Weg werden die Beteiligten trotz Mehrkosten wählen (die Beifügung ist kostenfrei, die Bescheinigung löst Gebühren aus), wenn eine Vielzahl von Vollmachten beizufügen ist und die Urkunde dadurch einen größeren Umfang erhält. Zu beachten ist allerdings, dass die Gebühr für die Bescheinigung über **jede Vollmacht gesondert** anfällt. Dies gilt auch für Untervollmachten, sodass jede Untervollmacht gesondert zählt.

3. Abschnitt 3, Verwahrung von Geld, Wertpapieren und Kostbarkeiten

70 Zunächst stellt der Gesetzgeber fest, dass die Gebühren dieses Abschnitts **neben den Gebühren für Betreuungstätigkeiten gesondert** entstehen (Vorbem. 2.5.3 Abs. 1 KV GNotKG). Darüber hinaus ist § 35 Abs. 2 und KV-Nr. 32013 GNotKG nicht anzuwenden. Für die Verwahrungsgebühr gilt also auch **nicht der allgemeine Höchstwert** gem. § 35 Abs. 2 i.H.v. **60 Mio. EUR**. KV-Nr. 32013 GNotKG betrifft eine für den Einzelfall abzuschließende Haftpflichtversicherung. Die dortigen Regelungen finden keine Anwendung.

Im Übrigen sind geregelt:

- KV-Nr. 25300 GNotKG – **Verwahrung von Geld**, pro Auszahlung entsteht eine 1,0-Gebühr gesondert. Mehrere Auszahlungsbeträge werden also nicht addiert. Wenn der Auszahlungsbetrag einen Betrag von 13 Mio. EUR übersteigt, beträgt die Gebühr für den übersteigenden Betrag 0,1 % des Werts.

  Der Notar ist berechtigt, seine **Verwahrungsgebühr** bei Auszahlung an den Auftraggeber aus dem **Notaranderkonto zu entnehmen**.
- KV-Nr. 25301 GNotKG – **Entgegennahme von Wertpapieren und Kostbarkeiten** zur Verwahrung. Hierfür fällt eine Verwahrungsgebühr von 1,0 aus dem Wert des verwahrten Gegenstands an, bei einem den Betrag von 13 Mio. EUR übersteigenden Wert 0,1 % des Werts. Anders als bei Geldverwahrungen entsteht die Gebühr sofort mit der Entgegennahme und nicht erst mit der Auszahlung bzw. Aushändigung. Mit der 1,0-Gebühr wird die Verwahrung als solche abgegolten (Anm. bei KV-Nr. 25301 GNotKG).

XI. Vollzugsgebühren

1. Allgemein

71 Der Bereich Vollzugsgebühren (Hauptabschnitt 2 Abschnitt 1 KV GNotKG) ist ein wichtiger und häufiger Bestandteil notarieller Kostenberechnungen. Bei allen Beurkundungen, gleich welchen Inhalts, entsteht eine Vollzugsgebühr, wenn der Notar eine **Vollzugstätigkeit oder eine Mehrheit davon durchführt**, die in Vorbem. 2.2.1.1 Abs. 1 S. 2 Nr. 1 – 11 KV GNotKG (Teil 2, Hauptabschnitt 2, Abschnitt 1, Unterabschnitt 1) bezeichnet sind. Abgestellt wird auf die reine Tätigkeit als solche ohne sonstige Einschränkungen.

Die Gebühr fällt auch an, wenn die Vollzugstätigkeit **vor der Beurkundung** vorgenommen wird, Vorbemerkung 2.2.1.1 Abs. 1 S. 3.

Vor allem ist es auch wichtig, Regelungen darüber in die Urkunde oder den Entwurf aufzunehmen, wer und in welchem Umfang die Vollzugsgebühren zu tragen hat. Davon unabhängig ist aber die gesetzliche Haftung für die Vollzugsgebühr gegenüber dem Notar für alle Beteiligten, die auch nicht durch eine anderslautende Verteilung durch Vereinbarung der Beteiligten beseitigt wird. Soll somit der Käufer die Vollzugsgebühr übernehmen, gilt diese Vereinbarung nur im Verhältnis der Beteiligten untereinander, nicht aber gegenüber dem Notar. Er kann trotzdem den Verkäufer auch als Schuldner der Vollzugsgebühr in Anspruch nehmen (§ 32 Abs. 1 GNotKG).

2. Vollzugsauftrag

Eine Vollzugsgebühr entsteht allerdings nur dann, wenn der **Notar für die Vollzugstätigkeit einen Auftrag** erhalten hat. Lediglich bei den dem Vollzugsbereich zugeordneten Gebühren nach KV-Nr. 22114, 22125 GNotKG für die Erzeugung strukturierter Daten (XML) ist ein besonderer Auftrag nicht erforderlich (Vorbem. 2.2 Abs. 1 Hs. 2 KV GNotKG). Die Auftragserteilung muss nicht zwingend schriftlich erfolgen, der Auftrag kann auch mündlich, stillschweigend oder konkludent erteilt werden. Empfehlenswert ist eine Aufnahme in die notarielle Urkunde oder in den Entwurf. 72

3. Einmalige Erhebung der Vollzugsgebühren

Die **Vollzugsgebühr entsteht** wie auch die Gebühr für das Beurkundungsverfahren und die Betreuungsgebühr **nur einmal**, auch wenn **mehrere Vollzugstätigkeiten** in demselben Verfahren durchgeführt werden, § 93 Abs. 1 GNotKG. Die Vollzugsgebühr gilt somit Vollzugstätigkeiten zu einer konkreten Urkunde ab. Werden mehrere Urkunden errichtet, zum Beispiel zunächst der schuldrechtliche Kaufvertrag und zu einem späteren Zeitpunkt die Auflassung (z.B. beim Messungskauf), liegen mehrere Beurkundungsverfahren vor. Führt der Notar bei beiden Urkunden Vollzugstätigkeiten durch, entsteht eine Vollzugsgebühr bei beiden Urkunden gesondert. In solchen Fällen muss der Notar aber auch prüfen, welchem Beurkundungsverfahren die Vollzugstätigkeiten zuzuordnen sind. 73

Von dem Grundsatz der einmaligen Erhebung der Vollzugsgebühr sind ausgenommen (hierzu auch Rdn 95 ff.):

- KV-Nr. 22114 GNotKG: Erzeugung von strukturellen Daten in Form der Extensible Markup Language (XML) oder in einem nach dem Stand der Technik vergleichbaren Format für eine automatisierte Weiterbearbeitung. Die Gebühr beträgt 0,3 höchstens 250 EUR. Diese Gebühr entsteht, wenn die Daten zu einem Beurkundungsverfahren oder bei Fertigung des Entwurfs der zu vollziehenden Erklärung erstellt werden.
- KV-Nr. 22125 GNotKG: Erzeugung von strukturellen Daten in Form der Extensible Markup Language (XML) oder in einem nach dem Stand der Technik vergleichbaren Format für eine automatisierte Weiterbearbeitung. Die Gebühr beträgt 0,6 höchstens 250 EUR. Diese Gebühr entsteht, wenn für das zu vollziehende Geschäft keine Gebühr für ein Beurkundungsverfahren oder für die Fertigung eines Entwurfs entstanden ist oder die Vollzugstätigkeit unter Beteiligung eines ausländischen Gerichts oder einer ausländischen Behörde vorgenommen wird.

Gem. Vorbem. 2.2 Abs. 1 KV GNotKG ist für diese Gebührentatbestände auch **kein besonderer Auftrag** der Beteiligten notwendig.

Nach den Anm. bei beiden Kostenziffern entstehen diese Gebühren neben anderen Gebühren des jeweiligen Unterabschnitts gesondert, jedoch entsteht nur eine XML-Gebühr pro Verfahren, also pro notarieller Niederschrift.

4. Regelungsbereiche für die Vollzugsgebühren

Bei Beurkundungsverfahren oder Entwurf 74
Die Vollzugsgebühr nach Teil 2 Hauptabschnitt 2 Abschnitt 1, Unterabschnitt 1 KV GNotKG entsteht nur, wenn der Notar eine **Gebühr für das Beurkundungsverfahren** oder für die **Fertigung eines Entwurfs** erhält, die das zugrunde liegende Geschäft betrifft.

Vollzug in besonderen Fällen
Hat der Notar für das **Beurkundungsverfahren** oder für die **Fertigung des Entwurfs keine Gebühr** für das zu vollziehende Geschäft erhalten oder hat der Notar eine Vollzugstätigkeit unter Beteiligung eines **ausländischen Gerichts** oder einer **ausländischen Behörde** vorgenommen, entstehen die Vollzugsgebühren nach Teil 2, Hauptabschnitt 2 Abschnitt 1, Unterabschnitt 2 KV GNotKG. Die gegenüber den Vollzugsgebühren nach Unterabschnitt 1 deutlich höheren Vollzugsgebühren sollen den Mehraufwand für den Notar abgelten, die ins-

besondere für den Vollzug von Fremdurkunden oder bei Vollzugstätigkeiten mit Auslandsbezug entstehen.

Zusammentreffen beider Vollzugsbereiche

Unter Beachtung des Grundsatzes gem. § 93 Abs. 1 GNotKG der einmaligen Gebührenerhebung darf bei Zusammentreffen von Vollzugstätigkeiten nach Unterschnitt 1 (Beurkundungsverfahren) und nach Unterabschnitt 2 (Auslandsbezug) nur eine Vollzugsgebühr berechnet werden. In diesem Falle entsteht aber die **höhere Vollzugsgebühr** nach Unterabschnitt 2 (vgl. Vorbem. 2.2.1.1 Abs. 3 KV GNotKG).

5. Gebührenauslösende Tätigkeiten

75 Nach Vorbem. 2.2.1.1 Abs. 1 S. 2 KV GNotKG entsteht die Vollzugsgebühr für folgende Tätigkeiten (Gesetzeswortlaut):

a) Nr. 1

76 **Anforderung und Prüfung** einer **Erklärung oder Bescheinigung nach öffentlich-rechtlichen Vorschriften**, mit Ausnahme der Unbedenklichkeitsbescheinigung des Finanzamts. Beschränkt sich die Tätigkeit des Notars auf Vollzugstätigkeiten nach Vorbem. 2.2.1.1 Abs. 1 S. 2 Nr. 1 KV GNotKG, bleibt es zwar bei der 0,5 oder 0,3-Vollzugsgebühr. In diesen Fällen darf die Gebühr für jede der genannten Tätigkeiten aber **höchstens 50 EUR** betragen.

Unter die Nr. 1 fallen z.B. das Einholen und Prüfen von: Genehmigung nach dem GrdstVG oder nach der GVO, Bescheinigung wegen des gesetzlichen Vorkaufsrechts nach BauGB oder nach landesrechtlichen Vorschriften, unabhängig davon, ob sie grundbuchsperrend sind oder nicht, Genehmigung wegen eines eingetragenen Sanierungsvermerks nach § 144 BauGB usw.

Beispiel 1:

Der Notar beurkundet einen Kaufvertrag mit Geschäftswert 200.000 EUR. Er holt bei der Gemeinde die Bescheinigung über die Nichtausübung des Vorkaufsrechts nach BauGB und eine Genehmigung wegen eines im Grundbuch eingetragenen Sanierungsvermerks ein.

Die 0,5-Vollzugsgebühr nach KV-Nr. 22110 GNotKG aus einem Wert von 200.000 EUR beträgt 217 EUR. Anstelle dieser Gebühr sind jedoch nur 2 x 50 EUR, insgesamt somit 100 EUR zu erheben.

Beispiel 2:

Gleicher Sachverhalt wie Beispiel Nr. 1, der Kaufpreis beträgt jedoch nur 50.000 EUR. Die daraus zu erheben 0,5-Vollzugsgebühr beträgt 82,50 EUR und ist geringer als 2 x 50 EUR. Zu erheben ist damit die 0,5-Gebühr mit 82,50 EUR.

b) Nr. 2

77 **Anforderung und Prüfung** einer anderen als der in Nr. 4 genannten **gerichtlichen Entscheidung oder Bescheinigung**, dies gilt auch für die Ermittlung des Inhalts eines **ausländischen Registers**. Hier gelten die gleichen Beschränkungen wie bei Nr. 1 (es bleibt zwar bei der 0,5 oder 0,3-Vollzugsgebühr, **max.** aber für jede der genannten Tätigkeiten **50 EUR**). Zu Nr. 2 gehören z.B. die Erbscheinsanforderung, Bescheinigungen nach §§ 32 und 33 GBO. Die Anforderung einer familien- oder betreuungsgerichtlichen Genehmigung fällt also nicht unter diese Beschränkung, sondern unter Nr. 4 (für Tätigkeiten in diesem Bereich bleibt es bei der ungedeckelten 0,5 oder 0,3-Vollzugsgebühr).

Die Begrenzung der Gebühr für diese bestimmten Tätigkeiten wird damit begründet, dass der Notar bei Anforderung von öffentlich-rechtlichen Bescheinigungen, Genehmigungen gerichtlichen Entscheidungen einen deutlich geringeren Aufwand als bei Anfordern sonstiger Unterlagen oder Erklärungen für den Vollzug hat. Für die Fälle nach Nr. 2 genügt regelmäßig die Anforderung ohne vertiefte rechtliche Ausführungen.

c) Nr. 3

Fertigung, Änderung oder Ergänzung der Liste der Gesellschafter (§ 8 Abs. 1 Nr. 3, § 40 GmbHG) oder der **Liste der Personen, welche neue Geschäftsanteile übernommen haben** (§ 57 Abs. 3 Nr. 2 GmbHG). Trotz regelmäßiger Erstellung einer Gesellschafterliste durch den Notar fällt **keine Entwurfsgebühr** nach Hauptabschn. 4 KV GNotKG an, sondern eine Vollzugsgebühr (s. Vorbem. 2.2 Abs. 2 KV GNotKG). Für die Listenerstellung hängt die Höhe der Gebühr zunächst davon ab, welche Gebühr für das zugrunde liegende Hauptgeschäft zu erheben ist (z.B. Gründung einer GmbH durch eine Person 1,0-Gebühr nach KV-Nr. 21200 GNotKG, dann Vollzugsgebühr gem. KV-Nr. 22111 GNotKG = 0,3, bei Mitbeurkundung des Beschlusses über die Geschäftsführerbestellung aber 0,5 gem. KV-Nr. 22110 GNotKG, weil für den Beschluss immer eine 2,0-Gebühr nach KV-Nr. 21100 GNotKG entsteht, auch bei Beschlussfassung durch eine Person). Bei Errichtung einer GmbH durch mehrere Personen liegt ein Vertrag vor, für den eine 2,0-Gebühr nach KV-Nr. 21100 GNotKG entsteht. Die Vollzugsgebühr beträgt dann immer 0,5 (KV-Nr. 22110 GNotKG). Auch bei Listenerstellungen sind Begrenzungen zu beachten. Gem. KV-Nr. 22113 GNotKG darf die Vollzugsgebühr einen Betrag von 250 EUR pro Liste nicht übersteigen. Insgesamt darf die Vollzugsgebühr jedoch nicht höher sein, als die 0,5-Gebühr oder die 0,3-Gebühr aus dem Wert des Beurkundungsverfahrens. 78

Beispiel: 79

A errichtet eine GmbH mit Stammkapital 25.000 EUR. Das Stammkapital ist in Geld einzuzahlen. Durch Beschluss wird A zum ersten und alleinvertretungsberechtigten Geschäftsführer bestellt. Der Notar wird beauftragt, die Gesellschafterliste zu fertigen.

Kostenberechnung:

Beurkundungsverfahren – Errichtung der GmbH, Geschäftswert gem. §§ 97 Abs. 1, 107 Abs. 1 GNotKG Mindestwert 30.000 EUR, hieraus 1,0-Gebühr gem. KV-Nr. 21200 GNotKG = 125 EUR, Beschluss über die Geschäftsführerbestellung, Geschäftswert gem. § 108 Abs. 1 i.V.m. § 105 Abs. 4 Nr. 1 GNotKG = 1 % des Stammkapitals, mindestens aber 30.000 EUR, hieraus 2,0-Gebühr gem. KV-Nr. 21100 GNotKG = 250 EUR.

Danach ist ein Gebührenvergleich (§ 94 Abs. 1 GNotKG) vorzunehmen: 2,0-Gebühr (höchster in Betracht kommender Gebührensatz) aus dem Gesamtwert (§ 35 Abs. 1 GNotKG) = 60.000 EUR. Die 2,0-Gebühr beträgt hieraus 384 EUR und ist in der Summe höher als die Berechnung der getrennten Gebühren. Die getrennte Berechnung ist für den Kostenschuldner günstiger und daher maßgeblich.

Vollzugsgebühr für die Listenerstellung – 0,5-Gebühr nach KV-Nr. 22110 GNotKG = 96 EUR. Die 0,3-Gebühr nach KV-Nr. 22111 GNotKG ist hier nicht einschlägig, weil sich die Gebühr für das Beurkundungsverfahren und dem folgend auch der Gebührensatz für die Vollzugsgebühr immer nach dem höchsten Gebührensatz innerhalb eines Beurkundungsverfahrens bestimmt. Etwaige weitere Gebühren (z.B. Betreuungsgebühren), Auslagen (Dokumentenpauschalen und sonstige Auslagen) sowie die MwSt. kommen hinzu.

d) Nr. 4

Anforderung und Prüfung einer Entscheidung des Familien-, Betreuungs- oder Nachlassgerichts einschließlich aller Tätigkeiten des Notars gemäß den §§ 1828 und 1829 BGB im Namen der Beteiligten sowie die Erteilung einer Bescheinigung über die Wirksamkeit oder Unwirksamkeit des Rechtsgeschäfts. Die Vollzugsgebühr schließt auch die **Herbeiführung der Wirksamkeit aufgrund einer sog. Doppelvollmacht** (§§ 1828, 1829 BGB) ein, also die Entgegennahme der Genehmigung, das Gebrauchmachen von der Genehmigung na- 80 mens des gesetzlichen Vertreters sowie der Empfang namens des Vertragspartners sowie die Eigenurkunde über die namens der Beteiligten ausgeübten Tätigkeiten, also die Erteilung der Wirksamkeitsbescheinigung (Vorbem. 2.2.1.1 Abs. 1 S. 2 Nr. 4 KV GNotKG). Unter die Nr. 4 fällt auch die Anforderung einer **betreuungsgerichtlichen Genehmigung**. Die Vollzugsgebühr schließt auch hier die Herbeiführung der Wirksamkeit aufgrund einer sog. Doppelvollmacht (§§ 1828, 1829 BGB) einschließlich der Erteilung der Wirksamkeitsbescheinigung ein (Vorbem. 2.2.1.1 Abs. 1 S. 2 Nr. 4 KV GNotKG). Auch die Anforderung einer **Genehmigung durch das Nachlassgericht** (Vorbem. 2.2.1.1 Abs. 1 S. 2 Nr. 4 KV GNotKG) fällt hierunter.

e) Nr. 5

81 **Anforderung und Prüfung** einer **Vollmachtsbestätigung** oder einer **privatrechtlichen Zustimmungserklärung**. Die Gebühr entsteht unabhängig davon, ob diese von einem unmittelbar oder mittelbar Beteiligten abgegeben wird (Vorbem. 2.2.1.1 Abs. 1 S. 2 Nr. 5 KV GNotKG). Hierher gehören nicht nur Genehmigungserklärungen vollmachtlos vertretener Beteiligter, sondern auch **Zustimmungserklärungen Dritter**, wie z.B. des **Ehegatten nach § 1365 BGB**, des **Verwalters** bei **Veräußerung eines Wohnungs- oder Teileigentums** oder des **Eigentümers bei Veräußerung eines Erbbaurechts**. Die Erteilung einer Vollmacht fällt nicht unter Nr. 5, sondern muss nach den Vorschriften des Beurkundungsverfahrens nach Hauptabschnitt 1 KV GNotKG bewertet werden (§ 98 und KV-Nr. 21200 GNotKG).

f) Nr. 6

82 **Anforderung und Prüfung** einer **privatrechtlichen Verzichtserklärung**. Hierunter fallen insbesondere Verzichtserklärungen über die Ausübung eines Ankaufsrechtes oder einer sonstigen Option, wie z.B. der Verzicht auf die Ausübung eines Rücktrittsrechtes oder einer bedingten Rückübertragungsverpflichtung.

g) Nr. 7

83 **Anforderung und Prüfung** einer Erklärung über die **Ausübung oder Nichtausübung eines privatrechtlichen Vorkaufs- oder Wiederkaufsrechts**. Dies betrifft in erster Linie Erklärungen über die Nichtausübung eines Vorkaufsrechtes, wenn das Grundstück im Grundbuch mit einem Vorkaufsrecht belastet ist, aber auch die Verzichtserklärung eines vorkaufsberechtigten Mieters. Die Erklärung nach § 28 Abs. 1 BauGB (gemeindliches Vorkaufsrecht) ist von Vorbem. 2.2.1.1 Abs. 1 S. 2 Nr. 1 KV GNotKG erfasst.

h) Nr. 8

83a **Anforderung und Prüfung** einer Erklärung über die **Zustimmung zu einer Schuldübernahme** oder einer **Entlassung aus der Haftung**. Diese Vollzugstätigkeit betrifft insbesondere Kaufverträge, in welchen der Käufer Verbindlichkeiten des Verkäufers schuldbefreiend übernimmt und der Notar die diesbezügliche Genehmigung des Gläubigers einholt. Gleiches gilt, wenn sich die Tätigkeit des Notars darauf beschränkt, eine Erklärung des Gläubigers einzuholen, wonach ein Schuldner aus der Haftung freigestellt werden soll (z.B. im Rahmen einer Scheidungsvereinbarung bei Freistellung eines Ehegatten aus einer bisherigen gesamtschuldnerischen Mithaftung oder Alleinhaftung für Verbindlichkeiten, die von dem anderen Ehegatten schuldbefreiend übernommen worden sind).

i) Nr. 9

84 **Anforderung und Prüfung** einer Erklärung oder sonstigen Urkunde zur **Verfügung über ein Recht an einem Grundstück oder einem grundstücksgleichen Recht** sowie zur **Löschung oder Inhaltsänderung** einer sonstigen Eintragung im Grundbuch oder in einem Register oder Anforderung und Prüfung einer Erklärung, inwieweit ein **Grundpfandrecht eine Verbindlichkeit sichert**. Hierher gehören vor allem die Anforderung und Prüfung von Erklärungen zur **Lastenfreistellung eines Vertragsobjekts**, insbesondere die Anforderung

von Löschungs- und Freigabebewilligungen. Aber auch die Anforderung einer Nichtvalutierungserklärung fällt hierunter. Die Voraussetzungen für die Vollzugsgebühr nach Nr. 9 sind bereits dann erfüllt, wenn der Notar zur Löschung einer Eigentümergrundschuld beauftragt wird, den Grundschuldbrief anzufordern. Die Vollzugsgebühr fällt auch für die Anforderung einer Rangrücktrittserklärung, z.B. im Zusammenhang mit einer Grundschuldbestellung an.

j) Nr. 10

Anforderung und Prüfung einer **Verpflichtungserklärung** betreffend eine in Nummer 9 genannte Verfügung oder **einer Erklärung über die Nichtausübung eines Rechts**. Dies betrifft z.B. die Beschaffung einer Verpflichtungserklärung beim Grundpfandrechtsgläubiger des Bauträgers zur Freistellung einer verkauften Eigentumswohnung, wenn der Kaufpreis auf einem bestimmten Konto eingegangen ist. Das Anfordern beispielsweise einer Stillhalteerklärung des Eigentümers, wenn das Grundstück mit einem Erbbaurecht belastet ist, gehört ebenfalls hierher. 85

k) Nr. 11

Über die in den **Nummern 1 und 2** genannten Tätigkeiten **hinausgehende Tätigkeit** für die Beteiligten gegenüber der **Behörde**, dem **Gericht** oder der **Körperschaft** oder **Anstalt des öffentlichen Rechts**. Diese Sondervorschrift gilt für Tätigkeiten, die über das in den Nrn. 1 und 2 genannte Anfordern und Prüfen der bezeichneten Unterlagen hinausgehen. Sie sollen nicht mit der gedeckelten Vollzugsgebühr von 50 EUR je Tätigkeit abgegolten sein. Eine derartige Tätigkeit liegt zum Beispiel dann vor, wenn ein Antrag einer rechtlichen oder tatsächlichen Begründung bedarf, ohne die mit der Erteilung einer Genehmigung nicht zu rechnen wäre und die nicht zur Aufnahme in die zu vollziehende Urkunde selbst geeignet sind. Auch die Abstimmung der Firmierung einer zu gründenden Gesellschaft mit der Industrie- und Handelskammer durch den Notar zwecks Erlangung eines Registerfähigkeitszeugnisses soll unter diese Nummer fallen. In welcher Form diese Abstimmung erfolgt, sei es schriftlich, telefonisch, mündlich oder durch Internetrecherche, ist für das Entstehen der Gebühr unerheblich. Allein die Tätigkeit als solche ist gebührenpflichtig, wenn hierzu ein Auftrag an den Notar vorliegt. 86

6. Entstehungszeitpunkt

Die Vollzugsgebühr entsteht zunächst, wenn der Notar eine Beurkundung vorgenommen hat oder von ihm für das zu vollziehenden Geschäft ein Entwurf gefertigt worden ist. Von dem Begriff der Entwurfsfertigung wird auch die Entwurfsüberprüfung oder Entwurfsergänzung erfasst. Auch die Überprüfung und/oder Ergänzung eines Entwurfs gehört zum Bereich der Entwurffertigung. Die Vollzugsgebühr entsteht aber auch schon dann, wenn die Tätigkeit vor der Beurkundung vorgenommen wird. Außerhalb eines Beurkundungsverfahrens oder der Entwurfsfertigung entstehen Vollzugsgebühren mit der auftragsgemäßen Durchführung der Vollzugstätigkeiten. Grundvoraussetzung für das Entstehen einer Vollzugsgebühr ist die **Auftragserteilung** durch die Beteiligten **an den Notar** (s. Rdn 72). 87

7. Gebührensätze

Der Gebührensatz für eine Vollzugsgebühr hängt vom Gebührensatz des Beurkundungsverfahrens oder der Fertigung des Entwurfs ab. Der Gebührensatz beträgt gem. KV-Nr. 22110 GNotKG 0,5, wenn für das Beurkundungsverfahren oder die Fertigung des Entwurfs eine 2,0-Gebühr nach KV-Nr. 21100 GNotKG entstanden ist und eine 0,3-Gebühr gem. KV-Nr. 22111 GNotKG, wenn die Gebühr für das zugrunde liegende Beurkundungsverfahren oder die Entwurffertigung weniger als 2,0 beträgt. Sind in einem Beurkundungsverfahren oder bei einer Entwurffertigung verschiedene Beurkundungsgegenstände anzuwenden und unterliegen diese unterschiedlichen Gebührensätzen, ist der **höchste Gebührensatz** für die Gebührenhöhe der **Vollzugsgebühr ausschlaggebend**. Dabei bleibt es auch, wenn die Gebührenberechnung nach § 94 Abs. 1 GNotKG zu getrennten Gebührenansätzen für die ein- 88 zelnen Beurkundungsgegenstände führt. § 94 GNotKG ist nur für die Berechnung der Gebühr für das Beurkundungsverfahren maßgeblich und nicht auch für die Berechnung der Vollzugsgebühr. Bei der **Zusammenfassung mehrerer Erklärungen** in einer Urkunde ist somit der höchste Gebührensatz ausschlaggebend für die Berechnung der Vollzugsgebühr. Werden daher z.B. ein Kaufvertrag und eine gem. § 110 Nr. 2a) GNotKG gegenstandsverschiedene Finanzierungserklärung (der Käufer übernimmt z.B. eine bereits im Grundbuch eingetragene Grundschuld und erklärt dem Gläubiger gegenüber ein Schuldanerkenntnis mit oder ohne Unterwerfung unter die sofortige Zwangsvollstreckung) in einer Urkunde zusammengefasst, beträgt die Vollzugsgebühr (KV-Nr. 22110 GNotKG) 0,5 aus dem **Gesamtwert für den Kaufvertrag und die Finanzierungserklärung**, auch dann, wenn gem. § 94 Abs. 1 GNotKG die getrennte Berechnung der 2,0-Gebühr für den Kaufvertrag und der 1,0-Gebühr für die Finanzierungserklärung für den Kostenschuldner günstiger und daher maßgeblich sein sollte.

8. Geschäftswert

89 Der Geschäftswert für die Vollzugsgebühr bestimmt sich gem. § 112 GNotKG nach dem Wert des zugrunde liegenden **Geschäftswerts für das Beurkundungsverfahren**. Setzt sich der Geschäftswert des Beurkundungsverfahrens aus mehreren Gegenstandswerten zusammen, bildet die **Summe der Gegenstandswerte** als Verfahrenswert den Geschäftswert auch für die Vollzugsgebühr.

9. Anfordern einer Vollzugserklärung durch Entwurf des Notars

90 Die Vollzugsgebühr nach Teil 2 Hauptabschnitt 2 KV GNotKG fällt für eine Vollzugshandlung unabhängig davon an, in welcher Form der Notar den Vollzug betreibt. Es bleibt selbst dann bei der Vollzugsgebühr, wenn der Notar für die Vollzugstätigkeit einen Entwurf fertigt und diesen versendet. In Vorbem. 2.2 Abs. 2 KV GNotKG ist ausdrücklich bestimmt, dass bei Fertigung eines **Entwurfs** für eine **Vollzugstätigkeit bei demselben Notar** (Begriff s. Rdn 28) **keine Entwurfsgebühr** anfällt. Diese Regelung macht einen Vergleich mit einer etwa kostengünstigeren (oder auch teureren) Entwurfstätigkeit überflüssig.

Holt der Notar zum Vollzug eines Beurkundungsverfahrens einen Zustimmungsbeschluss ein, werden diese mit Zustimmungserklärungen nach Vorbem. 2.2.1.1 Abs. 1 S. 2 Nr. 5 KV GNotKG gleichgestellt (Vorbem. 2.2.1.1 Abs. 2 KV GNotKG). Hierunter fallen insbesondere Beschlüsse des Gemeinderats oder Zustimmungsbeschlüsse der Gesellschafterversammlung zur Veräußerung eines Geschäftsanteils an einer GmbH. Holt der Notar solche Beschlüsse ein, entsteht die Vollzugsgebühr nach KV-Nr. 22110 (0,5-Gebühr) oder KV-Nr. 22111 GNotKG (0,3, wenn die Gebühr für das Beurkundungsverfahren weniger als 2,0 beträgt).

10. Vollzug in besonderen Fällen

a) Allgemein

91 Teil 2, Hauptabschnitt 2 Unterabschnitt 2 regelt ergänzend Vollzugsgebühren bei Vollzug in besonderen Fällen. Die Anwendung dieses Unterschnitts setzt aber voraus, dass der Notar **keine Gebühr für ein Beurkundungsverfahren** oder für die **Fertigung eines Entwurfs** erhalten hat, die das zu vollziehende Geschäft betrifft, oder eine Vollzugstätigkeit unter Beteiligung eines **ausländischen Gerichts** oder einer **ausländischen Behörde** vorgenommen wird.

b) Gebühren nach KV-Nr. 22120 bis 22124 GNotKG

92 Teil 2 Hauptabschnitt 2 Unterabschnitt 2 regelt folgende Grundsätze (KV-Nr. 22120 bis 22124 GNotKG):

Vorbem. 2.2.1.2 – Die Gebühren dieses Unterabschnitts entstehen, wenn der Notar

- keine Gebühr für ein Beurkundungsverfahren oder für die Fertigung eines Entwurfs erhalten hat, die das zu vollziehende Geschäft betrifft, oder
- eine Vollzugstätigkeit unter Beteiligung eines ausländischen Gerichts oder einer ausländischen Behörde vornimmt.
- **Gebührenhöhe:**
  1. KV-Nr. 22120 GNotKG: Die Vollzugsgebühr beträgt für die in Vorbemerkung 2.2.1.1 Abs. 1 S. 2 genannten Tätigkeiten (s. Rdn 75 ff.), wenn die Gebühr für ein die Urkunde betreffendes Beurkundungsverfahren 2,0 betragen würde 1,0.

     Diese Vollzugsgebühr entsteht damit vor allem dann, wenn ein Notar den Vollzug eines **nicht von ihm beurkundeten Kaufvertrags im Auftrag der Beteiligten übernimmt**. Nachdem der vollziehende Notar das Beurkundungsverfahren nicht beurkundet hat, verursacht der Vollzug einen erhöhten Aufwand, was durch eine höhere Vollzugsgebühr honoriert werden soll. Die Vollzugsgebühr für den „Vollzug in besonderen Fällen“ kommt jedoch nicht in Betracht, wenn der Notar das zu vollziehende Geschäft beurkundet hat, es sei denn, das verkaufte Grundstück liegt im Ausland und der Notar muss den Vollzugsantrag bei dem ausländischen Grundbuchamt stellen oder Vollzugsunterlagen bei den ausländischen Behörden anfordern. Dies wird sich auf Ausnahmefälle beschränken.
  2. KV-Nr. 22121 GNotKG: Die Vollzugsgebühr beträgt für die in Vorbemerkung 2.2.1.1 Abs. 1 S. 2 genannten Tätigkeiten (s. Rdn 75 ff.), wenn die Gebühr für ein die Urkunde betreffendes Beurkundungsverfahren weniger als 1,0 betragen würde 0,5.

     Hierunter fällt insbesondere der Vollzug einer Grundschuldbestellung, unter welcher der Notar lediglich die Unterschrift beglaubigt hat. Wird der Notar in diesen Fällen zum Vollzug tätig, entsteht eine 0,5-Gebühr nach KV-Nr. 22121 GNotKG.

> *Beispiel (Einholung eines Rangrücktritts):*
>
> A bestellt für die Sparkasse M. eine nicht vollstreckbare Grundschuld im Nennbetrag von 500.000 EUR. Der Notar beglaubigt lediglich die Unterschrift des Eigentümers. Dem Notar wurde die Grundschuldbestellungsurkunde vollständig entworfen vorgelegt. Ein Auftrag auf Prüfung des Entwurfs wurde nicht erteilt. Die Grundschuld soll 1. Rangstelle erhalten. Der Notar wird beauftragt, eine Rangrücktrittsbewilligung bei der Bausparkasse Wüstenrot ohne Übersendung eines Entwurfs einzuholen (Grundschuld zu 80.000 EUR).
>
> Geschäftswert für die Unterschriftsbeglaubigung 500.000 EUR
>
> Gebühr: Beglaubigungsgebühr KV-Nr. 25100 GNotKG = 0,2-Gebühr, Höchstgebühr 70 EUR
>
> Vollzug: KV-Nr. 22121 GNotKG = 0,5-Gebühr 467,50 EUR.
>
> Der Geschäftswert für die Unterschriftsbeglaubigung ergibt sich aus §§ 121, 53 Abs. 1 GNotKG, für die Vollzugsgebühr aus § 112 GNotKG, jeweils mit dem Nominalbetrag der Grundschuld.

- KV-Nr. 22122 GNotKG: Überprüfung, ob die Urkunde bei Gericht eingereicht werden kann 0,5
  1. Anm. (1): Die Gebühr entsteht nicht neben einer der Gebühren KV-Nr. 22120 und 22121 GNotKG
  2. Anm. (2): Die Gebühr entsteht nicht für die Prüfung der Eintragungsfähigkeit in den Fällen des § 378 Abs. 3 FamFG und des § 15 Abs. 3 der Grundbuchordnung.
- KV-Nr. 22123 GNotKG: Erledigung von Beanstandungen einschließlich des Beschwerdeverfahrens 0,5.
  1. Anm.: Die Gebühr nach KV-Nr. 22123 GNotKG entsteht nicht neben einer der Gebühren KV-Nr. 22120 bis 22122 GNotKG.
  2. Hat der Notar die Beurkundung vorgenommen oder den Entwurf gefertigt, entsteht diese Gebühr nicht. Die Erledigung von Beanstandungen ist dann mit der Gebühr für

das Beurkundungsverfahren (Vorbem. 2.1 Abs. 2 Nr. 3 KV GNotKG) oder der Gebühr für den Entwurf (Vorbem. 2.4.1 Abs. 4 Nr. 3 KV GNotKG) abgegolten.

- KV-Nr. 22124 GNotKG: Die Tätigkeit beschränkt sich auf
  1. die Übermittlung von Anträgen, Erklärungen oder Unterlagen an ein Gericht, eine Behörde oder einen Dritten oder die Stellung von Anträgen im Namen der Beteiligten,
  2. die Prüfung der Eintragungsfähigkeit in den Fällen des § 378 Abs. 3 FamFG oder des § 15 Abs. 3 der Grundbuchordnung (s. hierzu Rdn 93).

  Die Gebühr beträgt 20 EUR.
- KV-Nr. 22124 GNotKG regelt in Anmerkungen folgende weitere Grundsätze:
  1. Die Gebühr entsteht nur, wenn nicht eine Gebühr nach den KV-Nr. 22120 bis 22113 GNotKG anfällt.
  2. Die Gebühr nach Nummer 2 entsteht nicht neben der Gebühr nach KV-Nr. 25100 und 25101 GNotKG.
  3. Die Gebühr entsteht auch, wenn Tätigkeiten nach Nummer 1 und nach Nummer 2 ausgeübt werden. In diesem Fall wird die Gebühr nur einmal erhoben.

c) Gebühr nach KV-Nr. 22124 Nr. 1 GNotKG

93 Beschränkt sich die Tätigkeit auf die **Übermittlung von Anträgen, Erklärungen oder Unterlagen an ein Gericht, eine Behörde oder einen Dritten** oder die **Stellung von Anträgen** im Namen der Beteiligten (Nr. 1), entsteht eine feste **Gebühr von 20 EUR**. Hierunter fällt auch die klassische Versendung der unterschriftsbeglaubigten Erklärung im Auftrag des Unterzeichners an einen Dritten. Diese Gebühr entsteht aber nur, wenn nicht schon eine Gebühr nach den KV-Nr. 22120 bis 22123 GNotKG entstanden ist.

> *Beispiel (Übersendung einer Erklärung nach Beglaubigung der Unterschrift):*
>
> Der Notar beglaubigt lediglich die Unterschrift der HypoVereinsbank unter der Löschungsbewilligung bezüglich einer Grundschuld im Nennbetrag von 500.000 EUR. Der Notar wird beauftragt, die Löschungsbewilligung nach Unterschriftsbeglaubigung an Notar Maier in Hamburg zu übersenden.
>
> Geschäftswert für die Unterschriftsbeglaubigung 500.000 EUR (§§ 121, 53 Abs. 1 GNotKG)
>
> Gebühr, Beglaubigungsgebühr KV-Nr. 25100 GNotKG = 0,2-Gebühr, Höchstgebühr 70 EUR
>
> Vollzug (Versenden im Auftrag), KV-Nr. 22124 GNotKG Festgebühr 20 EUR.

d) Gebühr nach KV-Nr. 22124 Nr. 2 GNotKG

94 Am 9.6.2017 ist das Gesetz zur Neuordnung der Aufbewahrung von Notariatsunterlagen und Errichtung des Elektronischen Urkundenarchivs bei der Bundesnotarkammer sowie zur Änderung weiterer Gesetze (BGBl I, S. 1396) in Kraft getreten.

Konkretisiert und fortentwickelt wurden auch die **notariellen Prüfungspflichten** und **Einreichungszuständigkeiten** im **Grundbuch- und Registerverkehr**. Für die Prüfung der Eintragungsfähigkeit für die Fälle des § 378 Abs. 3 FamFG (Anmeldungen in Registersachen mit Ausnahme der Genossenschafts- und Partnerschaftsregistersachen) sowie für die Fälle des § 13 GBO (die zur Eintragung erforderlichen Erklärungen zum Grundbuchamt) entsteht eine **Vollzugsgebühr** nach KV-Nr. 22124 GNotKG i.H. einer Festgebühr von **20 EUR**. Die Gebühr entsteht aber nicht, wenn der Notar eine Gebühr für das Beurkundungsverfahren oder die Fertigung eines Entwurfs erhalten hat. Die Abgeltungswirkung der Gebühr für das Beurkundungsverfahren oder die Entwurffertigung erfasst damit auch die Prüfungstätigkeiten nach § 378 Abs. 3 FamFG und § 13 GBO. Die Gebühr entsteht aber auch nicht neben einer Gebühr für die Beglaubigung einer Unterschrift oder eines Handzeichens nach KV-Nr. 25100 oder 25101 GNotKG (vgl. Anm. (1) bei KV-Nr. 22122 GNotKG).

Es entsteht auch **keine Gebühr nach KV-Nr. 22122 GNotKG** (0,5-Gebühr, wenn der Notar überprüft, ob die Urkunde bei Gericht eingereicht werden kann). Diese Gebühr ist durch die Anm. (2) ausdrücklich für die Fälle des § 378 Abs. 3 FamFG und § 15 Abs. 3 GBO ausgeschlossen.

Damit beschränkt sich der Anwendungsbereich auf wenige Fälle (s. die nachfolgende Zusammenfassung). Bei Hauptabschnitt 4 ist zudem klargestellt, dass es sich nicht um eine die Entwurfsgebühr auslösende Entwurfsüberprüfung handelt (vgl. bei Vorbem. 2.4.1 Abs. 3 S. 2 KV GNotKG). Damit scheiden auch Entwurfsgebühren aus.

Im Ergebnis ist damit festzustellen, dass die Prüfungspflichten des Notars zur Eintragungsfähigkeit im Rahmen von § 378 Abs. 3 FamFG und § 15 Abs. 3 GBO im **Regelfall keine Zusatzkosten** auslösen.

Zusammenfassung zu KV-Nr. 22124 Nr. 2 GNotKG:

- Nach Anm. 2 bei KV-Nr. 22122 GNotKG ist der Ansatz der Gebühr für das Prüfen der Eintragungsfähigkeit nach KV-Nr. 22122 GNotKG ausgeschlossen.
- Reicht der Notar die Erklärung ein und die Voraussetzungen des Gebührenansatzes für KV-Nr. 22124 GNotKG liegen vor, entsteht schon für das Einreichen die Festgebühr von 20 EUR. Diese Gebühr schließt auch die Prüfung der Eintragungsvoraussetzungen ein. Sie kann nur einmal erhoben werden.
- Beglaubigt der Notar eine Unterschrift auf einer Registeranmeldung (ohne Entwurfstätigkeiten) oder auf einem Antrag an das Grundbuchamt (ohne Entwurfstätigkeiten), entsteht die Gebühr nach KV-Nr. 22124 GNotKG i.H.v. 20 EUR, wenn der Notar die Erklärungen nicht an das Gericht weiterleiten soll, die Einreichungsfähigkeit aber prüft. Reicht der Notar die Erklärung im Auftrag der Beteiligten nach Prüfung der Einreichungsfähigkeit ein, bleibt es bei der Vollzugsgebühr von 20 EUR. Die Gebühr entsteht dann aber insgesamt nur einmal (§ 93 Abs. 1 GNotKG, jede Gebühr entsteht nur einmal).
- Für die Prüfungspflichten ist auch nicht § 126 GNotKG (Vereinbarung einer Gebühr durch öffentlich-rechtlichen Vertrag) möglich. Eine sonstige Vereinbarung einer Gebühr wäre ohnehin unwirksam (§ 125 GNotKG).

Die Gebühr kann für eine Prüfung der Eintragungsfähigkeit nach § 378 Abs. 2 FamFG oder § 15 Abs. 3 GBO nur dann entstehen, wenn sich die Tätigkeit des Notars ausschließlich auf die Prüfung der Vollzugstauglichkeit beschränkt. Das dürfte eher selten der Fall sein, weil der Notar die Erklärungen im Regelfall im Auftrag der Beteiligten an das Gericht einzureichen hat und bereits hierfür die Vollzugsgebühr nach KV-Nr. 22124 GNotKG anfällt. Ein isolierten Anwendungsbereich für KV-Nr. 22124 Nr. 2 GNotKG dürfte damit ein Ausnahmefall sein.

11. Vollzugsgebühr für die XML-Strukturdatei

a) Vollzugsauftrag

Gem. KV-Nr. 22114 GNotKG (0,3-Gebühr, wenn der Notar die zu vollziehende Erklärung beurkundet oder entworfen hat) und KV-Nr. 22125 GNotKG (wenn der Notar für die zu vollziehende Erklärung weder eine Gebühr für das Beurkundungsverfahren noch für die Fertigung eines Entwurfs erhalten hat) entstehen **besondere Vollzugsgebühren** für die vom Notar erzeugten strukturierten Daten in Form des Extensible Markup Language (XML) oder in einem nach dem Stand der Technik vergleichbaren Format für eine automatisierte Weiterverarbeitung. 95

Eine Vollzugsgebühr entsteht im Grundsatz nur dann, wenn der Notar für die Vollzugstätigkeit einen Auftrag erhalten hat. Lediglich bei den dem Vollzugsbereich zugeordneten Gebühren nach KV-Nrn. 22114, 22125 GNotKG für die Erzeugung strukturierter Daten (XML) ist ein **besonderer Auftrag nicht erforderlich** (s. Vorbem. 2.2 Abs. 1 Hs. 2 KV GNotKG).

b) XML-Gebühr neben anderen Vollzugsgebühren

96 Die Gebühr für die Erzeugung einer XML-Datei entsteht neben **anderen Vollzugsgebühren gesondert**, sie fallen aber pro Niederschrift oder pro Entwurf nur einmal an, auch wenn mehrere Datensätze zu erstellen sind, wie z.B. zunächst für den Antrag auf Vollzug der Auflassungsvormerkung und später für den Vollzug der Auflassung. Ergebnis: nur eine XML-Gebühr.

c) Gebührenhöhe und Geschäftswert

97 KV-Nr. 22114 GNotKG: Die Gebühr beträgt 0,3 höchstens 250 EUR.

KV-Nr. 22125 GNotKG: Die Gebühr beträgt 0,6 höchstens 250 EUR.

Der Geschäftswert bestimmt sich nach § 112 GNotKG in gleicher Weise, wie für das zugrundeliegende Beurkundungsverfahren, die Entwurffertigung oder die Beglaubigung der Unterschrift oder des Handzeichens.

d) Gebühr nach KV-Nr. 22114 GNotKG

98 Die **0,3-Gebühr** entsteht, wenn der Notar eine Gebühr für ein Beurkundungsverfahren oder für die Fertigung eines Entwurfs erhalten hat, die das zu vollziehende Geschäft betrifft. Da die Anmeldungen zum Handelsregister nach § 12 Abs. 1 HGB stets elektronisch einzureichen sind, entsteht die Gebühr in der Regel bei jeder Registeranmeldung. Der Wert für die Erstellung der XML-Datenstruktur ist in gleicher Weise zu bestimmen, wie für die Erstellung des Entwurfs der Registeranmeldung (§ 112 GNotKG).

Beispiel:

Der Notar entwirft die Handelsregisteranmeldung, mit der die Neugründung der A-GmbH mit einem Stammkapital von 25.000 EUR angemeldet wird.

Berechnung der Entwurfsgebühr und der Gebühr für die XML-Datenerstellung:

Der Geschäftswert beträgt 30.000 EUR nach § 105 Abs. 1 S. 2. Der Gebührensatz für den Entwurf der Registeranmeldung (einschließlich der erstmaligen Beglaubigung einer Unterschrift) beträgt 0,5 nach KV-Nr. 24102 GNotKG, weil die Beurkundung der Anmeldung nach KV-Nr. 21201 Nr. 5 GNotKG eine 0,5-Gebühr ausgelöst hätte. Bei **vollständiger Erstellung des Entwurfs** ist der höchste in Betracht kommende Satz des Gebührenrahmens anzusetzen, § 92 Abs. 2 GNotKG.

Für die Erstellung der XML-Strukturdaten zur elektronischen Einreichung der Anmeldung entsteht eine 0,3-Gebühr nach KV-Nr. 22114 GNotKG. Der Geschäftswert ist nach § 112 S. 1 GNotKG der Gleiche wie bei der Entwurfserstellung.

Berechnung:

KV-Nr. 24102 GNotKG: Entwurf Registeranmeldung, Geschäftswert 30.000 EUR, 0,5-Gebühr = 62,50 EUR

KV-Nr. 22114 GNotKG: Erstellung der XML-Strukturdaten, Geschäftswert 30.000 EUR, 0,3-Gebühr = 37,50 EUR.

Für die **Einreichung** an das Registergericht entsteht **keine weitere Gebühr**.

Hinweis:

Auch im Grundbuchverfahren werden immer mehr Grundbuchämter an das elektronische Einreichungsverfahren angeschlossen. Hat der Notar die Unterlagen auch an das Grundbuch in elektronischer Form mittels XML-Datensatz einzureichen, gelten die Ausführungen für Einreichungen beim Registergericht gleichermaßen.

e) XML-Datenstruktur – 0,6-Gebühr nach KV-Nr. 22125 GNotKG, (kein Beurkundungsverfahren, kein Entwurf für das zu vollziehende Geschäft)

Beglaubigt der Notar hingegen **nur die Unterschrift** unter der Handelsregisteranmeldung (weder Beurkundung noch Fertigung des Entwurfs, Überprüfung, Ergänzung oder Überprüfung eines vorgelegten Entwurfs) und wird er ausschließlich mit der elektronischen Einreichung beauftragt, ist eine 0,6-Gebühr nach KV-Nr. 22125 GNotKG für die Erzeugung der XML-Strukturdaten zu erheben. **99**

Beispiel:

Der Notar beglaubigt die Unterschrift unter einer Handelsregisteranmeldung, mit der die Abberufung des Geschäftsführers A angemeldet wird. Der Notar hat keine Entwurfstätigkeiten vorgenommen. Er prüft die Eintragungsfähigkeit und reicht die Registeranmeldung anschließend beim Registergericht ein.

Berechnung der Beglaubigungsgebühr, der Gebühr für die XML-Datenerstellung und der Vollzugsgebühr:

Der Geschäftswert der Registeranmeldung beträgt 30.000 EUR nach § 105 Abs. 4 Nr. 1 GNotKG (1 % des Stammkapitals, mindestens aber 30.000 EUR). Der Gebührensatz für die Beglaubigung der Unterschrift beträgt 0,2 nach KV-Nr. 25100 GNotKG. Die Gebühr beträgt 25 EUR.

Für die Erstellung der XML-Strukturdaten zur elektronischen Einreichung der Anmeldung entsteht eine 0,6-Gebühr nach KV-Nr. 22125 GNotKG. Der Geschäftswert ist nach § 112 GNotKG (Vollzug) der gleiche wie bei der Entwurfserstellung. Geschäftswert somit 30.000 EUR, die 0,6-Gebühr nach KV-Nr. 22125 GNotKG beträgt 75 EUR.

Für die Einreichung der Registeranmeldung zum Registergericht entsteht eine Gebühr von 20 EUR nach KV-Nr. 22124 GNotKG. Diese Gebühr schließt auch die Prüfung der Vollzugstauglichkeit ein.

Hinweis

Bei **Geschäftswerten bis 140.000 EUR** gibt es **keine Gebührenunterschiede**, gleich, ob der Notar den Entwurf der Handelsregisteranmeldung gefertigt hat oder sich seine Tätigkeit auf die Unterschriftsbeglaubigung und Erstellung der XML-Strukturdaten beschränkt. In beiden Fällen entsteht in der Summe eine 0,8-Gebühr (0,5 für die Entwurfsfertigung + 0,3 für den XML-Datensatz oder 0,2 für die Unterschriftsbeglaubigung + 0,6 für den XML-Datensatz). Bei Geschäftswerten über 140.000 EUR wirkt sich die Höchstgebühr für die Unterschriftsbeglaubigung gebührenbegrenzend aus. Bei reiner Unterschriftsbeglaubigung erhöht sich der Gebührenaufwand aber noch um die Festgebühr nach KV-Nr. 22124 GNotKG für die Prüfung Vollzugsfähigkeit und die Einreichung der Unterlagen an das Gericht.

XII. Betreuungsgebühr

1. Allgemeine Grundsätze

Teil 2 Hauptabschnitt 2 Abschnitt 2 KV regelt unter KV-Nr. 22200 GNotKG eine 0,5 Betreuungsgebühr, wenn eine der in Anm. 1–7 genannten über den Vollzug des Beurkundungsverfahrens hinausgehende Betreuungstätigkeit durchgeführt wird. **100**

Eine Tätigkeit kann nicht als Betreuungstätigkeit bewertet werden, sollte sie nicht in den Tatbestandskatalog zu KV-Nr. 22200 GNotKG eingeordnet werden können.

Die **Betreuungsgebühr** ist – wie die Gebühr für das Beurkundungsverfahren oder die Vollzugsgebühr – nur **einmal zu erheben**, auch wenn mehrere Betreuungstätigkeiten durchgeführt werden, § 93 Abs. 1 GNotKG.

Gemäß § 113 Abs. 1 GNotKG ist der **Geschäftswert** für die **Betreuungsgebühr wie bei der Beurkundung** zu bestimmen. Der **volle Verfahrenswert** für die Beurkundung ist damit zugleich auch der Geschäftswert für die Betreuungsgebühr.

2. Gebührensatz

101 Der Gebührensatz ist stets **0,5** nach KV-Nr. 22200 GNotKG. Differenzierungen, wie bei der Vollzugsgebühr, gibt es nicht.

3. Gebührentatbestände

102 In KV-Nr. 22200 GNotKG ist folgender Gebührentatbestandskatalog geregelt:

Die Betreuungsgebühr entsteht für die

a) Erteilung einer Bescheinigung über den Eintritt der Wirksamkeit von Verträgen, Erklärungen und Beschlüssen, Nr. 1

103 In der Praxis ist der Anwendungsbereich für diesen Gebührentatbestand gering. In der Literatur wird vor allem die nach § 3 Abs. 1 S. 1 Nr. 1 MaBV gesetzlich geforderte Bescheinigung des Notars über die Wirksamkeit genannt. Andere Wirksamkeitsbescheinigungen, wie z.B. nach § 40 GmbHG fallen unter die Anm. 6 der KV-Nr. 22200 GNotKG. Wirksamkeitsbescheinigungen im Zusammenhang mit der Einholung einer familien- oder betreuungsgerichtlichen Genehmigung fallen in den Bereich der Vollzugstätigkeiten (Vorbem. 2.2.1.1 Abs. 1 S. 2 Nr. 4 KV GNotKG).

b) Prüfung und Mitteilung des Vorliegens von Fälligkeitsvoraussetzungen einer Leistung oder Teilleistung, Nr. 2

104 Die Nr. 2 betrifft vor allem die klassische **Mitteilung von Fälligkeitsvoraussetzungen** bei Kaufverträgen. Fälligkeitsüberwachungen sind aber auch bei anderen Verträgen denkbar, bei welchen Leistungen in Geld zu erbringen sind, wie z.B. bei Kaufverträgen über Geschäftsanteile, bei Überlassungen bezüglich Hinauszahlungsverpflichtungen oder bei Scheidungsvereinbarungen betreffend Ausgleichsleistungen.

c) Beachtung einer Auflage eines an dem Beurkundungsverfahren Beteiligten, Nr. 3

105 Die Beachtung einer Auflage eines an dem Beurkundungsverfahren Beteiligten im Rahmen eines Treuhandauftrags, eine Urkunde oder Auszüge einer Urkunde nur unter bestimmten Bedingungen herauszugeben, wenn die Herausgabe nicht lediglich davon abhängt, dass ein Beteiligter der Herausgabe zustimmt, oder die Erklärung der Bewilligung nach § 19 der Grundbuchordnung aufgrund einer Vollmacht, wenn diese nur unter bestimmten Bedingungen abgegeben werden soll. Die Nr. 3 gilt beispielsweise für die übliche **Vorlagensperre hinsichtlich der Auflassung**. Hierunter wird auch der Fall gefasst, dass die Bewilligung der Eintragung aufgrund einer Auflassung vom Notar aufgrund Vollmacht zu einem späteren Zeitpunkt durch **Eigenurkunde** abgegeben wird. Die Anwendung der Gebührenvorschrift KV-Nr. 25204 GNotKG (Eigenurkunde) ist für diesen Fall ausdrücklich ausgeschlossen (Anm. zu KV-Nr. 25204 GNotKG).

> *Beispiel (Kaufvertrag) zu b) und c) (Rdn 104, 105):*
>
> A verkauft an B eine Eigentumswohnung zum Kaufpreis von 500.000 EUR. Mitverkauft und im Kaufpreis enthalten sind Mobiliar und Inventar nach näherer Bezeichnung. Vom vorgenannten Kaufpreis entfällt hierauf ein Betrag von 30.000 EUR.
>
> B übernimmt für eigene künftige Finanzierungszwecke eine im Grundbuch eingetragene Grundschuld i.H.v. 200.000 EUR für die Sparkasse X. Die Grundschuld ist nicht mehr valutiert. Gegenüber der Sparkasse X gibt B ein Schuldanerkenntnis über einen dem Grundschuldnennbetrag entsprechenden Geldbetrag ab und unterwirft sich persönlich

der sofortigen Zwangsvollstreckung in sein gesamtes Vermögen. Der Notar holt für die Beteiligten die Bestätigung der Sparkasse X ein, dass die Grundschuld keine Verbindlichkeiten des Verkäufers mehr sichert. Eine weitere Grundschuld im Nennbetrag von 100.000 EUR wird zur Löschung beantragt. Der Notar wird beauftragt, die Löschungsbewilligung beim Gläubiger anzufordern.

Weitere Vollzugstätigkeiten sind nicht durchzuführen.

Die Löschungsbewilligung wird dem Notar auflagenfrei erteilt.

Der Notar wird beauftragt, den Beteiligten eine Mitteilung zu übersenden, wenn die im Kaufvertrag vereinbarten Fälligkeitsvoraussetzungen eingetreten sind. Ferner übernimmt der Notar die Vollzugsüberwachung. Der Vollzug der Auflassung soll erst erfolgen, wenn die Zahlung des Kaufpreises nachgewiesen ist.

Geschäftswert für den Kaufvertrag 500.000 EUR

Geschäftswert für das Schuldanerkenntnis samt Unterwerfungserklärung 200.000 EUR

Geschäftswert für das Beurkundungsverfahren 700.000 EUR

Gebühren:
- Kaufvertrag, Geschäftswert 500.000 EUR (§ 97 Abs. 1, § 47 GNotKG), KV-Nr. 21100 GNotKG = 2,0-Gebühr = 1.870 EUR
- Schuldanerkenntnis mit Unterwerfungserklärung (Finanzierungserklärung gegenüber Dritten, § 97 Abs. 1, § 53 Abs. 1, § 110 Nr. 2a) GNotKG), Geschäftswert 200.000 EUR, KV-Nr. 21200 GNotKG = 1,0-Gebühr = 435 EUR, Gesamtbetrag 2.305 EUR.

Vergleichsberechnung (§ 94 Abs. 1 GNotKG, Hinweise hierzu s. Rdn 184 ff.):

Geschäftswert 700.000 EUR, Beurkundungsgebühr KV-Nr. 21100 GNotKG = 2,0-Gebühr = 2.510 EUR

Die getrennte Gebührenberechnung ist für die Beteiligten günstiger und daher maßgebend.

Vollzug, KV-Nr. 22110 GNotKG, Geschäftswert § 112 GNotKG, 700.000 EUR, 0,5-Gebühr = 627,50 EUR.

Betreuung, KV-Nr. 22200 GNotKG, Geschäftswert § 113 Abs. 1 GNotKG = 700.000 EUR, 0,5-Gebühr = 627,50 EUR.

Hinzu kommen Dokumentenpauschalen, Sonstige Auslagen und die MwSt.

Anmerkungen:

- **Kaufvertrag** und die **Erklärungen** des Käufers zur übernommenen Grundschuld **gegenüber dem Gläubiger** sind **verschiedene Beurkundungsgegenstände**. Bei den Erklärungen gegenüber dem Grundschuldgläubiger handelt es sich um sogen. Finanzierungserklärungen. Deren Gegenstandsverschiedenheit ist in § 110 Abs. 2a) GNotKG geregelt.
- Die Gebühren für den **Kaufvertrag** und die **Finanzierungserklärungen** sind, da **unterschiedliche Gebührensätze** anzuwenden sind, zunächst getrennt zu berechnen. Danach muss ein **Gebührenvergleich** vorgenommen werden (§ 94 Abs. 1 GNotKG), nämlich Addition der Werte und Berechnung der Gebühr nach dem höchsten in Betracht kommenden Gebührensatz (hier 2,0). Das für den Kostenschuldner günstigere Ergebnis ist maßgebend, hier die getrennte Berechnung der Gebühren.
- Die **Anforderung der Löschungsbewilligung** ist Vollzugstätigkeit nach Vorbem. 2.2.1.1 Abs. 1 S. 2 Nr. 9 KV GNotKG. Falls der Notar die Löschungsbewilligung durch einen von ihm gefertigten Entwurf anfordert, bleibt es ebenfalls bei der Vollzugsgebühr. Entwurfsfertigungen zu Vollzugshandlungen werden nicht gesondert bewertet (Vorbem. 2.2 Abs. 2 KV GNotKG).
- Die Anforderung der **Nichtvalutierungserklärung** (das ist die Bestätigung des Gläubigers, dass die Grundschuld keine Forderungen der Bank gegen den Verkäufer mehr si-

chert) gehört zum Vollzugsbereich nach Vorbem. 2.2.1.1 Abs. 1 S. 2 Nr. 9 KV GNotKG und löst neben der bereits entstandenen Vollzugsgebühr für das Anfordern der Löschungsbewilligung keine weitere Gebühr aus.

- **Fälligkeitsmitteilung** und **Vollzugsüberwachung** lösen die Betreuungsgebühr nach KV-Nr. 22200 GNotKG aus. Obwohl mehrere Betreuungstätigkeiten durchgeführt werden, entsteht nur eine Gebühr (§ 93 Abs. 1 GNotKG).
- Die **Geschäftswerte**, sowohl für die Vollzugsgebühr als auch für die Betreuungsgebühr, bestimmen sich nach dem **Wert des Beurkundungsverfahrens**. Der Wert des Beurkundungsverfahrens ist dabei immer der Gesamtwert, wenn eine Niederschrift mehrere Beurkundungsgegenstände mit verschiedenen Gegenständen beinhaltet. Das ist auch dann der Fall, wenn die mehreren Gegenstände unterschiedlichen Gebührensätzen unterliegen.

d) Prüfung und Beachtung der Auszahlungsvoraussetzungen von verwahrtem Geld und der Ablieferungsvoraussetzungen von verwahrten Wertpapieren und Kostbarkeiten, Nr. 4

106 **Verwahrungen von Geld** auf sogen. **Anderkonten** des Notars kommen bei bestimmten Fallgestaltungen im Rahmen von Kaufverträgen in Betracht, wenn ein sachlicher Grund hierfür vorliegt (das Sicherungsinteresse muss eine Verwahrung erfordern) oder wenn die Beteiligten dies selbst verlangen und keine andere Abwicklung wünschen. Zahlt der Notar das verwahrte Geld aus, fällt aus **jedem Auszahlungsbetrag eine 1,0-Gebühr** gem. Kostentabelle B an. Hat der Notar **Auszahlungsvoraussetzungen** im Rahmen der Auszahlungen zu beachten, liegt hierin eine **Betreuungstätigkeit**, welche die 0,5-Betreuungsgebühr aus dem hinterlegten Betrag auslöst. Die Betreuungsgebühr ist also nicht aus den einzelnen Auszahlungsbeträgen zu berechnen, sondern aus dem Gesamtbetrag. Das spielt allerdings nur eine Rolle, wenn der Notar tatsächlich eine isolierte Verwahrung durchführen sollte. Hängt sie z.B. mit einem Kaufvertrag zusammen und ist bereits aus anderen Gründen beim Kaufvertrag eine Betreuungsgebühr zu erheben, bleibt es hierbei. Weitere Betreuungsgebühren etwa wegen Verwahrung des Geldes entstehen dann nicht zusätzlich (jede Gebühr entsteht bei einem Beurkundungsverfahren nur einmal, § 93 Abs. 1 GNotKG). Der **Geschäftswert** für die **Betreuungsgebühr** ist dann der **Wert des Beurkundungsverfahrens** (§ 113 Abs. 1 GNotKG).

e) Anzeige oder Anmeldung einer Tatsache, insbesondere einer Abtretung oder Verpfändung, Nr. 5

107 Die Anzeige oder Anmeldung einer Tatsache, insbesondere einer Abtretung oder Verpfändung, an einen nicht an dem Beurkundungsverfahren Beteiligten zur Erzielung einer Rechtsfolge, wenn sich die Tätigkeit des Notars nicht darauf beschränkt, dem nicht am Beurkundungsverfahren Beteiligten die Urkunde oder eine Kopie oder eine Ausfertigung der Urkunde zu übermitteln. Typische Tätigkeit hierfür ist die **förmliche Anzeige der Sicherungsabrede an den Gläubiger einer Finanzierungsgrundschuld**. Würde sich im Gegensatz zur förmlichen Anzeige die Tätigkeit des Notars darauf beschränken, dass er dem Grundschuldgläubiger ohne weitere Hinweise lediglich eine Ausfertigung übersendet, entsteht die Gebühr nicht. Der Notar muss somit in jedem Einzelfall selbst mit den Beteiligten erörtern, in welcher Weise die Anzeige erfolgen soll. Zumeist wird der Verkäufer im Kaufvertrag eine Belastungsvollmacht an den Käufer erteilen und dort bereits zu seiner eigenen Sicherheit die Ausübung der Vollmacht an die Bedingung knüpfen, dass für ihn die sicherste Variante gewählt wird. Das ist nach der obergerichtlichen Rechtsprechung die gebührenauslösende förmliche Anzeige an den Gläubiger. Darin liegt keine unrichtige Sachbehandlung nach § 21 GNotKG.

f) Erteilung einer Bescheinigung über Veränderungen hinsichtlich der Personen der Gesellschafter oder des Umfangs ihrer Beteiligung (§ 40 Abs. 2 GmbHG), Nr. 6

Die Erteilung einer Bescheinigung über Veränderungen hinsichtlich der Personen der Gesellschafter oder des Umfangs ihrer Beteiligung (§ 40 Abs. 2 GmbHG), wenn **Umstände außerhalb der Urkunde zu prüfen** sind. Für das Entstehen der Gebühr ist **kein besonderer Auftrag** erforderlich (Vorbem. 2.2 Abs. 1 KV GNotKG). Dies ist dadurch begründet, dass der Notar die Wirksamkeitsbescheinigung nicht im Auftrag der Beteiligten durchführt, sondern eine gesetzliche Pflicht erfüllt. Allerdings ist nicht jede Bescheinigung kostenpflichtig. Die Betreuungsgebühr entsteht nur, wenn der Notar außerhalb der Urkunde liegende Prüfungstätigkeiten vornimmt, wie z.B. die Kaufpreiszahlung oder die Vorlage einer Bestätigung des Gläubigers über eine Bürgschaftsbefreiung. Sind keine Umstände außerhalb der Urkunde zu prüfen, ist die Bescheinigung kostenfrei. Typische Fälle, in denen der Notar eine Wirksamkeitsbescheinigung zu erteilen hat, sind z.B. bei der Erteilung von Gesellschafterlisten nach Kapitalerhöhungen oder Geschäftsanteilsabtretungen. 108

g) Entgegennahme der für den Gläubiger bestimmten Ausfertigung einer Grundpfandrechtsbestellungsurkunde zur Herbeiführung der Bindungswirkung gemäß § 873 Abs. 2 BGB, Nr. 7

Vereinzelt beauftragen die Beteiligten (Grundschuldbesteller und Gläubiger oder einer von ihnen) den Notar, bei einer Grundschuldbestellung die für den Gläubiger bestimmte Ausfertigung für den Gläubiger zur Herbeiführung der Bindungswirkung nach § 873 Abs. 2 BGB entgegenzunehmen. Der Hintergrund liegt darin, die Bindungswirkung zeitnah zur Beurkundung herbeizuführen. Die Übernahme und Durchführung dieser Tätigkeit löst die Betreuungsgebühr von 0,5 aus dem Nennbetrag der Grundschuld (§§ 53 Abs. 1, 113 Abs. 1 GNotKG) aus. 109

XIII. Treuhandgebühren

1. Allgemein

Zu dem Bereich „Betreuungsgebühren“ gehört auch der Gebührentatbestand nach KV-Nr. 22201 GNotKG. Diese Gebühr wird als **Treuhandgebühr** bezeichnet. Die Gebühr **entsteht neben sonstigen Betreuungsgebühren** nach KV-Nr. 22200 GNotKG gesondert. Voraussetzung ist, dass dem Notar von **Dritten**, die am **Beurkundungsverfahren nicht beteiligt** sind, **Treuhandaufträge** erteilt werden. Für sie entsteht eine 0,5-Gebühr. Hierunter fallen die klassischen Treuhandauflagen, die dem **Notar von Gläubigern des Verkäufers** z.B. im Rahmen der Lastenfreistellung zu einem Kaufvertrag erteilt werden. Dabei werden dem Notar von dem Gläubiger Weisungen (z.B. Zahlung eines noch geschuldeten Restdarlehens) erteilt, etwa die Lastenfreistellungserklärungen nur unter bestimmten Voraussetzungen an das Grundbuchamt weiterzuleiten. Für die hierin liegenden Haftungsrisiken ist ein eigener Gebührentatbestand nicht nur vertretbar und sachgerecht, sondern geradezu zwingend. 110

2. Geschäftswert

Der Geschäftswert für die Treuhandgebühr bestimmt sich nach § 113 Abs. 2 GNotKG nach dem **Wert des Sicherungsinteresses**. Dieses Sicherungsinteresse ist gleichzusetzen mit dem Wert, den der Gläubiger mit Erteilung des Treuhandauftrags an den Notar festlegt. Nicht selten macht der Gläubiger die Verwendung einer Lastenfreistellungserklärung von der Überweisung des gesamten Kaufpreises auf ein bestimmtes Konto abhängig. In diesem Falle ist der Kaufpreis mit dem Sicherungsinteresse gleichzusetzen. In der Rechtsprechung wird die Auffassung vertreten, dass der Notar zwar von dem ihm von dem Kreditinstitut mitgeteilten Ablösebetrag ausgehen kann. Der Notar müsse jedoch seine Kostenberechnung nachträglich korrigieren, sollte sich zu einem späteren Zeitpunkt herausstellen, dass das ef- 111 fektive Sicherungsinteresse niedriger zu bemessen war. Dem kann nicht uneingeschränkt zugestimmt werden. Für das Sicherungsinteresse ist u.a von Bedeutung, welche Forderungen des Gläubigers durch die Grundschuld gesichert werden. Für den Notar ist in aller Regel nicht erkennbar, wie weit die Sicherungsabrede mit dem Gläubiger reicht. In vielen Fällen sichert eine Grundschuld nicht nur ein bestimmtes Darlehen, sondern alle Forderungen, welche der Gläubiger gegenüber dem Schuldner aus seiner Bankverbindung mit dem Gläubiger hat. Deshalb kann der Notar regelmäßig die Angaben des Gläubigers im Rahmen des Treuhandauftrags seiner Bewertung zugrunde legen. Eine nachträgliche Änderung wird nur in besonders begründeten Ausnahmefällen veranlasst sein, etwa wenn für den Notar klar erkennbar ist, dass der Angabe des Gläubigers ein Irrtum zugrunde liegt.

3. Mehrere Treuhandauflagen

112 Erhält der Notar von **mehreren Gläubigern Treuhandauflagen**, ist die Gebühr nach KV-Nr. 22201 GNotKG **für jedes Treuhandverhältnis gesondert** zu erheben (Ausnahme vom Grundsatz der einmaligen Berechnung einer Gebühr).

Beispiel:

A verkauft an B eine Eigentumswohnung zum Kaufpreis von 500.000 EUR. Der Notar führt folgende Vollzugstätigkeiten durch:

- Einholung der Löschungsbewilligung bei der Sparkasse in Neustadt über eine zur Löschung beantragte Grundschuld zu 200.000 EUR. Die Anforderung erfolgt durch Übersendung eines vom Notar im Auftrag gefertigten Entwurfs.

Der Notar erhält folgende Treuhandauflage: Verwendung nur bei Sicherstellung eines Betrages von 100.000 EUR;

- Einholung einer weiteren Löschungsbewilligung bei der Bausparkasse X bezüglich einer Grundschuld zu 50.000 EUR durch Übersendung eines im Auftrag des Verkäufers gefertigten Entwurfs.

Der Notar erhält folgende Treuhandauflage: Verwendung der Löschungsbewilligung nur bei Zahlung eines Betrages von 30.000 EUR.

Betreuungstätigkeiten:

Der Notar übernimmt die Fälligkeitsüberwachung und auch die Überwachung des Vollzugs der Auflassung.

Geschäftswerte:

Geschäftswert für den Kaufvertrag (= Beurkundungsverfahren), § 97 Abs. 1, § 47 GNotKG = 500.000 EUR. Dieser Wert ist gem. § 112 GNotKG auch für die Vollzugsgebühr und gem. § 113 Abs. 1 GNotKG auch für die Betreuungsgebühr maßgeblich. Die Geschäftswerte für die Treuhandauflagen bestimmen sind jeweils nach dem Sicherungsinteresse der Gläubiger in Höhe der geforderten Beträge (§ 113 Abs. 2 GNotKG).

Gebühren:

- Kaufvertrag (Verfahrensgebühr), KV-Nr. 21100 GNotKG, 2,0-Gebühr = 1.870 EUR
- Vollzug (Einholung Löschungsbewilligungen), 0,5-Gebühr, KV-Nr. 22110 GNotKG, 0,5-Gebühr = 467,50 EUR
- Betreuung (Fälligkeitsmitteilung und Vollzugsüberwachung), KV-Nr. 22200 GNotKG, 0,5-Gebühr = 467,50 EUR
- Treuhandgebühr (Auflage Sparkasse) KV-Nr. 22201 GNotKG aus Geschäftswert 100.000 EUR (§ 113 Abs. 2 GNotKG, 0,5-Gebühr = 136,50 EUR
- Treuhandgebühr (Auflage Bausparkasse) KV-Nr. 22201 GNotKG aus Geschäftswert 30.000 EUR (§ 113 Abs. 2 GNotKG), 0,5-Gebühr = 62,50 EUR.

Anmerkungen:

- Die Anforderung der Löschungsbewilligung ist Vollzugstätigkeit nach Vorbem. 2.2.1.1 Abs. 1 S. 2 Nr. 9 KV GNotKG. Falls der Notar die Löschungsbewilligung

durch einen von ihm gefertigten Entwurf anfordert, bleibt es ebenfalls bei der Vollzugsgebühr. Entwurfsfertigungen zu Vollzugshandlungen werden nicht gesondert bewertet, Vorbem. 2.2 Abs. 2 KV GNotKG.
- Fälligkeitsmitteilung und Vollzugsüberwachung lösen die Betreuungsgebühr nach KV-Nr. 22200 GNotKG aus. Obwohl mehrere Betreuungstätigkeiten durchgeführt werden, entsteht nur eine Gebühr (§ 93 Abs. 1 GNotKG).
- Die Treuhandgebühren fallen gesondert an. Für jeden Treuhandauftrag entsteht die Gebühr gesondert.

XIV. Zusatzgebühren

1. Allgemein

Das GNotKG enthält in Teil 2 des Kostenverzeichnisses in Hauptabschnitt 6 Zusatzgebühren für Notare. Insgesamt sind drei Zusatzgebühren geregelt, und zwar: 113

- KV-Nr. 26000 GNotKG: Für Tätigkeiten, die auf Verlangen der Beteiligten **außerhalb der üblichen Geschäftszeiten** vorgenommen werden (sogenannte „Unzeitgebühr“),
- KV-Nr. 26001 GNotKG: Einsatz eigener Sprachkenntnisse bei Beurkundung, Beglaubigung oder Bescheinigung in **fremder Sprache ohne Hinzuziehung eines Dolmetschers** oder **Übersetzung einer Erklärung** in eine andere Sprache,
- KV-Nr. 26002 GNotKG: Tätigkeit, die auf Verlangen der Beteiligten **außerhalb der Geschäftsstelle des Notars** vorgenommen werden (sogenannte „Auswärtsgebühr“).

2. Unzeitgebühr (Tätigwerden außerhalb festgelegter Zeiten)

Gebührenpflichtige Tätigkeiten, die der Notar im Auftrag der Beteiligten außerhalb der üblichen Geschäftszeiten vornimmt, lösen neben den Gebühren für das Beurkundungsverfahren und neben Vollzugs- und Betreuungsgebühren zusätzlich eine sog. Unzeitgebühr aus. Grundvoraussetzung für das Entstehen dieser Gebühr ist zunächst, dass die **Tätigkeit zur Unzeit auf Verlangen der Beteiligten** erfolgt. Erfolgt sie aus Gründen, die der Notar zu vertreten hat, ist die Gebühr ausgeschlossen. 114

KV-Nr. 26000 GNotKG legt die sog. „Unzeiten“ fest, die nicht mit den üblichen Geschäftszeiten des Notars identisch sein müssen:

- an Sonntagen und allgemeinen Feiertagen,
- an Sonnabenden vor 8 Uhr und nach 13 Uhr sowie
- an den übrigen Werktagen außerhalb der Zeit von 8 Uhr bis 18 Uhr.

Bei der Unzeitgebühr handelt es sich nicht um eine wertabhängige Gebühr. Vielmehr beträgt sie **30 % der für das Verfahren oder das Geschäft zu erhebenden Gebühr**. Diese Gebühr bezeichnet man als „Annexgebühr“.

Die Unzeitgebühr beträgt jedoch **höchstens 30 EUR** und entsteht für jedes Verfahren bzw. jedes Geschäft nur einmal. Werden anlässlich der Beurkundung zur Unzeit mehrere Beurkundungsverfahren und/oder Geschäfte durchgeführt, entsteht die Unzeitgebühr für jedes Verfahren oder Geschäft gesondert. Bei Zusammenfassung mehrerer Gegenstände innerhalb eines Beurkundungsverfahrens entsteht die Unzeitgebühr nur einmal.

Treffen mehrere der in KV-Nr. 26000 GNotKG genannten gebührenauslösenden Tatbestände zusammen (z.B. Beurkundung am Sonnabend um 19 Uhr) fällt die Gebühr nur einmal an (KV-Nr. 26000 Anm. 1 GNotKG).

3. Fremdsprachliche Tätigkeiten

Fremdsprachliche Tätigkeiten des Notars lassen sich in kostenrechtlicher Hinsicht in folgende Fallgruppen einteilen: 115

a) Abgabe der zu beurkundenden Erklärung in einer fremden Sprache

116 **Abgabe** einer zu beurkundenden **Erklärung** in einer **fremden Sprache** durch einen **Beteiligten ohne Hinzuziehung eines Dolmetschers**. Die Gebühr entsteht jedoch nicht, wenn ein Dolmetscher zugezogen wird. KV-Nr. 26001 GNotKG ist nur einschlägig, wenn der Notar, weil er der fremden Sprache selbst mächtig ist, die Beurkundung ohne Dolmetscher durchführen kann oder die Beurkundung in deutscher Sprache erfolgt und der Notar die Vorbesprechungen und die Übersetzung der beurkundeten Erklärungen in die fremde Sprache selbst vornimmt. Voraussetzung für das Entstehen der Gebühr nach KV-Nr. 26001 GNotKG ist nur die Abgabe der Erklärung eines Beteiligten in fremder Sprache und dass der **Notar selbst die fremde Sprache beherrscht**. Dass auch die Niederschrift in fremder Sprache errichtet wird, ist nicht Tatbestandsvoraussetzung.

b) Beurkundung in fremder Sprache

117 Jede Beurkundung, die auf Verlangen nach § 5 Abs. 2 BeurkG in einer anderen Sprache als der deutschen Sprache erfolgt, löst die Zusatzgebühr aus. Die Niederschrift in einer fremden Sprache ist bereits einer der Tatbestände der KV-Nr. 26001 GNotKG. Es kommt nicht darauf an, ob es sich um die Beurkundung von Willenserklärungen oder sonstige Beurkundungen nach § 36 BeurkG handelt. Bei der Beurkundung von Willenserklärungen ist ferner unerheblich, ob die Erklärungen in deutscher oder fremder Sprache abgegeben wurden. Treffen beide Tatbestände (etwa bei doppelspaltiger Beurkundung – eine Spalte in deutscher Sprache, eine weitere Spalte z.B. in englischer Sprache) zusammen, entsteht die Gebühr nach KV-Nr. 26001 GNotKG nur einmal.

c) Übersetzungen

118 Die Gebühr nach KV-Nr. 26001 GNotKG entsteht auch, wenn der Notar eine Erklärung in eine **andere Sprache übersetzt**, gleichviel ob dies **mündlich, schriftlich oder in sonstiger Weise** geschieht. In der Regel wird die Übersetzung jedoch schriftlich erfolgen. Wenn und soweit der Notar die in Deutsch beurkundete Erklärung einem der deutschen Sprache nicht Mächtigen mündlich im Rahmen der Beurkundungsverhandlung übersetzt, entsteht die Gebühr ebenfalls.

Unerheblich sind insoweit auch **Art und Umfang des übersetzten Textes**. Eine Übersetzungsleistung des Notars, liegt deshalb auch dann vor, wenn der Notar sich im Rahmen der Übersetzung Hilfskräften, ggf. sogar externer Dienstleister, vor allem eines Dolmetschers, bedient. Ist die Übersetzung durch einen Dolmetscher erfolgt, hat der Notar ein Wahlrecht. Er kann die tatsächlichen Dolmetscherkosten als Auslagen (KV-Nr. 32010 GNotKG) dem Beteiligten auferlegen oder sich – entsprechende Fremdsprachenkenntnisse des Notars vorausgesetzt – die Übersetzung des Dolmetschers zu eigen machen und die Gebühr nach KV-Nr. 26001 GNotKG abrechnen. Zur Vermeidung von Streitigkeiten, sollten unterschiedlich hohe Kosten entstehen (je nach Abrechnungsweise), empfiehlt es sich, mit den Beteiligten die Verfahrensweise im Vorfeld abzustimmen.

> *Beispiel:*
>
> Der Notar beurkundet den Verkauf einer Geschäftsanteilsabtretung in deutscher Sprache. Als Geschäftswert wird ein Kaufpreis von 100.000 EUR unterstellt.
>
> In der zweiten Spalte übersetzt der Notar den Beurkundungstext in die englische Sprache.
>
> Gebühren:
>
> Beurkundungsverfahren, Geschäftswert 100.000 EUR (§ 97 Abs. 3, 54 GNotKG), 2,0-Gebühr nach KV-Nr. 21100 GNotKG = 546 EUR
>
> Zusatzgebühr für fremde Sprache, KV-Nr. 26001 GNotKG, 30 % der Gebühr des Beurkundungsverfahrens (30 % von 546 EUR) = 163,80 EUR.

Voraussetzung für das Entstehen der Gebühr ist jedoch, dass der Notar selbst übersetzt. Bei doppelsprachigen Urkunden, die vom Mandanten entworfen wurden und bei denen lediglich der deutsche Text beurkundet wird, kann keine Fremdsprachengebühr erhoben werden.

d) Gebührenhöhe

KV-Nr. 26001 GNotKG regelt eine Gebühr für fremdsprachliche Tätigkeiten in Höhe von 30 % der für das Beurkundungsverfahren, für eine Beglaubigung oder für eine Bescheinigung zu erhebenden Gebühr. **119**

Die Höchstgebühr beträgt 5.000 EUR.

4. Auswärtsgebühr (für Tätigkeiten außerhalb der Geschäftsstelle)

a) Allgemeine Entstehungsvoraussetzungen

Die Zusatzgebühr für auswärtige Tätigkeiten nach KV-Nr. 26002 GNotKG entsteht, wenn die Tätigkeit des Notars auf **Verlangen der Beteiligten außerhalb der Geschäftsstelle des Notars** vorgenommen wird. Es handelt sich um eine **Zeitgebühr**, deren Höhe von der **Dauer der Abwesenheit** abhängt (s. Rdn 123). **120**

b) Unterbleiben des Geschäfts

Die Zusatzgebühr nach KV-Nr. 26002 GNotKG entsteht auch dann, wenn ein Geschäft aus einem in der Person eines Beteiligten liegenden Grund nicht vorgenommen werden sollte, weil der Notar die Beteiligten etwa nicht zu dem vereinbarten Termin dort antrifft. Gleiches gilt, wenn der Notar einen Beteiligten in einem Zustand antrifft, der die Beurkundung nicht zulässt. **121**

c) Kein Tage- und Abwesenheitsgeld neben der Zusatzgebühr

Gem. Anm. 3 zu KV-Nr. 26002 GNotKG werden neben der Auswärtsgebühr Tage- und Abwesenheitsgelder nach KV-Nr. 32008 GNotKG nicht erhoben. **122**

d) Höhe der Auswärtsgebühr

Nach KV-Nr. 26002 GNotKG ist für **jede angefangene halbe Stunde** Abwesenheit (Beginn ist die Abreise vom Büro, Ende ist die Rückkehr ins Büro) ein Betrag von **50 EUR** zu erheben. Voraussetzung ist, dass die Auswärtsbeurkundung auf Verlangen eines der Beteiligten vorgenommen wird. Unterhält der Notar neben seiner Geschäftsstelle eine weitere Geschäftsstelle oder hält er regelmäßige Sprechtage ab, so gilt dieser Ort nach § 86 GNotKG als Amtssitz im Sinne dieses Gesetzes. Auswärtsgebühren fallen dann nicht an. **123**

Beispiel 1: Überlassungsvertrag

Der Notar beurkundet einen Überlassungsvertrag in der Wohnung der Übergeber, weil der Ehemann erkrankt ist und das Haus nicht verlassen kann. Die Dauer der Beurkundung beträgt 50 Minuten, An- und Abreise jeweils 25 Minuten. Insgesamt ist der Notar 1 Stunde und 40 Minuten abwesend.

Zusatzgebühr (neben der Gebühr für das Beurkundungsverfahren und evtl. weiteren Gebühren für Vollzug und Betreuung):

KV-Nr. 26002 GNotKG, Auswärtstätigkeit 4 x Halbstundensatz = 200 EUR.

Anmerkung:

Abwesenheit 3 x eine halbe Stunde + 10 Minuten. Für angefangene Halbstunden wird der volle Satz erhoben, somit ebenfalls 50 EUR.

124 *Beispiel 2: Unterschriftsbeglaubigung unter Löschungszustimmung*

Der Notar sucht A in seiner Wohnung auf. Dieser kann aufgrund seines Alters und der damit verbundenen Gebrechlichkeit seine Wohnung nicht mehr verlassen. A legt dem Notar eine von der Bank vorgefertigte Löschungserklärung bezüglich einer Grundschuld über 100.000 EUR vor. Der Notar nimmt außerhalb seiner Geschäftsräume die Unterschriftsbeglaubigung vor. Dauer der Beglaubigung: 10 Minuten, An- und Abreise jeweils 15 Minuten.

Beglaubigungsgebühr und Auswärtsgebühr:

KV-Nr. 25101 Anm. 2 GNotKG: Beglaubigung Unterschrift, Festgebühr 20 EUR

KV-Nr. 26002 GNotKG: Auswärtsgebühr, 100 EUR

Anmerkung:

Nachdem es sich bei der Auswärtsgebühr nicht um eine Wertgebühr handelt, die zudem auch nicht auf einen Höchstbetrag begrenzt ist, kann die Auswärtsgebühr die Gebühr für das Geschäft, das Anlass für die Auswärtstätigkeit ist, deutlich übersteigen.

e) Privilegierte Geschäfte

125 Für **bestimmte Vorgänge** regelt KV-Nr. 26003 GNotKG unabhängig von der Dauer der Abwesenheit eine **feste Auswärtsgebühr von 50 EUR**. Wie bei der Zeitgebühr fällt auch die Festgebühr nur einmal an, wenn anlässlich einer Geschäftsreise mehrere privilegierte Geschäfte beurkundet werden. In diesem Fall muss eine angemessene Verteilung auf die einzelnen Geschäfte nach dem jeweils aufgewendeten Zeitaufwand erfolgen (s. Rdn 127).

Folgende Sachverhalte fallen beispielsweise hierunter:

- **Verfügungen von Todes wegen** (Testamente, gemeinschaftliche Testamente, Erbverträge, Änderungen derartiger Vorgänge, Aufhebung von letztwilligen Verfügungen, Widerruf oder Anfechtung, nicht jedoch Versicherungen an Eides statt zur Erlangung eines Erbscheins, Erbschaftsausschlagungen usw.),
- Errichtung von **Vorsorgevollmachten**, auch Generalvollmachten, die zugleich für den Vorsorgefall erteilt werden, auch der Widerruf und die Änderung, die zur Registrierung im Zentralen Vorsorgeregister geeignet sind (Abgrenzungskriterium zu Generalvollmachten),
- **Betreuungsverfügungen** gem. § 1897 Abs. 4 BGB, und
- **Patientenverfügungen**, nämlich eine Willenserklärung eines Beteiligten hinsichtlich seiner medizinischen Behandlung oder deren Abbruch.

Der Festbetrag der Auswärtsgebühr gem. KV-Nr. 26003 GNotKG ist nur dann maßgeblich, wenn sich die Beurkundung(en) ausschließlich auf die privilegierten Geschäfte beschränkt. Werden weitere Geschäfte (mit-)beurkundet, liegen die Voraussetzungen für die Berechnung der Zusatzgebühr nach KV-Nr. 26002 GNotKG vor.

126 *Beispiel:*

Der Notar wird für die Beurkundung einer Vorsorgevollmacht mit Patientenverfügung und eines Überlassungsvertrages in das Wohnhaus des Vollmachtgebers/Übergebers gebeten, weil dieser aus gesundheitlichen Gründen nicht in die Amtsräume des Notars kommen kann. Die Beurkundung der Vorsorgevollmacht mit Patientenverfügung dauert 30 Minuten, die der Überlassung 70 Minuten. An- und Abreise dauern je 20 Minuten.

Zusatzgebühr:

Die Dauer der Abwesenheit setzt sich aus Beurkundungszeit und Reisezeit zusammen. Sie beträgt hier 140 Minuten (30 + 70 + 20 + 20). Die Abwesenheit beträgt somit 4 halbe Stunden und 20 Minuten. Dafür sind zu berechnen:

KV-Nr. 26002 GNotKG, Auswärtstätigkeit 250 EUR.

Zu berechnen sind also 4 Halbstunden je 50 EUR + eine angefangene Halbstunde, mit 50 EUR.

KV-Nr. 26003 GNotKG wäre nur einschlägig, wenn „ausschließlich" Verfügungen von Todes wegen, Vorsorgevollmachten, Betreuungsverfügungen und Patientenverfügungen betroffen sind. Daher ist für die Auswärtstätigkeit insgesamt KV-Nr. 26002 GNotKG anzuwenden. Daneben ist aber für die privilegierten Geschäfte nicht zusätzlich die Festgebühr zu berechnen, diese ist in KV-Nr. 26002 GNotKG eingeschlossen.

f) Mehrere Geschäfte

Die **Gebühr entsteht nur einmal**, wenn der Notar anlässlich der Auswärtsbeurkundung **mehrere Geschäfte** vornimmt. Sie ist dann auf die einzelnen Geschäfte unter Berücksichtigung der für **jedes Geschäft aufgewandten Zeit angemessen zu verteilen**. 127

Beispiel:

Nimmt der Notar bei einer Bank beispielsweise 120 Unterschriftsbeglaubigungen außerhalb seiner Geschäftsstelle vor und wendet hierfür insgesamt 40 Minuten auf, ist folgende Berechnung vorzunehmen:

KV-Nr. 26002 GNotKG, Auswärtsgebühr 100 EUR.

Auf jede Unterschriftsbeglaubigung entfällt ein Betrag von 0,83 EUR.

Anmerkung:

Nachdem für jede Beglaubigung der Zeitaufwand gleich hoch ist, ist der Betrag von 100 EUR durch die Zahl der Beglaubigungen zu teilen. Die Höhe des Geschäftswerts spielt bei der Verteilung keine Rolle, weil es sich bei der Auswärtsgebühr nicht mehr um eine Wertgebühr, sondern um eine reine Zeitgebühr handelt.

Trotz der Tatsache, dass die Bank alleiniger Kostenschuldner der Zusatzgebühr gegenüber dem Notar ist, wird eine Verteilung der Auswärtsgebühr auf die einzelnen Beglaubigungen nicht entbehrlich sein. Die Bank wird die Kosten der einzelnen Beglaubigungen an ihre Kunden weiter geben.

E. Auslagen

I. Grundsätze

Teil 3 Hauptabschnitt 2 KV GNotKG regelt **Auslagen der Notare**. Mitunter ist die exakte Berechnung von Auslagen insbesondere im Bereich der Dokumentenpauschalen nicht ganz einfach und den Beteiligten teilweise nur schwer zu vermitteln. Der Gesetzgeber hat sich hier umfangreichen Regelungen unterzogen. Auch wenn es sich teilweise bei Auslagen um Kleinbeträge handelt, darf er von der Erhebung nicht abgesehen werden. Auch die Auslagen unterfallen der Pflicht des Notars zur Erhebung gesetzlich vorgeschriebener Kosten nach § 17 Abs. 1 BNotO; auch die Auslagen müssen den gesetzlichen Regelungen entsprechend erhoben werden. 128

II. Dokumentenpauschalen (Auslagen für Kopien und Ausdrucke)

1. Begriff

Bei der Dokumentenpauschale handelt es sich um eine Pauschale für die **Herstellung und Überlassung von Ausfertigungen, Kopien und Ausdrucken**. Es erfolgt eine Abrechnung **nach Zahl der Seiten**. Zudem ist zu unterscheiden, ob Dokumentenpauschalen in einem Beurkundungsverfahren oder bei einer Entwurffertigung abgerechnet werden oder außerhalb davon. 129

2. Dokumentenpauschale nach KV-Nr. 32000 GNotKG

130 KV-Nr. 32000 GNotKG regelt die Dokumentenpauschale **außerhalb eines Beurkundungsverfahrens oder einer Entwurfstätigkeit** für solche Ausfertigungen, Kopien und Ausdrucke bis zu einer **Größe von DIN A3**, die auf **besonderen Antrag** angefertigt oder per Telefax übermittelt worden sind. Für die Berechnung der Dokumentenpauschale nach dieser Kostenziffer ist eine Tarifspaltung in Abhängigkeit der Seitenzahl – anders als im Regelfall nach KV-Nr. 32001 GNotKG (s. Rdn 134 ff.) – vorzunehmen. Die nach KV-Nr. 3200 GNotKG 0 enthaltene Dokumentenpauschale ist höher als die Pauschale, die KV-Nr. 32001 GNotKG innerhalb eines Beurkundungsverfahrens oder einer Entwurfstätigkeit entsteht. Begründet wird dies mit einem höheren Aufwand. Es sind folgende Pauschalen geregelt:

- Ausfertigungen, Kopien und Ausdrucke in **schwarz-weiß**:

Für die ersten 50 Seiten entsteht eine Pauschale je Seite von 0,50 EUR, für jede weitere Seite entsteht eine Pauschale von 0,15 EUR.

- Ausfertigungen, Kopien und Ausdrucke **in Farbe**:

Für die ersten 50 Seiten entsteht eine Pauschale je Seite von 1 EUR, für jede weitere Seite entsteht eine Pauschale von 0,30 EUR.

Beispiel 1:

Ein Beteiligter wünscht nach Abschluss eines Beurkundungsverfahrens nachträglich mit einem besonderen Auftrag eine weitere Kopie einer Urkunde (15 Seiten). In diesem Falle liegt kein Zusammenhang mehr mit dem Beurkundungsverfahren vor, wodurch KV-Nr. 32001 GNotKG nicht einschlägig ist. Die Berechnung hat vielmehr nach KV-Nr. 32000 GNotKG zu erfolgen. Zu berechnen sind: KV-Nr. 32000 GNotKG Dokumentenpauschale für 1 Seite je 0,50 EUR = 7,50 EUR.

131 *Beispiel 2:*

Der Verkäufer (Bauträger) beauftragt den Notar von einer in der Urkundensammlung befindlichen Teilungserklärung, die aus 30 Seiten besteht, eine beglaubigte Kopie für den Käufer zu erteilen. Der Notar bringt auf Seite 31 den Beglaubigungsvermerk an.

KV-Nr. 32000 GNotKG → Dokumentenpauschale für 31 Seiten je 0,50 EUR = 15,50 EUR.

Anmerkung:

KV-Nr. 32001 Nr. 2 GNotKG ist nicht einschlägig, weil der Antrag nach Abschluss des Beurkundungsverfahrens (Beurkundung der Teilungserklärung) gestellt wurde. Der Zusammenhang mit der Beurkundung eines Kaufvertrages hat hier keine Bedeutung. Es entsteht damit die Dokumentenpauschale nach KV-Nr. 32000 GNotKG. Die Dokumentenpauschale wird auch nicht durch die Beglaubigungsgebühr ausgeschlossen; eine solche fällt bei der Beglaubigung von Kopien eigener Urkunden nicht an (KV-Nr. 25102 Abs. 2 Nr. 1 GNotKG).

132 *Beispiel 3:*

Der Notar beglaubigt die Unterschrift unter einem von dem Beteiligten mitgebrachten Entwurf, ohne dass Entwurfstätigkeiten (Überprüfung, Änderung, Ergänzung) vorliegen. Es handelt sich also um eine reine Beglaubigung der Unterschrift oder des Handzeichens, für die die Gebühr nach KV-Nr. 25100 GNotKG entsteht.

Werden die Kopien beglaubigt, entsteht für jede beglaubigte Kopie die Beglaubigungsgebühr nach KV-Nr. 25102 GNotKG, daneben aber keine zusätzliche Dokumentenpauschale (s. KV-Nr. 25102 Anm. (1) GNotKG).

Würde der Notar lediglich eine einfache Ablichtung erteilen, müsste die Dokumentenpauschale nach KV-Nr. 32000 GNotKG berechnet werden.

3. Keine Dokumentenpauschale bei Beglaubigung von Dokumenten

KV-Nr. 32000 GNotKG ist nicht anwendbar bei der Beglaubigung von (Fremd-)Dokumenten. Hierfür entsteht eine Gebühr nach KV-Nr. 25102 GNotKG. Diese Gebühr beträgt pro Seite 1 EUR, mindestens wird in der Summe eine Gebühr von 10 EUR erhoben. Gem. KV-Nr. 25102 Abs. 1 GNotKG fällt daneben keine Dokumentenpauschale an, da die Herstellung der Kopien in der Beglaubigungsgebühr nach KV-Nr. 25102 GNotKG enthalten ist. 133

Beispiel:

A erscheint beim Notar mit einer von ihm selbst vorbereiten Eigentümerzustimmung zur Löschung einer Grundschuld. Der Notar beglaubigt die Unterschrift des A unter der Erklärung. Er fertigt eine beglaubigte Kopie für seine Urkundensammlung und – auf Wunsch des A – eine weitere beglaubigte Kopie, die er ihm neben dem Original aushändigt. Das Dokument mit Beglaubigungsvermerk hat einen Umfang von 3 Seiten.

Berechnung:

Beglaubigte Ablichtung, die A ausgehändigt wird: Beglaubigungsgebühr nach KV-Nr. 25102 Abs. 1 GNotKG pro Seite 1 EUR, mindestens 10 EUR. Gemäß KV-Nr. 25102 Abs. 1 GNotKG fällt keine Dokumentenpauschale neben der Beglaubigungsgebühr an.

Die beglaubigte Kopie für die Urkundensammlung ist gebührenfrei. Es wird auch keine Dokumentenpauschale erhoben.

4. Dokumentenpauschale nach KV-Nr. 32001 GNotKG

KV-Nr. 32001 GNotKG regelt die Höhe der Dokumentenpauschale für **ohne besonderen Antrag** erteilte Ausfertigungen, Kopien und Ausdrucke und beschränkt diese auf bestimmte Fälle. Außerdem regelt diese Vorschrift die **Dokumentenpauschale innerhalb eines Beurkundungsverfahrens** und bei einem **Auftrag zur Erstellung eines Entwurfs**. Diese Kostenziffer ist demgemäß der Hauptanwendungsfall für Notare. 134

Folgende Regelungen sind in KV-Nr. 32001 GNotKG enthalten:

- Dokumentenpauschale für Ausfertigungen, Kopien und Ausdrucke bis zur Größe von DIN A3, die
  1. **ohne besonderen Antrag** von eigenen Niederschriften, eigenen Entwürfen und von Urkunden, auf denen der Notar eine Unterschrift beglaubigt hat, angefertigt oder per Telefax übermittelt worden sind; dies gilt nur, wenn die **Dokumente nicht beim Notar verbleiben,**
  2. in einem **Beurkundungsverfahren auf besonderen Antrag** angefertigt oder per Telefax übermittelt worden sind; dies gilt nur, wenn der Antrag spätestens bei der Aufnahme der Niederschrift gestellt wird,
  3. bei einem **Auftrag zur Erstellung eines Entwurfs auf besonderen Antrag** angefertigt oder per Telefax übermittelt worden sind; dies gilt nur, wenn der Antrag spätestens am Tag vor der Versendung des Entwurfs gestellt wird.
- Gebührenhöhe:
  Je Seite **schwarz/weiß 0,15 EUR**,
  je Seite in **Farbe 0,30 EUR**.
- **Zu KV-Nr. 32001 Ziffer 1 GNotKG:**
  KV-Nr. 32001 Nr. 1 regelt die Dokumentenpauschale für die Fälle, in denen Dokumente ohne besonderen Antrag eines Beteiligten gefertigt werden. Die Dokumentenpauschale entsteht aber nur, wenn der Notar Abschriften eigener Niederschriften, eigener Entwürfe und von Urkunden, auf denen er eine Unterschrift beglaubigt hat, herstellt. Zusätzliche Voraussetzung ist, dass die Dokumente nicht beim Notar verbleiben. Dies betrifft insbesondere Abschriften von Urkunden, die der Notar beim Grundbuchamt und Registergericht zum Zweck des Vollzugs einreicht (§ 58 BeurkG).
  Keine Dokumentenpauschale lösen Abschriften aus, die der Notar von fremden Urkunden herstellt, also insbesondere Kopien vorgelegter Vollmachten und Ausweise über die

Berechtigung eines gesetzlichen Vertreters, die eigenen Niederschriften in beglaubigter Abschrift beigefügt werden (§ 12 BeurkG). Da diese Bestandteil der eigenen Urkunde werden, können sie anschließend im Rahmen des Vollzugs, wenn auch hiervon Abschriften erforderlich werden, eine Dokumentenpauschale auslösen.

- **Zu KV-Nr. 32001 Ziffer 2 und 3 GNotKG:**

  KV-Nr. 32001 Nr. 2 und 3 betreffen Fälle eines konkreten Antrags auf Fertigung von Kopien, Ausdrucken und Abschriften innerhalb eines Beurkundungsverfahrens oder einer Entwurfsfertigung. Jede Seite kostet 0,15 EUR. Um die Abgrenzung zum Tatbestand der KV-Nr. 32000 GNotKG zu erleichtern, ist ein eindeutiger Zeitpunkt festgelegt, bis zu dem der Antrag vorliegen muss. Im Beurkundungsverfahren ist dies die Aufnahme der Niederschrift, bei Entwürfen der Tag vor der Versendung des Entwurfs. Anträge, die nach diesen Zeitpunkten gestellt werden, lösen trotz Zusammenhang mit einem Beurkundungsverfahren die Dokumentenpauschale nach KV-Nr. 32000 GNotKG aus.

Beispiel:

Der Notar beurkundet einen Kaufvertrag über ein Grundstück zwischen den Ehegatten Müller und Herrn Maier. Die Urkunde besteht aus 20 Seiten. Der Notar fertigt zusätzlich eine beglaubigte Kopie einer Vollmacht, aufgrund deren Herr Müller seine Ehefrau bei Beurkundung vertritt. Nach Beifügung der Kopie der Vollmacht erhöht sich die Seitenzahl der Urkunde auf 22 Seiten.

Der Notar fertigt folgende Kopien der Urkunde für

- jeden der drei Beteiligten eine beglaubigte Kopie auf Antrag,
- die Finanzierungsbank des Käufers eine einfache Kopie auf Antrag,
- das Finanzamt Grunderwerbsteuerstelle eine einfache Kopie,
- der Gutachterausschuss eine einfache Kopie,
- das Grundbuchamt eine beglaubigte Kopie auf Antrag der Beteiligten.

Berechnung der Dokumentenpauschale:

Beglaubigte Kopien für die drei Beteiligten, die Finanzierungsbank und das Grundbuchamt (auf Antrag):

KV-Nr. 32001 Nr. 2 GNotKG Dokumentenpauschale: 22 Seiten x 5 = 110 Seiten je Seite 0,15 EUR = 16,50 EUR

Kopien für das Finanzamt und den Gutachterausschuss (ohne Antrag):

KV-Nr. 32001 Nr. 1 GNotKG Dokumentenpauschale: 44 Seiten zu 0,15 EUR = 6,60 EUR

Der Gesamtbetrag beläuft sich demgemäß auf 23,10 EUR.

135 **Anmerkungen**:

Da die Exemplare für die Beteiligten, die Finanzierungsbank und das Grundbuchamt im Rahmen eines Beurkundungsverfahrens auf Antrag erteilt werden, ist KV-Nr. 32001 Nr. 2 GNotKG einschlägig. Pro Seite fallen 0,15 EUR an. Freiexemplare gibt es nicht. Würde der Käufer die Ablichtung für seinen Gläubiger nach Beurkundung beantragen, entstünde hierfür die Dokumentenpauschale nach KV-Nr. 32000 GNotKG.

Eine Beglaubigungsgebühr, die die Dokumentenpauschale für die der Urschrift beigefügten Kopie der Vollmacht (KV-Nr. 25102 Abs. 2 Nr. 2 GNotKG) kompensieren könnte, fällt nicht an (KV-Nr. 25102 Abs. 2 Nr. 1 GNotKG). Es entsteht auch keine Dokumentenpauschale, weil die beglaubigte Kopie Bestandteil der Niederschrift wird. Für Kopien der Urkunde ist sie jedoch in die Seitenzahl einzurechnen.

Die Kopien für das Finanzamt und den Gutachterausschuss unterfallen KV-Nr. 32001 Nr. 1 GNotKG, weil es sich um Kopien handelt, die nicht auf besonderen Antrag, sondern zur Erfüllung einer gesetzlichen Mitteilungspflicht gefertigt werden. Eine Dokumentenpauschale für die Veräußerungsanzeige fällt nicht an.

Beantragt der Käufer zu einem späteren Zeitpunkt zusätzliche Kopien, entsteht eine Dokumentenpauschale nach KV-Nr. 32000 GNotKG mit 0,50 EUR für die ersten 50 Seiten und 0,15 EUR für die darüber hinausgehenden Seiten.

5. Dokumentenpauschale nach KV-Nr. 32002 GNotKG

KV-Nr. 32002 GNotKG regelt die Höhe der Dokumentenpauschale, wenn anstelle von Ausfertigungen, Kopien oder Ausdrucken eine **elektronisch gespeicherte Datei überlassen** wird, ohne Rücksicht auf die Größe der Vorlage. Die Gebühr beträgt **pro Datei 1,50 EUR, höchstens aber 5 EUR**, wenn der Dateiversand in **einem Arbeitsgang** auf demselben Datenträger vorgenommen wird. Die Begrenzung der Gebühr auf 5 EUR greift daher nicht, wenn 136

- die Dateien **unterschiedliche Verfahren und Geschäfte** betreffen und diese in verschiedenen Arbeitsgängen übermittelt werden,
- innerhalb desselben Verfahrens **unterschiedliche Arbeitsgänge** aufgrund der Versendungs-/Bereitstellungsart vorliegen (z.B. Übermittlung per E-Mail und Brennen auf CD; das Brennen auf mehrere CD-ROMs stellt einen Arbeitsgang pro CD-ROM dar).

Werden die in **Papierform** vorliegenden Dokumente zum Zweck der Überlassung von elektronisch gespeicherten Dateien zuvor auf Antrag von der Papierform in die **elektronische Form** übertragen (eingescannt), beträgt die Dokumentenpauschale nach KV-Nr. 32002 GNotKG nicht weniger als die Dokumentenpauschale im Fall der KV-Nr. 32000 GNotKG für eine Schwarz-Weiß-Kopie. Die Übertragung von der Papierform in die elektronische Form ist der Normalfall, da der Notar zunächst die notariellen Urkunden in Papierform erstellen muss, damit die Beteiligten diese eigenhändig unterschreiben können. Erst danach können die Niederschrift oder die Entwürfe durch Einscannen in die elektronische Form zum Zwecke des elektronischen Versands übertragen werden. Übersendet der Notar jedoch lediglich eine bereits im Datenspeicher im Word- oder pdf-Format befindliches Dokument, so verbleibt es bei den 1,50 EUR pro Datei, da es an einer vorigen Übertragung von der Papierform in die elektronische Form fehlt.

Für das Einscannen fällt also keine Dokumentenpauschale neben der Dokumentenpauschale nach KV-Nr. 32002 GNotKG an. Das Einscannen hat nur im Vergleich der elektronischen Dateien-Pauschale und der Seitenzahl nach KV-Nr. 32000 GNotKG Bedeutung.

6. Dokumentenpauschale nach KV-Nr. 32003 GNotKG

KV-Nr. 32003 GNotKG sieht eine besondere Regelung vor, wenn Dokumente in einer Größe von **mehr als DIN A3** gefertigt werden. Mit KV-Nr. 32003 GNotKG wurde eine Auslagenregelung für die Herstellung von Kopien und Ausdrucken mit einer Größe von mehr als DIN A3 geschaffen. Dies betrifft vor allem Wohnungseigentumsangelegenheiten (Teilungserklärungen). Wenn der Notar über die nötigen technischen Einrichtungen nicht verfügt, wird er die Plankopien in einem Copyshop erstellen lassen und von der Möglichkeit, die Gebühren in voller Höhe weiterzugeben, Gebrauch machen. Andernfalls kann er auch pauschal 3 EUR je Seite (schwarz/weiß) bzw. 6 EUR je Seite (farbig) berechnen. 137

7. Dokumentenpauschale nach KV-Nr. 32004 und 32005 GNotKG

KV-Nr. 32004 und 32005 GNotKG regeln die Entgelte für Post- und Telekommunikationsdienstleistungen. Hierunter fallen insbesondere Portokosten (für Briefe, Postkarten, Einschreiben, Einschreiben mit Rückschein, förmliche Zustellungen, Pakete usw.), Kosten für Expressgut, Fracht und Boten, Kosten für Telegramme und Kosten für Telefongespräche und Telefaxe. 138

Für diese Auslagenerhebung bietet das GNotKG **Alternativberechnungen** und gibt dem **Notar ein bedingungsloses Wahlrecht** zwischen einer **Pauschale 20 % der Summe aller Gebühren** (z.B. Gebühr für das Beurkundungsverfahren, der Vollzugs- und Betreuungsgebühren) und den **tatsächlichen Auslagen**. Diese Wahlmöglichkeit erlaubt es dem Notar, in den meisten Fällen auf eine Dokumentation der einzelnen Auslagen zu verzichten und die

Pauschale geltend zu machen. Sind im Einzelfall höhere Entgelte zu erwarten, kann der Notar auch den Einzelansatz wählen.

Beispiel:

Der Notar beurkundet einen Grundstückskaufvertrag mit einem Kaufpreis von 2.000 EUR. Er holt eine Negativbescheinigung über das gesetzliche Vorkaufsrecht nach § 28 Abs. 1 BauGB ein. Der Notar wird ferner beauftragt, die Fälligkeit des Kaufpreises nach Eintritt bestimmter Voraussetzungen mitzuteilen. Ferner soll er den Vollzug der Auflassung erst veranlassen, wenn die Zahlung des Kaufpreises durch den Verkäufer bestätigt ist. Im Rahmen der Abwicklung des Beurkundungsverfahrens entstehen Auslagen.

Berechnung der Gebühren und Auslagen:

Geschäftswerte für den Kaufvertrag: Beurkundung (§ 97 Abs. 1, § 47 GNotKG), Vollzug (§ 112 GNotKG) und Betreuung (§ 113 Abs. 1 GNotKG) jeweils 2.000 EUR.

Gebühren:

KV-Nr. 21100 GNotKG, 2,0-Gebühr für das Beurkundungsverfahren = 120 EUR (Mindestgebühr)

KV-Nr. 22110 GNotKG, 0,5-Vollzugsgebühr = 15 EUR (Mindestgebühr)

KV-Nr. 22200 GNotKG, 0,5-Betreuungsgebühr = 15 EUR (Mindestgebühr)

KV-Nr. 32005 GNotKG, Auslagenpauschale 20 EUR (anstelle der tatsächlichen Auslagen)

Anmerkungen:

Für das Beurkundungsverfahren, den Vollzug und die Betreuung fallen jeweils die Mindestgebühren an. „Gebühr" i.S.v KV-Nr. 32005 GNotKG ist die addierte Gebühr des insoweit (vgl. die Anmerkung zu KV-Nr. 32005 GNotKG) einheitlichen Verfahrens. Sie beträgt 150 EUR. 20 % hieraus sind 30 EUR. Die Pauschale ist jedoch für jedes Verfahren auf 20 EUR begrenzt (KV-Nr. 32005 GNotKG).

III. Reisekosten

1. Begriff der Geschäftsreise

139 Der Vorbem. 3.2 Abs. 2 KV GNotKG ist zu entnehmen, wann eine Geschäftsreise vorliegt, nämlich nur dann, wenn das **Reiseziel außerhalb der Gemeinde** liegt, in der der **Notar seinen Amtssitz oder seine Wohnung** hat. Nur dann fallen Reisekosten an.

2. Höhe der Reisekosten

140 Nach KV-Nr. 32006 GNotKG enthält der Notar bei Benutzung eines **eigenen Kraftfahrzeugs** 0,30 EUR je Kilometer. Damit sind die Anschaffungs-, Unterhaltungs- und Betriebskosten sowie sonstigen Kosten abgegolten (Anm. zu KV-Nr. 32006 GNotKG).

Verwendet der Notar **andere Verkehrsmittel**, kann er Kosten in tatsächlicher Höhe geltend machen, soweit sie angemessen sind (KV-Nr. 32007 GNotKG).

3. Abwesenheitsgelder

141 Die **Tage- und Abwesenheitsgelder bei einer Geschäftsreise** sind je nach Dauer der Abwesenheit gestaffelt. Sie betragen bei einer Geschäftsreise

- von nicht mehr als 4 Stunden 20 EUR
- von mehr als 4 Stunden bis 8 Stunden 35 EUR
- von mehr als 8 Stunden 60 EUR.

Die Abwesenheitsgelder können jedoch **nicht neben den Zusatzgebühren** (Auswärtsgebühren) nach KV-Nr. 26002 und KV-Nr. 26003 GNotKG erhoben werden.

Schließlich können **sonstige Reisekosten**, wie etwa **Parkgebühren**, gemäß KV-Nr. 32009 GNotKG in voller Höhe geltend gemacht werden, soweit sie angemessen sind. Hierzu zählen auch die nicht ausdrücklich erwähnten Übernachtungskosten.

IV. Sonstige Auslagen, Umsatzsteuer

Teil 3 Hauptabschnitt 2 KV GNotKG regelt darüber hinaus die folgenden sonstigen Auslagen: 142

- KV-Nr. 32010 GNotKG: An **Dolmetscher, Übersetzer und Urkundszeugen** zu zahlende Vergütungen sowie Kosten eines **zugezogenen zweiten Notars**. Diese fallen in voller Höhe an.
- KV-Nr. 32011 GNotKG: Nach dem JVKostG für den Abruf von Daten im **automatisierten Abrufverfahren** (Grundbuch, Handelsregister) zu zahlende Beträge. Diese fallen in voller Höhe an.
- KV-Nr. 32012 GNotKG: Im Einzelfall gezahlte **Prämie für eine Haftpflichtversicherung** für Vermögensschäden, wenn die Versicherung auf **schriftliches Verlangen** eines Beteiligten abgeschlossen wird. Diese fallen in voller Höhe an.
- KV-Nr. 32013 GNotKG: Im Einzelfall gezahlte **Prämie für eine Haftpflichtversicherung** für Vermögensschäden, soweit die Prämie auf Haftungsbeträge von mehr als 60 Millionen EUR entfällt und wenn **nicht Nummer 32012** GNotKG **erfüllt** ist. Diese fallen in voller Höhe an. Soweit sich aus der Rechnung des Versicherers nichts anderes ergibt, ist von der Gesamtprämie der Betrag zu erstatten, der sich aus dem Verhältnis der 60 Millionen EUR übersteigenden Versicherungssumme zu der Gesamtversicherungssumme ergibt.
- KV-Nr. 32014 GNotKG: **Umsatzsteuer auf die Kosten**. Diese fallen in voller Höhe an. Dies gilt nicht, wenn die Umsatzsteuer nach § 19 Abs. 1 UStG unerhoben bleibt. Das GNotKG hat nichts an der Frage geändert, auf welche Auslagen Umsatzsteuer zu erheben ist. Die Umsatzsteuerfrage bestimmt sich damit in erster Linie nach dem UStG. Ist ein Vorgang nicht steuerbar, kann auch der Notar keine Umsatzsteuer erheben.
- KV-Nr. 32015 GNotKG: **Sonstige Aufwendungen**. Diese fallen in voller Höhe an. Sonstige Aufwendungen sind solche, die der Notar aufgrund eines **ausdrücklichen Auftrags und für Rechnung eines Beteiligten** erbringt. Solche Aufwendungen sind insbesondere verauslagte Gerichtskosten und Gebühren in Angelegenheiten des Zentralen Vorsorge- oder Testamentsregisters.

F. Darf der Notar Gebühren ermäßigen oder erlassen?

I. Ermäßigung bestimmter Gebühren

§ 91 Abs. 1 GNotKG regelt **Gebührenermäßigungen für die öffentliche Hand und für Kirchen**. Wenn der Notar die in Teil 2 Hauptabschnitt 1 (Gebühren für das Beurkundungsverfahren) oder Hauptabschnitt 4 (Entwurfs- oder Beratungsgebühren) oder nach KV-Nr. 23803 und 25202 GNotKG genannten Gebühren erhebt von: 143

- dem **Bund**, einem **Land** sowie einer nach dem Haushaltsplan des Bundes oder eines Landes für Rechnung des Bundes oder eines Landes verwalteten **öffentlichen Körperschaft oder Anstalt** (hierzu gehören vor allem die Bundesstraßenverwaltung, aber auch die Bundesanstalt für vereinigungsbedingte Sonderaufgaben usw.).
- einer **Gemeinde**, einem **Gemeindeverband**, einer sonstigen **Gebietskörperschaft** oder einem **Zusammenschluss von Gebietskörperschaften**, einem **Regionalverband**, einem **Zweckverband**. Hierunter fallen vor allem Landkreise, Verbandsgemeinden oder Zweckverbände z.B. für Wasserversorgung. Werden sie in Form einer GmbH oder anderer Gesellschaftsform betrieben, fallen sie nicht unter § 91 GNotKG.
- einer **Kirche** oder einer **sonstigen Religions- oder Weltanschauungsgemeinschaft**, jeweils soweit sie die Rechtsstellung **einer juristischen Person des öffentlichen Rechts** hat.

Die Gebühren sind nach den näheren Reglungen des § 91 Abs. 1 S. 1 GNotKG zu ermäßigen. Eine **Ermäßigung darf aber nur erfolgen**, wenn die Angelegenheit nicht die **wirtschaftlichen Unternehmen der Begünstigten** betritt. Wenn das Geschäft mit dem **Erwerb eines Grundstücks oder grundstücksgleichen Rechts** zusammenhängt, ermäßigen sich die Gebühren nur, wenn dargelegt wird, dass eine auch nur **teilweise Veräußerung an einen nichtbegünstigen Dritten nicht beabsichtigt** ist. Falls sich diese Absicht innerhalb von 3 Jahren nach Beurkundung der Auflassung ändern sollte, entfällt nachträglich eine bereits gewährte Ermäßigung, wobei der Begünstigte verpflichtet ist, den Notar darüber zu unterrichten.

Vollzugs- und Betreuungsgebühren sind **nicht zu ermäßigen**.

Die **Höhe der Ermäßigung** einer Gebühr hängt vom **Geschäftswert** des Beurkundungsverfahrens ab. Bis zu einem Geschäftswert von 25.000 EUR sind die Gebühren nicht zu ermäßigen, ab einem Geschäftswert von über 25.000 EUR bis zu einem Geschäftswert von 110.000 EUR tritt eine Ermäßigung von 30 % ein, von über 110.000 EUR bis 260.000 EUR eine Ermäßigung von 40 %, von über 260.000 EUR bis 1 Mio. EUR eine Ermäßigung von 50 % und von über 1 Mio. EUR eine Ermäßigung von 60 %.

Eine ermäßigte Gebühr darf jedoch die Gebühr nicht unterschreiten, die bei einem niedrigeren Geschäftswert zu erheben ist.

> *Beispiel:*
>
> Die nicht ermäßigte 2,0-Gebühr aus einem Geschäftswert von 25.000 EUR beträgt 230 EUR.
>
> Bei einem Geschäftswert von 25.001 EUR würde die 2,0-Gebühr unermäßigt 250 EUR betragen. Diese Gebühr müsste sodann um 30 % ermäßigt werden, was zu einer Gebühr von 175 EUR führen würde, also 55 EUR weniger als bei dem niedrigeren Geschäftswert von 25.000 EUR. Der Betrag von 230 EUR bleibt somit die unterste Grenze, solange die ermäßigte Gebühr geringer wäre. Im Ergebnis wirkt sich der niedrigste Ermäßigungssatz erst ab einem Geschäftswert von 50.000 EUR und mehr aus.
>
> Die gleichen Berechnungsgrundsätze sind bei jedem Eintritt in den nächst höheren Gebührensatz ebenfalls zu beachten.

Gem. § 91 Abs. 2 GNotKG ist die Gebührenermäßigung auch einer Körperschaft, Vereinigung oder Stiftung zu gewähren, wenn

- diese ausschließlich und unmittelbar mildtätige oder kirchliche Zwecke im Sinne der Abgabenordnung verfolgt,
- diese Voraussetzungen durch einen Freistellungs- oder Körperschaftssteuerbescheid oder durch eine vorläufige Bescheinigung des Finanzamts nachgewiesen wird und
- dargelegt wird, dass die Angelegenheit nicht einen steuerpflichtigen wirtschaftlichen Geschäftsbetrieb betrifft.

Der **Notar** muss also im Einzelfall **Prüfungen in mehrfacher Hinsicht** anstellen um die Ermäßigungsvorschriften zutreffend anwenden zu können. Zudem regelt § 91 Abs. 3 und 4 GNotKG weitere Grundsätze, die vom Notar ebenfalls zu beachten sind.

II. Gebührenfreie Tätigkeiten

144 Vorbem. 2 KV GNotKG regelt zwei Bereiche, in welchen der Notar überhaupt keine Gebühren erheben darf (Auslagen müssen dagegen berechnet werden).

1. Gebührenfreiheit nach § 64 Abs. 2 S. 3 Nr. 2 SGB X

145 Hierzu regelt Vorbem. 2 Abs. 2 KV GNotKG, dass bundes- oder landesrechtliche Vorschriften, die Gebühren- oder Auslagenbefreiungen gewähren, nicht auf den Notar anzuwenden sind. Allerdings gilt die in **§ 64 Abs. 2 S. 3 Nr. 2 SGB X bestimmte Gebührenfreiheit** auch für den Notar.

Hierunter fallen insbesondere **Beurkundungen im Sozialhilferecht** (z.B. Grundschulden zur Sicherung der Rückzahlung von Sozialhilfeleistungen), für Beurkundungen und Beglaubigungen im Recht der Grundsicherung im Alter und bei Erwerbsminderung.

2. Beurkundungen nach § 67 Abs. 1 BeurkG

Gebührenfrei sind auch Beurkundungen nach § 67 Abs. 1 BeurkG durch den Notar. Hierunter fallen insbesondere Erklärungen zur **Anerkennung einer Vaterschaft**, Verpflichtungen zur Erfüllung von **Unterhaltsansprüchen eines Kindes**. 146

Auslagen sind jedoch ebenfalls zu erheben.

III. Gebührenerlass in bestimmten Fällen

§ 21 Abs. 1 BNotO verpflichtet den Notar, alle gesetzlich vorgeschriebenen Kosten zu erheben. § 21 Abs. 2 BNotO lässt aber in bestimmten Ausnahmefällen einen Gebührenerlass zu. Das könnte der Fall sein, wenn der Notar notarielle Tätigkeiten für einen Standesangehörigen vornimmt. In diesem Falle muss der Notar jedoch die Zustimmung der Notarkammer oder, soweit Notarkassen errichtet sind, von diesen einholen. 147

IV. Nichterhebung von Kosten bei unrichtiger Sachbehandlung

Auch einem Notar können Fehler unterlaufen. Für diesen Fall haben die Beteiligten z.B. einen Anspruch auf Erstellung einer kostenfreien Nachtragsurkunde. Der Notar darf gem. § 21 Abs. 1 GNotKG die **Kosten**, die bei **richtiger Behandlung der Sache nicht entstanden** wären, **nicht erheben**. Dem Notar sollen also aus einer unzutreffenden Sachbehandlung keine höheren Kosten zustehen. Die Anwendung des § 21 GNotKG wird sich in der Praxis auf wenige Ausnahmefälle beschränken. Eine gezielte Anwendung des § 21 GNotKG ist allerdings nicht zulässig. 148

G. Vorsicht bei Kostenauskünften

Notare sind grundsätzlich nicht verpflichtet, von sich aus auf die nach gesetzlichen Vorschriften entstehenden Kosten hinzuweisen oder die Beteiligten gar zu belehren. Dies folgt aus dem Grundsatz heraus, dass der Notar verpflichtet ist, die gesetzlich vorgeschriebenen Kosten zu erheben. Der **Kostenanspruch des Notars ist ein öffentlich-rechtlicher Anspruch**, der keinerlei Vereinbarungen über die Höhe zugänglich ist. Jede abweichende Vereinbarung ist unwirksam (§ 125 GNotKG). 149

Das schließt aber nicht aus, dass der Notar von den Beteiligten über die Höhe der anfallenden Kosten gefragt wird. In diesem Falle muss der Notar über die voraussichtlich entstehenden Kosten Auskunft geben. Hierbei ist aber besondere Vorsicht geboten. Eine **Kostenauskunft** kann in aller Regel erst erteilt werden, wenn der Umfang der notariellen Tätigkeit und z.B. auch der Urkundsinhalt, hinreichend bekannt sind. **Unzutreffende oder voreilige Kostenauskünfte** stoßen beim dem Kostenschuldner naturgemäß auf wenig Verständnis, nicht selten beharren diese auf der ihnen gegebenen Kostenauskunft.

In Rechtsprechung und Schrifttum wird zutreffend die einhellige Auffassung vertreten, dass der Notar auch bei unrichtiger Kostenauskunft die gesetzlich vorgeschriebenen Kosten erheben muss. Anderenfalls könnte durch eine unzutreffende Auskunft das Gebührenvereinbarungsverbot unterlaufen werden. 150

Es gibt Fälle, in denen der Kostenschuldner in Kenntnis der tatsächlichen Kosten auf die notarielle Tätigkeit (Beurkundung, Beratung, Entwurffertigung usw.) verzichtet hätte. Das kann aber nur bei besonders begründeten Sachverhalten der Fall sein und muss vom Notar sorgfältig geprüft werden. Dem Kostenschuldner kann nämlich ein **Schadenersatzanspruch** gegen den Notar erwachsen, wenn sich nach einer falschen Auskunft tatsächlich als zutreffend herausstellen sollte, dass die Beteiligten in Kenntnis der tatsächlichen Kostenhöhe die Tätigkeit des Notars nicht weiter in Anspruch genommen hätten. Dies aber bei Sachverhalten anzunehmen, für die eine Beurkundungspflicht besteht, dürfte in aller Regel ausgeschlossen sein. Den Ärger mit den Beteiligten hat der Notar trotzdem.

Daher ist bei **Kostenauskünften eine besondere Sorgfalt und Vorsicht** geboten.

H. Wie fordert der Notar seine Kosten ein?

I. Grundsätze zu den Formerfordernissen

151 Der Notar hat seine Kostenforderungen durch eine **Kostenberechnung** einzufordern, § 19 Abs. 1 GNotKG. Hierzu hat der Gesetzgeber in § 19 Abs. 2–6 GNotKG bestimmt, welche Anforderungen an die Form der Kostenberechnung zu stellen sind. Zu unterscheiden ist zwischen Nichtigkeitsgründen bzw. Wirksamkeitsvoraussetzungen (§ 19 Abs. 1, 2 und 4 GNotKG) und sonstigen Formanforderungen (§ 19 Abs. 3, 5 GNotKG). Obwohl durch die Differenzierungen nicht jeder Formfehler zwangsläufig zur Unwirksamkeit der Kostenberechnung führt, ist das Einhalten der gesetzlichen Vorgaben auch für die sogenannten „Sollanforderungen" dringend zu empfehlen.

Die Kostenberechnung, die dem Kostenschuldner übermittelt wird, **muss vom Notar unterschrieben** werden.

II. Inhalt der Kostenberechnung

1. Gegenstand des gebührenpflichtigen Geschäfts

152 § 19 Abs. 2 Nr. 1 GNotKG bestimmt, dass die Kostenberechnung eine kurze **Bezeichnung des Verfahrens oder Geschäfts** beinhalten **muss** (Wirksamkeitsvoraussetzung). Erforderlich sind hierbei schlagwortartige, aber unverwechselbare Kennzeichnungen des betroffenen Vorgangs im Sinne einer Individualisierung. Dem Kostenschuldner soll es so ermöglicht werden, die Berechnung der entsprechenden Amtshandlung zuzuordnen.

Abstrakte Bezeichnungen, wie bspw. „Beurkundung" oder „sonstige Nebentätigkeit" dürften daher nicht ausreichend sein.

2. Angewandte Nummern des Kostenverzeichnisses

153 Die Angabe der angewandten **Nummer des Kostenverzeichnisses** ist gem. § 19 Abs. 2 Nr. 2 GNotKG Wirksamkeitsvoraussetzung für die Kostenberechnung.

Nicht zur Nummer des Kostenverzeichnisses gehören hierbei jedoch Tatbestandselemente, die sich aus den Vorbemerkungen oder Anmerkungen zu einzelnen Gebührenziffern ergeben. Derartige Angaben sind daher auch vom Zitiergebot nicht umfasst.

> *Beispiel:*
>
> Für die Vollzugsgebühr genügt die Angabe von KV-Nr. 22110 GNotKG; ein zusätzlicher Hinweis auf den die Gebühr auslösenden Tatbestand der Vorbem. 2.2.1.1 Abs. 1 S. 2 Nr. 1–11 KV GNotKG ist nicht erforderlich;
>
> Für die Betreuungsgebühr genügt die Angabe von KV-Nr. 22200 GNotKG; die Angabe einer Nummer der Anmerkung ist entbehrlich.

154 Setzen sich Gebührentatbestände aus mehreren Nummern des KV zusammen, so liegt eine **Modifikation der Hauptgebühr** vor. Ist der maßgebende Gebührentatbestand von sich heraus verständlich, genügt dessen Angabe ohne den Grundtatbestand. Dies ist beispielsweise bei den Beurkundungsverfahren nach KV-Nrn. 21101, 21102 oder 21201 GNotKG der Fall, aber auch bei Vollzugsgeschäften nach KV-Nr. 22111 GNotKG. Die Angabe des Grundtatbestandes (KV-Nr. 21100, 21200 oder 22110 GNotKG) ist auch aus Transparenzgründen nicht erforderlich, weil sich der jeweilige Gebührentatbestand aus sich heraus erklärt.

Beispiel:

Es genügt:

- Bei Beurkundung einer Vertragsannahme die Angabe von KV-Nr. 21101 GNotKG;
- bei der Aufhebung eines Vertrages die Angabe von KV-Nr. 21102 GNotKG;
- bei der Vollzugsgebühr Nr. 22111 GNotKG die Angabe dieser Gebührenziffer ohne zusätzliche Angabe der KV-Nr. 22110 GNotKG.

Geht der anzuwendende Gebührensatz aus der Modifikation nicht eindeutig hervor, z.B. bei KV-Nrn. 22112 und 22113 GNotKG, ist zudem die Angabe des Grundtatbestands erforderlich. **155**

Beispiel:

Für Vollzugstätigkeiten nach Vorbem. 2.2.1.1 Abs. 1 S. 2 Nr. 1 KV GNotKG (Höchstgebühr pro Tätigkeit 50 EUR, in der Summe aber nicht mehr als die 0,5-Gebühr aus dem Wert des Beurkundungsverfahrens) genügt die Angabe von KV-Nr. 22112 GNotKG alleine nicht. Vielmehr ist auch die Angabe von KV-Nr. 22110 GNotKG erforderlich, um die Gebühr von KV-Nr. 22111 GNotKG abzugrenzen.

Die angewandten Gebührensätze sind nicht zu zitieren, dies gilt auch hinsichtlich der Rahmengebühren. Die zusätzliche Aufnahme ist aber nicht schädlich. Viele Notarprogramme sehen diese Gebührensätze vor, obwohl die Angabe nicht zwingend ist.

Bei Höchstgebühren sind die entsprechenden Nummern des KV nur anzugeben, wenn diese sich tatsächlich auswirken.

3. Geschäftswert

- Die Kostenberechnung **muss den Geschäftswert** enthalten, sofern es sich um Wertgebühren handelt (§ 19 Abs. 2 Nr. 3 GNotKG). Auch hierbei handelt es sich um eine Wirksamkeitsvoraussetzung für die Kostenberechnung (Mussvorschrift). **156**
- Bei **Vollzugs- oder Betreuungsgebühren** muss der Geschäftswert nicht erneut angegeben werden, wenn dieser zuvor bei der Verfahrensgebühr ausgewiesen wurde. Eine Wertangabe ist allerdings dann erforderlich, wenn ausschließlich Vollzugs- oder Betreuungsgebühren in Rechnung gestellt werden. Das ist z.B. der Fall, wenn bei einem Grundstückskaufvertrag dem Verkäufer lediglich die Vollzugsgebühr in Rechnung gestellt wird, weil diese ausschließlich für die vom Verkäufer geschuldete Lastenfreistellung entstanden ist und die Beteiligten die Übernahme der Vollzugsgebühr durch den Verkäufer vereinbart haben.
- Bei **unterschiedlichen Geschäftswerten** (z.B. bei Treuhandgebühren oder bei verschiedenen Beurkundungsgegenständen mit unterschiedlichen Gebührensätzen) sind die für den jeweiligen Gebührenansatz maßgeblichen Werte anzugeben.
- Setzt sich der Geschäftswert bzw. Verfahrenswert gem. § 35 Abs. 1 GNotKG aus **mehreren Wertteilen** zusammen, sind nach § 19 Abs. 3 Nr. 3 GNotKG neben dem **Gesamtwert** (Verfahrenswert) zusätzlich auch die **Einzelwerte** anzugeben. Diese differenzierte Darstellung ist allerdings keine Wirksamkeitsvoraussetzung für die Kostenberechnung, muss vom Notar aber trotzdem beachtet werden.

4. Wertvorschriften

- Die Angabe von **Wertvorschriften** in der Kostenberechnung ist gem. § 19 Abs. 3 Nr. 2 GNotKG **keine Wirksamkeitsvoraussetzung**. Es handelt sich jedoch um eine unbedingt zu beachtende **Amtspflicht des Notars**. Angaben über die Wertvorschriften sollten daher stets in die Kostenberechnung aufgenommen werden. Nicht zitierpflichtig sind jedoch allgemeine Wertvorschriften (wie z.B. §§ 35, 37, 38 GNotKG). **157**
- Der Gesetzgeber hat zudem ausdrücklich klargestellt, dass lediglich die **Paragrafenzahl** selbst anzugeben ist, nicht jedoch die einzelnen Absätze, Sätze, Nummern oder Buchstaben.

- **Mindestwertvorschriften** sind nur dann anzugeben, wenn der tatsächliche Geschäftswert den Mindestwert nicht erreicht. Bei **Höchstwertvorschriften** ist eine Angabe ebenfalls nur dann erforderlich, wenn dieser tatsächlich erreicht wird. Die Angabe der allgemeinen Höchstwertvorschrift muss nicht erfolgen.
- Bei Verweisungen zwischen **verschiedenen Wertvorschriften** ist zwischen sog. echten Verweisungen und unechten zu unterscheiden.
  Bei **echten Verweisungen** (bspw. bei der Rechtswahl: § 104 Abs. 1, 2 GNotKG verweist auf § 100 bzw. § 102 GNotKG oder bei Entwurfsfertigung bzw. Unterschriftsbeglaubigung verweisen die §§ 119 Abs. 1, 121 GNotKG jeweils auf die für die Beurkundung geltenden Vorschriften) ist sowohl die Einstiegsnorm als auch die durch diese zur Anwendung kommende Vorschrift anzugeben.
- Bei **unechten Verweisungen** (bspw. bei § 98 Abs. 1 oder § 104 Abs. 3 GNotKG jeweils Bezugnahme auf den festzulegenden Wert für die Beurkundung) genügt die Angabe der Einstiegs- bzw. Grundnorm. Bei einer Vollmacht zum Abschluss eines Kaufvertrages genügt daher die Angabe des § 98 Abs. 1 GNotKG ohne zusätzliche Angabe des § 47 GNotKG für Kaufverträge.

5. Beträge der Gebühren

158
- Der tatsächliche **Betrag der einzelnen Gebühr** ist gem. § 19 Abs. 2 Nr. 4 GNotKG zwingend anzugeben und somit ebenfalls Wirksamkeitsvoraussetzung für die Kostenberechnung.
- Bei der **Zusatzgebühr nach KV-Nr. 26001** GNotKG (fremde Sprache), erhöht sich faktisch der Gebührensatz für das Beurkundungsverfahren um 30 % (bspw. wird aus 1,0 somit 1,3 und aus 2,0 somit 2,6). Bei der Zusatzgebühr nach KV-Nr. 26001 GNotKG spricht man daher von einer sogen. „Annexgebühr". Allerdings ist die Fremdsprachengebühr auf 5.000 EUR gedeckelt. § 19 Abs. 2 Nr. 4 GNotKG verlangt die Angabe des jeweiligen Gebührenbetrages, also auch die Unterscheidung zwischen Haupt- und Annexgebühr. Dies kann bspw. wie folgt geschehen:
  KV-Nr. 21100 GNotKG Beurkundungsverfahren 2,0-Gebühr für einen Share-Deal (aus einem Geschäftswert von 300.000 EUR) = 1.270 EUR, hiervon z.B. wegen Beurkundung in Englisch gem. KV-Nr. 26001 GNotKG: 30 % = 381 EUR.

6. Auslagen

159
- Neben dem Betrag der Gebühr sind gem. § 19 Abs. 2 Nr. 4 GNotKG auch die **erhobenen Auslagen** zwingend auf der Kostenberechnung anzugeben. Bei den jeweiligen **Dokumentenpauschalen** nach KV-Nrn. 32000 bis 32003 GNotKG sowie bei den **Auslagen für Post- und Telekommunikationsdienstleistungen** nach KV-Nr. 32004 GNotKG genügt hierbei die **Angabe eines Gesamtbetrages**. Eine Seitenzahl muss bei der Dokumentenpauschale nicht angegeben werden.
- Bei den **Auslagen für Grundbuch- oder Handelsregistereinsichten** (KV-Nr. 32011 GNotKG) ist der **Betrag für jede einzelne Einsicht** anzugeben. Die hierdurch entstehenden Unwägbarkeiten können jedoch dadurch gelöst werden, dass die Kosten für eine Einsicht bei der kurzen Bezeichnung des Auslagentatbestandes mit angegeben werden. Die Angabe der Gesamtanzahl der gefertigten Einsichten ist wiederum fakultativ, d.h. sie ist nicht erforderlich, aber auch nicht schädlich.

> *Beispiel:*
>
> KV-Nr. 32011 GNotKG Auslagen Grundbucheinsichten (je 8 EUR) 3 Einsichten 24 EUR.

7. Vorschüsse

160 Wirksamkeitsvoraussetzung der Kostenberechnung ist ferner, dass etwa vom **Kostenschuldner gezahlte Vorschüsse** (die vom Notar gem. § 15 GNotKG verlangt werden können) angegeben werden, § 19 Abs. 2 Nr. 5 GNotKG.

III. Kostengläubiger/Kostenschuldner

- Kostengläubiger ist **nur der Notar**, der die notarielle Tätigkeit ausgeführt hat. Eine Kopfleiste, die alle Notare, die in einer Sozietät verbunden sind, aufführt, ist irreführend. Eine **Klarstellung**, welcher der in einer Sozietät verbundenen Notare Kostengläubiger ist, ist durch eine **Feststellung geboten**. Allein die Unterzeichnung nur durch den beurkundenden Notar erfüllt dieses Erfordernis noch nicht. Zweckmäßig ist eine Kostenberechnung, die im Briefkopf nur den beurkundenden Notar enthält. Andernfalls müsste z.B. durch einen Vermerk klargestellt werden: „Kostengläubiger ist allein Notar A“. **161**
- Die Kostenberechnung muss zudem erkennen lassen, wen und in **welchem Umfang** der Notar als **Zahlungspflichtigen in Anspruch** nimmt.

IV. Rechtsbehelfsbelehrung

Gem. § 7a GNotKG muss jede Kostenberechnung eine Rechtsbehelfsbelehrung enthalten. **162**
Diese Bestimmung hat folgenden Wortlaut:

> *Jede Kostenberechnung, jede anfechtbare Entscheidung und jede Kostenberechnung eines Notars hat eine Belehrung über den statthaften Rechtsbehelf sowie über die Stelle, bei der dieser Rechtsbehelf einzulegen ist, über deren Sitz und die einzuhaltende Form und Frist zu enthalten.*

Eine solche Rechtsbehelfsbelehrung könnte wie folgt formuliert werden:

> *Formulierungsbeispiel*
>
> Gegen diese Kostenberechnung kann die Entscheidung des Landgerichts ... (das LG, in dessen Bezirk der Notar seinen Amtssitz hat) beantragt werden. Der Antrag ist ohne Frist schriftlich oder zur Niederschrift der dortigen Geschäftsstelle zu stellen.

Es könnte (was zweckmäßig erscheint) zusätzlich darauf hingewiesen werden, dass die Kostenberechnung auch **formlos gegenüber dem Notar beanstandet** werden kann.

Eine Angabe dahingehend, dass das erstinstanzliche Verfahren gebührenfrei ist, ist nicht erforderlich. Die Belehrung muss **über der Unterschrift des Notars** stehen.

V. Aufhebung der Kostenberechnung bei Formmängeln

Verstößt die Kostenberechnung gegen die Wirksamkeitsvoraussetzungen nach § 19 Abs. 1 **163**
oder Abs. 2 GNotKG, so ist sie von Anfang an unwirksam (nichtig). Einer gesonderten Aufhebung bedarf es demnach nicht.

Kostenberechnungen, die gegen § 19 Abs. 3 GNotKG verstoßen, sind nicht deshalb unwirksam (§ 19 Abs. 4 GNotKG). Sie können jedoch gleichwohl vom Landgericht gem. § 19 Abs. 5 GNotKG wegen eines solchen Mangels aufgehoben werden. Spätestens bei einem drohenden Verfahren zur Überprüfung der Kostenberechnung durch das Landgericht sollte eine sorgfältige Prüfung erfolgen, ob das Zitiergebot des § 19 GNotKG erfüllt ist. Der Notar kann bei fehlerhafter Kostenberechnung eine neue Kostenberechnung erstellen, die dann Grundlage des Verfahrens ist.

VI. Verjährung, Beitreibung der Kosten

- Notarkosten verjähren gem. § 6 Abs. 1 S. 3 GNotKG in **vier Jahren nach Ablauf des Kalenderjahres, indem die Kosten fällig geworden sind**. Der Beginn der Verjährungsfrist ist hierbei nicht von der Mitteilung einer formgerechten Kostenberechnung abhängig. **164**
- Gem. § 89 GNotKG werden die Kosten aufgrund einer mit **Vollstreckungsklausel des Notars** (der Notar erteilt diese für sich selbst) versehenen Ausfertigung der Kostenberechnung beigetrieben.
- Bei Verstößen gegen § 19 Abs. 1 und Abs. 2 GNotKG kann eine Beitreibung der Kosten jedoch nicht stattfinden, insbesondere nicht im Wege der Zwangsvollstreckung.

- Auch ein etwaiger **Neubeginn der Verjährung** setzt voraus, dass dem Kostenschuldner eine wirksame Kostenberechnung zugegangen ist.
- Ein Verstoß gegen § 19 Abs. 3 GNotKG berührt die Wirksamkeit der Kostenberechnung nicht. Die Unwirksamkeit tritt vielmehr erst mit Rechtskraft des Aufhebungsbeschlusses ein. Aufgrund einer Kostenberechnung, die gegen § 19 Abs. 3 GNotKG verstößt, kann daher die Beitreibung der Kosten, auch im Wege der Zwangsvollstreckung, erfolgen. Auch bei nachträglicher Aufhebung der Kostenberechnung bleibt die Wirksamkeit der bis dahin vorgenommenen Vollstreckungshandlungen unberührt. Erst mit Rechtskraft des Aufhebungsbeschlusses ist eine Fortsetzung dieser Maßnahmen unzulässig.
- Gem. § 19 Abs. 5 GNotKG bleibt auch ein bereits eingetretener Neubeginn der Verjährung bei Verstoß gegen § 19 Abs. 3 GNotKG unberührt.

VII. Durchlaufende Posten

165 Als „durchlaufende Posten“ werden **Aufwendungen des Notars** bezeichnet, die er aufgrund eines **ausdrücklichen Auftrags** und für **Rechnung eines Beteiligten** erbringt. In KV-Nr. 32015 GNotKG werden sie als echte Auslagen bezeichnet und können mit der Kostenberechnung eingefordert und ggfs. vollstreckt werden. Das Gesetz weist hierzu insbesondere auf die vom Notar verauslagten Gerichtskosten und auf die Gebühren in Angelegenheiten des Zentralen Vorsorge- oder Testamentsregisters hin.

VIII. Nachträgliche Änderung der Kostenberechnung

166 Der Notar ist befugt, die Kostenberechnung zu ändern, wenn er erkennt, dass sie nicht den Vorschriften des § 19 GNotKG entspricht. Eine Änderung ist selbst im laufenden Verfahren nach §§ 127, 128 GNotKG möglich. Das Landgericht ist im Falle einer fehlerhaften Kostenberechnung im Rechtsmittelverfahren verpflichtet, den Notar auf diesen Mangel hinzuweisen und ihm Gelegenheit zu geben, diesen Mangel zu beseitigen. Unterlässt das Landgericht diesen Hinweis, liegt ein Verfahrensfehler vor, der im Rechtsmittelverfahren zu einer Aufhebung der erstinstanzlichen Entscheidung führt.

IX. Beifügung einer Kopie zu den Akten oder elektronische Aufbewahrung

167 Gem. § 19 Abs. 6 GNotKG hat der Notar eine Kopie oder einen Ausdruck der Berechnung zu seinen Akten (**Nebenakten**) zu nehmen oder die **Berechnung elektronisch aufzubewahren.**

I. Wer schuldet eigentlich die Kosten?

I. Veranlassungsschuldner

168 Zunächst regelt § 29 Nr. 1 GNotKG den Grundsatz, dass derjenige die **Notarkosten schuldet**, wer den **Auftrag erteilt** oder den **Antrag gestellt** hat.

Vor allem streiten Beteiligte bei Entwürfen und bei vorzeitiger Beendigung eines Beurkundungsverfahrens über die Kostenhaftung. Es ist daher ratsam, den Sachverhalt durch Aktenvermerke zu dokumentieren und vor allem Schreiben oder Mails aufzubewahren.

Erteilt zunächst nur einer der Vertragsteile dem Notar den Auftrag auf Entwurfserstellung oder den Auftrag zur Beurkundung, wird der andere Vertragsteil ebenfalls als Auftraggeber Kostenschuldner, wenn er in das Verfahren eingreift, insbesondere den Notar veranlasst, vorliegende Entwürfe nach seinen Vorstellungen zu ändern oder zu ergänzen.

II. Übernahmeschuldner

Schuldner kann auch ein Dritter sein, wenn er die Kostenschuld eines anderen dem **Notar gegenüber übernimmt** (§ 29 Nr. 2 GNotKG). Eine solche Übernahmeerklärung ist auch eine in der Urkunde selbst abgegebene Übernahmeerklärung (§ 30 Abs. 3 GNotKG). 169

III. Kostenschuld aufgrund einer gesetzlichen Haftung

Gem. § 29 Nr. 3 GNotKG ist auch derjenige Schuldner, der für die **Kostenschuld eines anderen kraft Gesetzes haftet**. Beispiele hierfür sind: Nießbraucher (§ 1086 BGB), Gesellschafter einer GbR (§§ 714, 738 Abs. 1 S. 1 BGB), Gesellschafter einer OHG oder persönlich haftender Gesellschafter einer KG (§§ 128, 129, 171 HGB); Erbe für die Kostenschuld des Erblassers (§ 1967 BGB) usw. 170

IV. Haftung der Urkundsbeteiligten

Unabhängig von der Frage, welche Vereinbarungen die Beteiligten zur Kostentragung treffen, **haften gegenüber dem Notar alle Urkundsbeteiligten** für die Kosten des Beurkundungsverfahrens und die im Zusammenhang mit dem Beurkundungsverfahren anfallenden Kosten des Vollzugs- und der Betreuungstätigkeiten. Kostenschuldner ist also jeder, dessen Erklärung beurkundet worden ist (§ 30 Abs. 1 GNotKG). Lediglich § 30 Abs. 2 GNotKG schränkt die Haftung des Einzelnen ein, wenn im Beurkundungsverfahren die Erklärungen mehrerer Beteiligter beurkundet werden und die Erklärungen verschiedene Rechtsverhältnisse betreffen. Die Haftung des Einzelnen beschränkt sich dann auf die Kosten, die entstanden wären, wenn die übrigen Erklärungen nicht beurkundet worden wären. Typisch hierfür sind die Beurkundung eines Kaufvertrages und die Mitbeurkundung einer Rechtswahl. Der Verkäufer haftet in diesem Fall nicht für die durch die Rechtswahl entstandenen Zusatzkosten. 171

V. Kostenhaftung bei mehreren Schuldnern

Mehrere Kostenschuldner haften gem. § 32 Abs. 1 GNotKG als **Gesamtschuldner**. Gem. § 32 Abs. 2 GNotKG fallen Mehrkosten eines Beteiligten diesem alleine zur Last, wenn die Mehrkosten durch besondere Anträge eines Beteiligten entstanden sind. 172

Die Gesamtschuldnerische Haftung, kann wie die Haftung als solche nach dem GNotKG, nicht durch Parteivereinbarung aufgehoben oder eingeschränkt werden.

VI. Reihenfolge der Inanspruchnahme mehrerer Schuldner?

Auch wenn der Notar sich in aller Regel an die Vereinbarungen der Beteiligten zur Kostentragung hält, ist er an **keine Reihenfolge einer Inanspruchnahme** gebunden. 173

Es ist einhellige Auffassung in Rechtsprechung und Literatur, dass dem Notar grundsätzlich keine Reihenfolge der Inanspruchnahme mehrerer als Gesamtschuldner haftender Kostenschuldner vorgegeben wird. Diesbezügliche Vorgaben hat auch der Gesetzgeber nicht vorgesehen. Eine den Gerichtskosten vergleichbare Vorschrift, wonach die Haftung eines anderen Kostenschuldners nur geltend gemacht werden darf, wenn eine Zwangsvollstreckung in das bewegliche Vermögen des Erstschuldners erfolglos geblieben ist oder aussichtslos erscheint, vgl. § 33 Abs. 1 GNotKG, gibt es für Notare nicht. § 33 GNotKG ist eine Vorschrift, die ausschließlich Gerichtskosten betrifft.

Dem Notar steht es somit frei, welchen er von mehreren Kostenschuldnern in Anspruch nehmen will. Die **Auswahl des Kostenschuldners obliegt allein dem Notar**.

J. Gibt es Höchst- und Mindestwerte oder Festwerte?

I. Höchstwerte

174 Für verschiedene Sachverhalte legt das GNotKG bestimmte Höchstwerte fest. Das sind im Einzelnen:

§ 36 Abs. 2, 3 GNotKG	Nichtvermögensrechtliche Angelegenheiten max.	1 Mio. EUR
§ 98 Abs. 4 GNotKG	Vollmachten, Vollmachtsbestätigungen, Zustimmungserklärungen	1 Mio. EUR
§ 106 GNotKG	Anmeldungen zu einem in § 105 Abs. 1 GNotKG genannten Register (bestimmter oder unbestimmter Geldwert), auch wenn mehrere Anmeldungen in einem Beurkundungsverfahren oder Entwurf zusammengefasst sind sowie Anmeldungen zum Vereinsregister	1 Mio. EUR
§ 107 Abs. 1 GNotKG	Beurkundung von Gesellschaftsverträgen und Satzungen (gilt für die Beurkundung aller Gesellschaftsverträge, nicht nur bei Kapitalgesellschaften, sondern auch bei Personengesellschaften einschl. Gesellschaften des bürgerlichen Rechts, Stiftungen), ferner Beurkundungen von Plänen und Verträgen nach dem UmwG (Verschmelzungsvertrag, Spaltungsvertrag, Vermögensübertragung, Ausgliederung)	10 Mio. EUR
§ 107 Abs. 2 GNotKG	Übertragung von Gesellschaftsbeteiligungen (Verpflichtungs- und Erfüllungsgeschäfte) innerhalb verbundener Unternehmen (konzerninterne Geschäftsanteilsabtretungen; Ausnahme vermögensverwaltende Gesellschaften)	10 Mio. EUR
§ 108 Abs. 5 GNotKG	Beurkundung von Beschlüssen von Gesellschafts-, Stiftungs- und Vereinsorganen sowie von ähnlichen Organen, auch von Gesellschaften bürgerlichen Rechts	5 Mio. EUR
§ 120 S. 2 GNotKG	Beratung bei Vorbereitung oder Durchführung einer Hauptversammlung oder einer Gesellschafterversammlung	5 Mio. EUR
§ 123 S. 2 GNotKG	Gründungsprüfung gem. § 33 Abs. 2 AktG	10 Mio. EUR

II. Mindestwerte

175 Für bestimmte Sachverhalte legt das GNotKG Mindestwerte fest. Es handelt sich um folgende Regelungen:

§ 34 Abs. 2 GNotKG	Niedrigste Wertstufe	0 bis 500 EUR
§ 105 Abs. 1 Nr. 1 GNotKG	Erstanmeldung einer Kapitalgesellschaft	30.000 EUR
§ 105 Abs. 1 Nr. 2 GNotKG	Erstanmeldung eines Versicherungsvereins auf Gegenseitigkeit	30.000 EUR
§ 105 Abs. 1 Nr. 3 GNotKG	Anmeldung einer Erhöhung oder Herabsetzung des Stammkapitals bei einer GmbH	30.000 EUR
§ 105 Abs. 1 Nr. 4 GNotKG	Anmeldung eines Beschlusses der Hauptversammlung einer Aktiengesellschaft oder einer Kommanditgesellschaft auf Aktien über Maßnahmen der Kapitalbeschaffung oder -herabsetzung	30.000 EUR

§ 105 Abs. 1 Nr. 6 GNotKG	Anmeldung des Eintritts eines Kommanditisten in eine bestehende Personenhandelsgesellschaft oder Ausscheiden eines Kommanditisten	30.000 EUR
§ 105 Abs. 1 Nr. 7 GNotKG	Anmeldung der Erhöhung oder Herabsetzung der Kommanditeinlage	30.000 EUR
§ 105 Abs. 3 Nr. 2 GNotKG	Erstanmeldung einer OHG oder PartG	45.000 EUR
§ 105 Abs. 4 Nr. 1 GNotKG	Spätere Anmeldung ohne bestimmten Geldwert betreffend eine Kapitalgesellschaft, ausgenommen privilegiert gegründete GmbH oder UG (haftungsbeschränkt), wenn die Voraussetzungen des § 105 Abs. 6 vorliegen	30.000 EUR
§ 105 Abs. 4 Nr. 3 GNotKG	Spätere Anmeldung betreffend eine Personenhandelsgesellschaft oder Partnerschaftsgesellschaft	30.000 EUR
§ 107 Abs. 1 GNotKG	Gesellschaftsverträge, Satzungen sowie Pläne und Verträge nach dem Umwandlungsgesetz	30.000 EUR
§ 108 Abs. 1 GNotKG	Beschlüsse mit bestimmtem Geldwert und ohne bestimmten Geldwert betreffend Kapitalgesellschaften, Personenhandels- und Partnerschaftsgesellschaften, Versicherungsvereinen a.G., juristische Personen (§ 33 HGB) oder Genossenschaften	30.000 EUR

III. Festwerte

Das GNotKG regelt für die nachfolgenden Sachverhalte feste Geschäftswerte: **176**

§ 36 Abs. 3 GNotKG	Wert ohne Anhaltspunkte	5.000 EUR
§ 52 Abs. 6 S. 4 GNotKG	Durch Zeitablauf oder Tod des Berechtigten erloschene Nutzungs- und Leistungsrechte	0 EUR
§ 98 Abs. 3 GNotKG	Vollmacht, wenn Anhaltspunkte für die Wertbestimmung gänzlich fehlen (z.B. nicht vermögensrechtliche Vollmacht, Postvollmacht)	5.000 EUR
§ 101 GNotKG	Annahme eines Minderjährigen	5.000 EUR
§ 105 Abs. 3 Nr. 1 GNotKG	Erstanmeldung eines Einzelkaufmanns	30.000 EUR
§ 105 Abs. 3 Nr. 3 GNotKG	Erstanmeldung einer Genossenschaft oder einer juristischen Person (§ 33 HGB)	60.000 EUR
§ 105 Abs. 4 Nr. 2 GNotKG	Spätere Anmeldung betreffend einen Versicherungsverein a.G.	60.000 EUR
§ 105 Abs. 4 Nr. 4 GNotKG	Spätere Anmeldung betreffend einen Einzelkaufmann, eine Genossenschaft oder juristische Person (§ 33 HGB)	30.000 EUR
§ 105 Abs. 5 GNotKG	Anmeldung ohne wirtschaftliche Bedeutung	5.000 EUR
§ 108 Abs. 4 GNotKG	Beschlüsse ohne bestimmten Geldwert von Organen einer Gesellschaft bürgerlichen Rechts	30.000 EUR

K. Müssen Mindest- und Höchstgebühren beachtet werden?

177 Im GNotKG sind für bestimmte Sachverhalte Mindest- und Höchstgebühren geregelt.

I. Mindestgebühren

178 Spezifische Mindestgebühren sind insbesondere in folgenden Nummern des Kostenverzeichnisses für bestimmte Sachverhalte geregelt:

KV-Nr. 21100 GNotKG	Beurkundung von Verträgen, Beschlüssen, Vertragsangeboten und gemeinschaftlichen Testamenten	120 EUR
KV-Nr. 21101 GNotKG	Beurkundung der Annahme eines Antrages auf Vertragsabschluss oder Beurkundung eines Verfügungsgeschäfts und derselbe Notar hat eine Gebühr nach KV-Nr. 21100 oder 23603 GNotKG für das zugrundeliegende Rechtsgeschäft erhoben	30 EUR
KV-Nr. 21102 GNotKG	Beurkundung eines Verfügungsgeschäftes und das zugrundeliegende Rechtsgeschäft ist bereits beurkundet und KV-Nr. 21101 GNotKG nicht anzuwenden oder Beurkundung der Aufhebung eines Vertrags	60 EUR
KV-Nr. 21200 GNotKG	Beurkundung von einseitigen Erklärungen (hierzu gehören auch Vollmachten und Zustimmungserklärungen)	60 EUR
KV-Nr. 21201 GNotKG	Beurkundung von Anmeldungen zu einem Register, Beurkundung von Grundbucherklärungen	30 EUR
KV-Nr. 21302 GNotKG	Vorzeitige Verfahrensbeendigung nach einem der in KV-Nr. 21300 GNotKG genannten Zeitpunkte in den Fällen der KV-Nr. 21100 GNotKG	120 EUR
KV-Nr. 21303 GNotKG	Vorzeitige Verfahrensbeendigung nach einem der in KV-Nr. 21300 GNotKG genannten Zeitpunkte in den Fällen der Nrn. 21102 und 21200 GNotKG	60 EUR
KV-Nr. 21304 GNotKG	Vorzeitige Verfahrensbeendigung nach einem der in KV-Nr. 21300 GNotKG genannten Zeitpunkte in den Fällen der KV-Nrn. 21101 und 21201 GNotKG	30 EUR
KV-Nr. 24100 GNotKG	Fertigung eines Entwurfes, wenn die Gebühr für das Beurkundungsverfahren 2,0 betragen würde	120 EUR
KV-Nr. 24101 GNotKG	Fertigung eines Entwurfes, wenn die Gebühr für das Beurkundungsverfahren 1,0 betragen würde	60 EUR
KV-Nr. 24102 GNotKG	Fertigung eines Entwurfes, wenn die Gebühr für das Beurkundungsverfahren 0,5 betragen würde	30 EUR
KV-Nr. 25100 GNotKG	Beglaubigung von Unterschriften und Handzeichen	20 EUR
KV-Nr. 25206 GNotKG	Gründungsprüfung gem. § 33 Abs. 3 AktG	1.000 EUR

Hinweise: 179

- Bei isolierter Beratungstätigkeit nach KV-Nrn. 24200 ff. GNotKG – gelten die spezifischen Mindestgebühren nicht.
- Die Mindestgebühr von 15 EUR gilt nur für Wertgebühren; sie gilt z.B. nicht bei der Beglaubigungsgebühr nach KV-Nr. 25102 GNotKG und auch nicht für Annexgebühren, wie z.B. KV-Nr. 26000 und KV-Nr. 26001 GNotKG.
- Bei Auszahlung vom Anderkonto nach KV-Nr. 25300 GNotKG ist die allgemeine Mindestgebühr von 15 EUR zu berücksichtigen.

II. Höchstgebühren

Das GNotKG regelt die folgenden Höchstgebühren: 180

KV-Nr. 22112 GNotKG	Für jede einfache Vollzugstätigkeit nach Vorbem. 2.2.1.1 Abs. 1 S. 2 Nr. 1 und 2 KV GNotKG höchstens	50 EUR
KV-Nr. 22113 GNotKG	Für jede Fertigung, Änderung oder Ergänzung einer Gesellschafter- oder Übernehmerliste nach Vorbem. 2.2.1.1. Abs. 1 S. 2 Nr. 3 KV GNotKG pro Liste	250 EUR
KV-Nr. 22114 GNotKG	Erzeugung der XML-Strukturdaten (Vollzug eines Geschäfts)	250 EUR
KV-Nr. 22125 GNotKG	Erzeugung der XML-Strukturdaten (Vollzug in besonderen Fällen)	250 EUR
KV-Nr. 23902 GNotKG	Teilungssachen (Abgabe des Verfahrens vor Eintritt in die Verhandlung wegen Unzuständigkeit an einen anderen Notar)	100 EUR
KV-Nr. 25100 GNotKG	Beglaubigung von Unterschriften oder Handzeichen	70 EUR
KV-Nr. 26000 GNotKG	Geschäfte an Sonn- und Feiertagen und zur Unzeit	30 EUR
KV-Nr. 26001 GNotKG	Fremde Sprache	5.000 EUR

L. Gibt es auch Festgebühren?

Das GNotKG enthält folgende Tatbestände mit Festgebühren: 181

KV-Nr. 21300 GNotKG	Vorzeitige Beendigung des Beurkundungsverfahrens (ohne Entwurfsfertigung und Beratung)	20 EUR
KV-Nr. 22124 Nr. 1 GNotKG	Übermittlung von Anträgen etc. einschl. Versand an Dritte (ohne Beurkundungsverfahren), insbesondere nach Beglaubigung von Unterschriften oder Handzeichen	20 EUR
KV-Nr. 22124 Nr. 2 GNotKG	Prüfung der Eintragungsfähigkeit in den Fällen des § 378 Abs. 3 FamFG oder des § 15 Abs. 3 GBO	20 EUR
KV-Nr. 23800 GNotKG	Vollstreckbarerklärung eines Anwaltsvergleichs	60 EUR
KV-Nr. 23804 GNotKG	Antrag auf Erteilung einer weiteren vollstreckbaren Ausfertigung nach §§ 797 Abs. 3, 733 ZPO	20 EUR
KV-Nr. 23805 GNotKG	Ausstellung einer Bestätigung nach § 1079 ZPO, Bescheinigung nach § 1110 ZPO	20 EUR

KV-Nr. 23806 GNotKG	Antrag auf Vollstreckbarerklärung nach § 55 Abs. 3 AVAG / § 35 Abs. 3 AUG / § 3 Abs. 4 IntErbRVG	240 EUR
KV-Nr. 23807 GNotKG	Vorzeitige Beendigung des Antrags nach § 55 Abs. 3 AVAG / § 35 Abs. 3 AUG	90 EUR
KV-Nr. 23808 GNotKG	Ausstellung einer Bescheinigung nach § 56 AVAG oder § 27 IntErbRVG/ Formblatt bzw. Bescheinigung nach § 71 Abs. 1 AUG	15 EUR
KV-Nr. 25101 GNotKG	Bestimmte Unterschriftsbeglaubigungen (z.B. unter Verwalternachweis, Löschungszustimmung einschließlich Antrag)	20 EUR
KV-Nr. 25103 GNotKG	Sicherstellung der Zeit	20 EUR
KV-Nr. 25200 GNotKG	Erteilung einer Bescheinigung nach § 21 Abs. 1 BNotO (je Registerblatt)	15 EUR
KV-Nr. 25207 GNotKG	Erwirkung Apostille/Legalisation	25 EUR
KV-Nr. 25208 GNotKG	Erwirkung Legalisation/Überbeglaubigung	50 EUR
KV-Nr. 25209 GNotKG	Einsicht in Grundbuch, Register und Akten einschl. Mitteilung des Inhalts an Beteiligte	15 EUR
KV-Nr. 25210 GNotKG	Erteilung von Abdrucken aus Grundbuch oder Register	10 EUR
KV-Nr. 25211 GNotKG	Erteilung von beglaubigten Abdrucken aus dem Grundbuch	15 EUR
KV-Nr. 25212 GNotKG	Elektronische Übermittlung einer Datei (Grundbuch- oder Registerauszug)	5 EUR
KV-Nr. 25213 GNotKG	Elektronische Übermittlung einer Datei (beglaubigter Grundbuchauszug)	10 EUR
KV-Nr. 25214 GNotKG	Erteilung einer Bescheinigung nach § 21 Abs. 3 BNotO	15 EUR
KV-Nr. 26002 GNotKG	Auswärtsgebühr (je angefangene halbe Stunde)	50 EUR
KV-Nr. 26003 GNotKG	Auswärtsgebühr für bestimmte Tätigkeiten	50 EUR

M. Beurkundungsgegenstände

I. Grundsätze

182 § 86 Abs. 1 GNotKG definiert den Beurkundungsgegenstand. Beurkundungsgegenstand ist das Rechtsverhältnis, auf das sich die Erklärungen beziehen, bei Tatsachenbeurkundungen die beurkundete Tatsache oder der beurkundete Vorgang.

Mehrere Rechtsverhältnisse, Tatsachen oder Vorgänge, die in einem Beurkundungsverfahren, also einer Niederschrift zusammengefasst werden, sind **verschiedene Beurkundungsgegenstände**, soweit in **§ 109 GNotKG nichts anderes bestimmt ist**; s. hierzu nachfolgend Rdn 185 ff.

Die Einordnung, ob insgesamt nur ein Beurkundungsgegenstand vorliegt oder ob nicht doch mehrere Beurkundungsgegenstände zu bewerten sind, ist der schwierigste Bereich notarieller Kostenberechnungen. Besonders die Definition des Beurkundungsgegenstands selbst, aber auch die Beurteilung, wann ein zur Gegenstandsgleichheit führendes Abhängigkeitsverhältnisses zu einem Hauptgeschäft vorliegt oder nicht, ist nicht ganz einfach. Ein Rückgriff auf die Kostenrechtsliteratur ist hier im Einzelfall ratsam.

II. Begriff des Beurkundungsgegenstands

In § 86 Abs. 1 GNotKG wird bestimmt, was ein „Beurkundungsgegenstand" ist. Dieser Begriff soll konsequent für das von der Beurkundung betroffene Rechtsverhältnis verwendet werden, nicht dagegen für den Gegenstand des Rechtsverhältnisses. Bei Tatsachenbeurkundungen soll Beurkundungsgegenstand die Tatsache oder der Vorgang sein. Mit der Verwendung dieses Begriffs soll eine klare Abgrenzung zwischen dem Beurkundungsgegenstand im Sinne eines Rechtsverhältnisses einerseits und dem Gegenstand des Rechtsverhältnisses im Sinne des betroffenen Wirtschaftsguts erreicht werden. **183**

Ein Beurkundungsverfahren kann mehrere Gegenstände haben. § 86 Abs. 2 GNotKG soll im Interesse der Anwenderfreundlichkeit den Grundsatz zum Ausdruck bringen, dass mehrere Rechtsverhältnisse, Tatsachen oder Vorgänge verschiedene Gegenstände sind. Diese verschiedenen Gegenstände werden grundsätzlich zusammengerechnet (Prinzip der Summierung, vgl. § 35 GNotKG).

III. Mehrere Erklärungen in einem Beurkundungsverfahren

1. Allgemein

In notariellen Verfahren sind **mehrere Erklärungen oder Vorgänge grundsätzlich gegenstandsverschieden** (§ 86 Abs. 2 GNotKG), es sei denn, gem. **§ 109 GNotKG liegt derselbe Gegenstand** vor. § 110 GNotKG macht **Rückausnahmen** hiervon, § 111 GNotKG regelt **Sonderfälle** der Gegenstandsverschiedenheit. Gem. § 35 Abs. 1 GNotKG sind die Werte mehrerer Gegenstände zu addieren; hieraus ist eine einheitliche Gebühr zu erheben. Dies gilt gem. § 93 Abs. 2 GNotKG jedoch nicht bei sachwidriger Zusammenfassung mehrerer Beurkundungsgegenstände. § 93 Abs. 2 GNotKG ist eine Spezialnorm und soll an dieser Stelle nicht tiefer erläutert werden. **184**

Sind jedoch innerhalb einer Urkunde **verschiedene Gebührensätze** anzuwenden, ist gem. § 94 Abs. 1 GNotKG (bei Gegenstandsverschiedenheit) ein **Gebührenvergleich** vorzunehmen, bei Vorlage desselben Gegenstands ein Gebührenvergleich nach § 94 Abs. 2 GNotKG. Hierdurch sollen ungerechte Ergebnisse zu Lasten des Kostenschuldners vermieden werden.

2. Derselbe Gegenstand

Gem. § 109 Abs. 1 GNotKG liegt **derselbe Beurkundungsgegenstand** vor, wenn Rechtsverhältnisse zueinander in einem **Abhängigkeitsverhältnis** stehen und das eine unmittelbar dem Zweck des anderen dient. Ein solches Abhängigkeitsverhältnis liegt nur vor, wenn das andere Rechtsverhältnis der **Erfüllung, Sicherung oder sonstigen Durchführung** des einen Rechtsverhältnisses dient. **185**

Nach § 109 Abs. 1 S. 4 GNotKG liegt ein solches Abhängigkeitsverhältnis u.a. vor zwischen

- dem **Kaufvertrag** und
- der **Übernahme einer durch Grundpfandrecht am Kaufgrundstück gesicherten Darlehensschuld**. Die Übernahme der Grundschuld in nur dinglicher Hinsicht, also ohne ein noch gesichertes Darlehen, ist ebenfalls Teil des Kaufvertrages und betrifft denselben Gegenstand. Lediglich dann, wenn der Käufer auch Erklärungen gegenüber dem Gläubiger abgibt (z.B. ein Schuldanerkenntnis und/oder eine persönliche Erklärung unter die sofortige Zwangsvollstreckung), liegt ein verschiedener Gegenstand gem. § 110 Nr. 2a GNotKG) vor (s. hierzu Rdn 188).
- der zur **Löschung von Grundpfandrechten am Kaufgegenstand erforderlichen Erklärungen**. Durch diesen allgemeinen Begriff sind nicht nur die Erklärungen des Eigentümers gemeint, sondern auch eine etwa im Kaufvertrag mitbeurkundete Löschungsbewilligung. Es handelt sich um **Durchführungs- oder Erfüllungserklärungen**. Betreffen die Löschungserklärungen weiteren nicht verkauften Grundbesitz, liegt jedoch insgesamt ein verschiedener Gegenstand zum Kaufvertrag vor.
- jeder zur **Belastung des Kaufgegenstandes dem Käufer erteilten Vollmacht**. Es kommt nicht darauf an, für welchen Zweck die Belastung erfolgt, die mit Hilfe der Voll-

macht bestellt werden soll, ob nur für die Kaufpreisfinanzierung oder darüber hinaus oder gar ohne Zusammenhang mit dem Kaufpreis. Der Gesetzgeber ordnet in diesem Falle die Vollmacht als **sonstige Durchführungserklärung** ein.

- dem **Gesellschaftsvertrag und der Auflassung bzgl. eines einzubringenden Grundstücks**. Es ist einhellige Meinung, dass die Verpflichtung zur Einbringung eines Grundstücks aus Anlass der Gesellschaftsgründung Teil des Gesellschaftsvertrages ist. Die Erfüllungshandlung, nämlich die Auflassung soll ebenfalls als Erfüllungshandlung denselben Gegenstand zum Gesellschaftsvertrag betreffen.
- der **Bestellung eines dinglichen Rechts und der zur Verschaffung des beabsichtigten Rangs erforderlichen Rangerklärungen**. Bei Bestellung z.B. einer Grundschuld sollte daher nach Möglichkeit eine Rangänderungserklärung bezüglich eines Wohnungsrechtes in der Urkunde über die Grundschuldbestellung mitbeurkundet werden, sofern die Berechtigten mitwirken wollen. Holt der Notar dagegen die Rangrücktrittserklärung im Auftrag der Grundschuldbesteller ein (gleich, ob durch Entwurf oder einfaches Anschreiben), entsteht die Vollzugsgebühr, s. Rdn 84.
- der **Begründung eines Anspruchs und den Erklärungen zur Schaffung eines Titels gemäß § 794 Abs. 1 Nr. 5 ZPO**. Am häufigsten trifft dies bei Kaufverträgen zu, wenn sich der Käufer im Rahmen seiner Verpflichtung zur Kaufpreiszahlung der sofortigen Zwangsvollstreckung unterwirft. Es handelt sich dann um eine **Sicherungserklärung**.

Im Bereich des § 109 Abs. 1 GNotKG ist der **Geschäftswert** nur nach dem Wert des Rechtsverhältnisses, zu dessen Erfüllung, Sicherung oder sonstiger Durchführung die anderen dienen, zu bestimmen (**Hauptgeschäft**), also bei einem Kaufvertrag nach dessen Wert nach § 47 GNotKG, bei einer Grundschuldbestellung der Nominalbetrag nach § 53 Abs. 1 GNotKG, bei einem Gesellschaftsvertrag dessen nach § 97 Abs. 1 GNotKG maßgeblicher Wert nach dem Gesamtwert der Einbringungsleistungen der Gründer.

3. Weitere Fälle von Erklärungen mit demselben Beurkundungsgegenstand

186 In § 109 Abs. 2 ordnet das GNotKG per **gesetzlicher Definition** an, bei welchen **weiteren Vorgängen** es sich ebenfalls um **denselben Beurkundungsgegenstand** handelt. Bei diesen Fällen muss nicht unbedingt ein Abhängigkeitsverhältnis i.S.v. § 109 Abs. 1 GNotKG gegeben sein. Es sind häufig in der notariellen Praxis vorkommende Sachverhalte, für die der Gesetzgeber eine Klärung herbeiführen wollte, weil sie vor Inkrafttreten des GNotKG in Rechtsprechung und Literatur unterschiedlich eingeordnet worden sind. Da sich hier kein Hauptgeschäft herausbilden muss, bestimmt sich der **Geschäftswert nach dem höchsten in Betracht kommenden Wert der Beurkundungsgegenstände**.

Folgende Fälle sind in § 109 Abs. 2 GNotKG als Fälle mit demselben Beurkundungsgegenstand geregelt:

- der **Vorschlag zur Person eines möglichen Betreuers und eine Patientenverfügung**. Derselbe Beurkundungsgegenstand liegt allerdings nur bei Zusammenbeurkundung in einer Niederschrift vor. Deshalb muss der Notar eine getrennte Beurkundung mit den Beteiligten erörtern. Wollen die Beteiligten getrennte Urkunden, müssen bei Erklärungen gesondert bewertet werden. Diese Erklärungen, die bei Aufnahme in einer Niederschrift im Verhältnis zueinander derselbe Beurkundungsgegenstand sind, betreffen bei Zusammenbeurkundung mit einer **Vorsorgevollmacht zu dieser einen verschiedenen Beurkundungsgegenstand**. Dies hat der Gesetzgeber bewusst so gewollt und hat dies auch in § 110 Nr. 3 GNotKG so verankert.
- der **Widerruf einer Verfügung von Todes wegen, die Aufhebung oder Anfechtung eines Erbvertrags oder der Rücktritt von einem Erbvertrag jeweils mit der Errichtung einer neuen Verfügung von Todes wegen**. Eine Begünstigung hat der Gesetzgeber ausdrücklich dann vorgesehen, wenn zusammen mit dem Widerruf, der Aufhebung, der Anfechtung oder dem Rücktritt in gleicher Niederschrift zugleich eine neue letztwillige

Verfügung beurkundet wird. Erfolgt sie in getrennter Niederschrift, muss sie zusätzlich bewertet werden.

- die zur **Bestellung eines Grundpfandrechts erforderlichen Erklärungen und die Schulderklärung bis zur Höhe des Nennbetrags des Grundpfandrechts**. Typisch hierfür sind das Schuldanerkenntnis des Grundschuldbestellers gegenüber dem Gläubiger oder die Unterwerfung unter die sofortige Zwangsvollstreckung. Derselbe Beurkundungsgegenstand soll jedoch nur für derartige Erklärungen max. in Höhe des Grundschuldnennbetrages vorliegen. Im Wert höhere Schulderklärungen betreffen ohnehin besonders begründete Ausnahmefälle.
- bei **Beschlüssen von Organen einer Vereinigung oder Stiftung** (hierunter fallen Beschlüsse einer Haupt- oder Gesellschafterversammlung, aber auch von Beschlussorganen von Personenhandels- und Partnerschaftsgesellschaften sowie von Versicherungsvereinen auf Gegenseitigkeit, juristischen Personen gem. § 33 HGB oder Genossenschaften)
- jeder **Beschluss** und eine damit im **Zusammenhang stehende Änderung des Gesellschaftsvertrages oder der Satzung**. Das können z.B. Beschlüsse über Firmenänderungen, Sitzverlegungen, Änderungen des Unternehmensgegenstandes usw. sein.
- der **Beschluss über eine Kapitalerhöhung oder -herabsetzung** und die weiteren damit im **Zusammenhang stehenden Beschlüsse**. Hierher gehören z.B. bei einer Kapitalerhöhung einer GmbH der Zulassungsbeschluss, der Beschluss über die Art der Ausgabe neuer Geschäftsanteile (ob Bar- oder Sacheinlage), die Nummerierung der Geschäftsanteile usw., aber auch der Beschluss über die Anpassung der Satzungsbestimmung über die Kapitalziffer.
- **mehrere Änderungen des Gesellschaftsvertrags oder der Satzung, deren Gegenstand keinen bestimmten Geldwert hat**. Hierdurch soll vermieden werden, dass bei Änderung der Satzung in mehreren Punkten die Änderung jedes einzelnen Paragrafen zu bewerten ist. Derselbe Gegenstand liegt aber nur vor, wenn die Satzungsanpassungen solche Satzungsbestimmungen betreffen, für die ein **unbestimmter Geldwert** vorliegt. Kommt ein Beschluss mit bestimmtem Geldwert (das Gegenstück zum unbestimmten Geldwert) hinzu, wie z.B. ein Beschluss über eine Kapitalerhöhung, liegt insoweit (bei Zusammenfassung in einer Beschlussniederschrift) ein verschiedener Beurkundungsgegenstand vor.
- **mehrere Wahlen, sofern nicht Einzelwahlen stattfinden**. Hier kommt es also auf das Abstimmungsverfahren an. Bei der Gesellschafterversammlung einer GmbH kommen mehrere Beschlussgegenstände eher selten vor, weil in aller Regel alles in einem Abstimmungsgang beschlossen wird. Bei Hauptversammlungen von Aktiengesellschaften kommt dies schon häufiger vor und kann in aller Regel an den getrennt abgehandelten Tagesordnungspunkten fest gemacht werden.
- **mehrere Beschlüsse über die Entlastung von Verwaltungsträgern, sofern nicht Einzelbeschlüsse gefasst werden**. Entlastungsbeschlüsse sind regelmäßig Beschlüsse über die Entlastung von Vorständen, Aufsichtsratsmitgliedern oder Geschäftsführern für das vergangene Geschäftsjahr, aber auch die Abberufung von Verwaltungsträgern. Auch hier kommt es auf das Abstimmungsverhalten an.
- **Wahlen und Beschlüsse über die Entlastung von Verwaltungsträgern, sofern nicht einzeln abgestimmt wird**. Nach dem Willen des Gesetzgebers soll auch dann derselbe Beurkundungsgegenstand vorliegen, wenn Entlastungen (auch Abberufungen) und Neuwahlen in einem Abstimmungsvorgang beschlossen werden. Das ist bei GmbHs häufiger der Fall als bei Aktiengesellschaften. Es muss also der Einzelfall untersucht und dementsprechend eingeordnet werden.
- **Beschlüsse von Organen verschiedener Vereinigungen bei Umwandlungsvorgängen, sofern die Beschlüsse denselben Beschlussgegenstand** haben. Wird somit z.B. ein Verschmelzungsvorgang beurkundet, sollen die beiden Beschlüsse der beteiligten Gesellschaften denselben Beurkundungsgegenstand betreffen, weil sie beide den Verschmelzungsvorgang betreffen. Erfolgt aber beim aufnehmenden Rechtsträger zusätzlich eine Kapitalerhöhung, liegt insoweit ein **verschiedener Beurkundungsgegenstand** zusam-

men. Gleiches gilt für einen Beschluss über eine **Neufassung der Satzung** oder einer **Geschäftsführerbestellung beim aufnehmenden Rechtsträger**.

187 *Beispiel 1:*

Kaufvertrag mit Löschungszustimmung und Finanzierungsvollmacht

Beurkundet wird ein Kaufvertrag (Kaufpreis 300.000 EUR). Der Verkäufer stimmt der Löschung einer am Vertragsbesitz eingetragenen Grundschuld zu 340.000 EUR zu und erteilt dem Käufer Vollmacht, den Vertragsbesitz zum Zwecke der Kaufpreisfinanzierung mit Grundpfandrechten in beliebiger Höhe zu belasten.

Beurkundungsverfahren Kaufvertrag, § 47 GNotKG	300.000 EUR	KV-Nr. 21100 GNotKG	2,0-Gebühr	1.270,00 EUR

Anmerkung:

Die Löschungszustimmung und die Belastungsvollmacht stehen in einem Abhängigkeitsverhältnis (Erfüllungs- und Durchführungserklärungen) zum Kaufvertrag (§ 109 Abs. 1 S. 4 Nr. 1b) und c) GNotKG). Gem. § 109 Abs. 1 S. 5 GNotKG ist daher der Geschäftswert nur nach dem Wert des Hauptgeschäfts zu bestimmen.

Bei Löschung einer Grundschuld, die noch an einem anderen Grundstück lastet, liegt insgesamt ein verschiedener Gegenstand vor.

Beispiel 2:

Grundschuldbestellung mit Zwangsvollstreckungsunterwerfung

A bestellt eine Grundschuld (nur formelle Grundbucherklärungen) in Höhe von 200.000 EUR. Wegen eines Teilbetrages in Höhe von 50.000 EUR unterwirft er sich der Zwangsvollstreckung.

Beurkundungsverfahren	200.000 EUR			
Grundschuldbestellung, § 53 Abs. 1 GNotKG	200.000 EUR	KV-Nr. 21201 GNotKG	0,5-Gebühr	217,50 EUR
Zwangsvollstreckungsunterwerfung, § 53 Abs. 1, § 97 Abs. 1 GNotKG	50.000 EUR	KV-Nr. 21200 GNotKG	1,0-Gebühr	165,00 EUR

Anmerkung:

Grundschuldbestellung und Zwangsvollstreckungsunterwerfung bis zur Höhe des Grundschuldnennbetrages sind zueinander gegenstandsgleich, § 109 Abs. 1 GNotKG. Die getrennte Berechnung nach § 94 Abs. 2 GNotKG ist im vorliegenden Fall günstiger als die entsprechende Vergleichsberechnung (höchste Gebühr aus dem höchsten Wert) und daher maßgebend.

4. Verschiedene Beurkundungsgegenstände

188 **Liegt kein Abhängigkeitsverhältnis** i.S.d. § 109 Abs. 1 GNotKG vor und ist auch kein Fall des § 109 Abs. 2 GNotKG gegeben, handelt es sich um **verschiedene Beurkundungsgegenstände** (§ 86 Abs. 2 GNotKG). Die Abgrenzung wird also im Ausschlussverfahren vorgenommen. Zunächst ist § 109 Abs. 1 und 2 GNotKG zu prüfen. Kommt man zum Ergebnis, dass nicht derselbe Beurkundungsgegenstand vorliegt, handelt es sich um verschiedene Beurkundungsgegenstände, die dann auch bei der Bewertung gesondert zu berücksichtigen sind.

§ 110 GNotKG bestimmt darüber hinaus, welche Vorgänge abweichend von § 109 Abs. 1 GNotKG, also unabhängig davon, ob ein Abhängigkeitsverhältnis besteht oder nicht, stets verschiedene Beurkundungsgegenstände sind. Es handelt sich hierbei um weitere Sachverhalte, die vor Inkrafttreten entweder zu einem unverhältnismäßigen Ergebnis geführt haben oder in Rechtsprechung und Literatur umstritten waren. Folgende Fälle werden in § 110 GNotKG konkret geregelt:

- **Beschlüsse von Organen einer Vereinigung oder Stiftung und Erklärungen**. Häufigster Anwendungsfall ist ein Beschluss der Gesellschafterversammlung einer GmbH über eine **Kapitalerhöhung** (s. hierzu § 109 Abs. 2 Nr. 4b) GNotKG), und eine in gleicher Urkunde mitbeurkundete **Übernahmeerklärung** der zur Übernahme der neuen Geschäftsanteile zugelassenen Personen (rechtsgeschäftliche Erklärungen). Obwohl die Übernahmeerklärung eigentlich in einem Abhängigkeitsverhältnis zum Kapitalerhöhungsbeschluss steht und damit als Durchführungs- oder Erfüllungserklärung einzuordnen ist, liegen durch die **Spezialbestimmung** in § 110 GNotKG **verschiedene Beurkundungsgegenstände** vor. Kommen **unterschiedliche Gebührensätze** zur Anwendung (2,0 gem. KV-Nr. 21100 GNotKG für die Beschluss und 1,0 gem. KV-Nr. 21200 GNotKG für die Übernahmeerklärungen) muss der Gebührenvergleich gem. § 94 Abs. 1 GNotKG vorgenommen werden (getrennte Berechnung der Gebühren oder, wenn für den Kostenschuldner günstiger, die Gebühr nach dem höchsten in Betracht kommenden Gebührensatz aus dem Gesamtwert, s. Rdn 190).
- Ein **Veräußerungsvertrag** und
- **Erklärungen zur Finanzierung der Gegenleistung gegenüber Dritten**. Hauptanwendungsfälle sind vor allem **Schuldanerkenntnisse** und **Unterwerfungserklärungen** unter die sofortige Zwangsvollstreckung bei Übernahme von durch Grundschulden gesicherten Darlehensverbindlichkeiten durch den Käufer im Rahmen eines Kaufvertrages. Solche Erklärungen sind aber auch z.B. bei Überlassungsverträgen nicht selten. Die Gegenstandsverschiedenheit ist nämlich nicht nur auf Kaufverträge beschränkt, sondern betrifft Veräußerungsverträge allgemein.
- **Erklärungen zur Bestellung von subjektiv-dinglichen Rechten**. Derartige Rechtseinräumungen in einem Veräußerungsvertrag werden im Regelfall als weitere Leistungen des Erwerbers einzuordnen sein und **erhöhen zunächst den Wert der Gegenleistungen** des Erwerbers, hauptsächlich des Käufers nach § 47 GNotKG. Die hier bestimmte **Gegenstandsverschiedenheit** betrifft aber die **Grundbucherklärungen**, obwohl sie als Durchführungserklärungen in einem Abhängigkeitsverhältnis zum Veräußerungsvertrag stehen. Der Gesetzgeber beschränkt die Herauslösung aus dem Bereich der Gegenstandsgleichheit aber nur auf sogen. **subjektiv-dingliche Rechte**, also auf Rechte, **deren Berechtigter z.B. der jeweilige Eigentümer eines anderen Grundstücks** ist (Gegenstück hierzu: **Beschränkte persönliche Dienstbarkeiten – subjektiv persönlich -, Berechtigter eine natürliche Person**). Bei subjektiv dinglichen Rechten handelt es sich um immerwährende Rechte, die nicht erlöschen, subjektiv-persönliche Rechte erlöschen dagegen durch den Tod des Berechtigten. Die **Grundbucherklärungen** lösen neben der Gebühr für den Veräußerungsvertrag selbst zusätzlich eine **0,5-Gebühr nach KV-Nr. 21201 Nr. 4 GNotKG aus**. Die **Vergleichsberechnung** nach § 94 Abs. 1 GNotKG ist zu beachten.
- **Ein Verzicht auf Steuerbefreiungen gemäß § 9 Abs. 1 UStG**. Die Verzichtserklärung selbst muss mitbeurkundet sein, nur dann liegt ein verschiedener Beurkundungsgegenstand vor. Allein eine bedingte Verpflichtung zur Abgabe der Verzichtserklärung reicht nicht aus. Für die **Verzichtserklärung** fällt, wenn **lediglich einseitige Erklärungen** beurkundet werden, eine **1,0-Gebühr** gem. KV-Nr. 21200 GNotKG an, wenn **vertragliche Vereinbarungen** getroffen werden (z.B. Vereinbarung, dass die Verzichtserklärung vom Verkäufer nicht widerrufen werden darf), eine **2,0-Gebühr** nach KV-Nr. 21100 GNotKG.
- **Erklärungen gemäß § 109 Abs. 2 S. 1 Nr. 1 GNotKG und Vollmachten**. Bei den Erklärungen handelt es sich um die **Betreuungs- und Patientenverfügungen**, die zueinander **denselben Beurkundungsgegenstand** betreffen. Erforderlich ist aber die Aufnahme in einer Niederschrift. Die Vollmacht selbst ist nicht mehr derselbe Gegenstand. Der Gesetzgeber hat mit dieser Einordnung die frühere unterschiedliche Rechtsprechung bereinigt.

5. Besondere Gegenstände

189 Die in **§ 111 GNotKG** aufgezählten Rechtsgeschäfte gelten darüber hinaus stets als **besonderer Beurkundungsgegenstand**. Diese Rechtsgeschäfte sind immer gesondert zu bewerten, gleich mit welchen Erklärungen sie zusammentreffen. Die Literatur spricht von „absoluter Gegenstandsverschiedenheit".

Fälle:

1. vorbehaltlich der Regelung in § 109 Abs. 2 S. 1 Nr. 2 GNotKG Verfügungen von Todes wegen;
2. ein Ehevertrag im Sinne von § 1408 Abs. 1 BGB;
3. eine Anmeldung zu einem Register und
4. eine Rechtswahl nach dem internationalen Privatrecht.

6. Berechnungsweisen

190 **a) Derselbe Beurkundungsgegenstand:**

Unterliegen die Erklärungen demselben Gebührensatz, so wird die Gebühr nur einmal vom Wert des (Haupt-)Gegenstandes (§ 109 Abs. 1 GNotKG) bzw. vom höheren Wert (§ 109 Abs. 2 GNotKG) berechnet.

Unterliegen die gegenstandsgleichen Erklärungen verschiedenen Gebührensätzen, so ist die Gebühr nach dem höchsten in Betracht kommenden Gebührensatz zu berechnen (§ 94 Abs. 2 S. 1 GNotKG). Es ist jedoch nicht mehr zu erheben, als bei getrennter Berechnung der Gebühren entstanden wäre (§ 94 Abs. 2 S. 2 GNotKG). Hierzu wird auf das Berechnungsbeispiel 2 bei Rdn 187 verwiesen.

191 **b) Verschiedene Beurkundungsgegenstände:**

Sind in einer Niederschrift mehrere Beurkundungsgegenstände mit verschiedenen Gegenständen zusammengefasst und unterliegen alle Erklärungen demselben Gebührensatz, wird die Gebühr aus dem Gesamtbetrag aller Gegenstandswerte berechnet (§ 35 Abs. 1 GNotKG).

Falls für die einzelnen Beurkundungsgegenstände unterschiedliche Gebührensätze anzuwenden sind, entstehen insoweit gesondert berechnete Gebühren. Insgesamt darf jedoch nicht mehr erhoben werden als die Gebühr nach dem höchsten in Betracht kommenden Gebührensatz aus dem Gesamtbetrag aller Gegenstandswerte (§ 94 Abs. 1 GNotKG).

Beispiel:

Kaufvertrag mit Umsatzsteueroption

Beurkundet wird ein Kaufvertrag (Kaufpreis 1 Mio. EUR) mit Umsatzsteueroption (Verzicht auf Steuerbefreiung nach § 9 Abs. 1 UStG) durch einseitige Erklärung des Verkäufers.

Beurkundungsverfahren	1.190.000 EUR			
Kaufvertrag, § 47 GNotKG	1.000.000 EUR	KV-Nr. 21100 GNotKG	2,0-Gebühr	3.470 EUR
Umsatzsteueroption, § 97 Abs. 1 GNotKG	190.000 EUR	KV-Nr. 21200 GNotKG	1,0-Gebühr	435 EUR

Anmerkung:

Der im Kaufvertrag enthaltene Verzicht auf die Steuerbefreiung nach § 9 Abs. 1 UStG hat einen verschiedenen Gegenstand (§ 110 Nr. 2c GNotKG). Da unterschiedliche Gebührensätze zur Anwendung kommen, hat gem. § 94 Abs. 1 GNotKG Vergleichsberechnung (höchste Gebühr aus dem Gesamtwert: 4.110 EUR) zu erfolgen. Die getrennte Bewertung ist hierbei günstiger (3.905 EUR) und ist daher vorzunehmen.

§2 Konkrete Sachverhalte: Geschäftswertberechnungen und Hinweise zu verschiedenen Sachverhalten mit Beispielen

A. Allgemeines

I. Geschäftswerte – Grundsätze

1. Grundnorm

Bevor der Notar in eine Kostenberechnung eintreten kann, muss er in den **meisten Fällen einen Geschäftswert** berechnen. Hierzu regelt in einer Grundnorm § 97 Abs. 1 GNotKG, dass sich der Geschäftswert bei der Beurkundung von Verträgen und Erklärungen nach dem **Wert des Rechtsverhältnisses** bestimmt, das **Beurkundungsgegenstand** ist. § 97 GNotKG ist gem. § 19 Abs. 3 Nr. 2 GNotKG zitierpflichtig und sollte deshalb jeder Wertvorschrift in der Kostenberechnung vorangestellt werden. 1

2. Maßgeblicher Bewertungszeitpunkt

Für die **Wertberechnung** ist der **Zeitpunkt der Fälligkeit der Gebühr** maßgebend. Das ist z.B. bei einer **Beurkundung der Zeitpunkt der Beendigung der Beurkundung mit Unterschrift des Notars**, bei Vollzugstätigkeiten deren Beendigung mit Vorlage aller Vollzugsunterlagen, bei Betreuungstätigkeiten die Beendigung der Tätigkeiten z.B. mit Absendung der Fälligkeitsmitteilung oder der Vorlage der Urkunde zum Vollzug beim Grundbuchamt. **Nachträgliche Wertveränderungen** haben auf die einmal vorgenommene Bewertung keinen Einfluss. Falls ein anderer Bewertungszeitpunkt maßgeblich ist, wird dies bei der konkreten Wertvorschrift geregelt, wie z.B. bei § 40 Abs. 1 Nr. 1 GNotKG für die **Versicherung an Eides statt zur Erlangung eines Erbscheins**: Hier **Wert des Nachlasses im Zeitpunkt des Erbfalls unter Abzug der vom Erblasser herrührenden Schulden**. 2

3. Bruttowerte, also kein Abzug der Verbindlichkeiten, Ausnahmen hierzu

Das GNotKG regelt im Grundsatz **Bruttowerte**. Verbindlichkeiten, die auf einer Sache oder einem Recht lasten, sind nicht abzuziehen (§ 38 GNotKG), es sei denn, der **Schuldenabzug** insgesamt oder zum Teil wird **ausdrücklich bei einem konkreten Sachverhalt bestimmt** (z.B. bei einem Erbscheinsantrag mit Versicherung an Eides statt, Nachlasswert nach Abzug der vom Erblasser herrührenden Schulden, § 40 Abs. 1 Nr. 1 GNotKG) oder bei einem Ehevertrag, Vermögen der Ehegatten nach Abzug der Verbindlichkeiten bis max. zur Hälfte des Vermögenswerts (§ 100 Abs. 1 GNotKG) oder bei letztwilligen Verfügungen, Wert des Vermögens unter Abzug der Verbindlichkeiten bis max. zur Hälfte des Vermögenswerts (§ 102 Abs. 1 GNotKG). 3

4. Hauptgegenstand

Zu bewerten ist nur der **Hauptgegenstand** (§ 37 Abs. 1 GNotKG). Treffen Regelungen z.B. über Zinsen oder Vertragsstrafen mit dem Hauptgegenstand zusammen, werden sie im Wert nicht berücksichtigt. Sie sind daher nur zu bewerten, wenn sie selbst Hauptgegenstand einer notariellen Urkunde sind (§ 37 Abs. 2 GNotKG). Der Wert des Hauptgegenstands darf dabei aber nicht überschritten werden. 4

5. Allgemeiner Geschäftswert

Enthält das GNotKG keine konkreten Regelungen über einen Geschäftswert, muss dieser nach der **Auffangnorm des § 36 GNotKG** bestimmt werden. Der Notar hat hierzu im Einzelfall billiges Ermessen auszuüben. Er wird hierzu auf die allgemeinen Wertvorschriften zurückgreifen. Vor allem wird der Notar diese Wertvorschrift bei Beratungstätigkeiten, die nicht im Zusammenhang mit einem anderen Hauptgeschäft stehen, heranziehen, aber auch für die Bewertung einer Betreuungs- oder Patientenverfügung. 5

§ 36 Abs. 1 GNotKG regelt die Wertbestimmung in **vermögensrechtlichen Angelegenheiten**, Abs. 2 für **nichtvermögensrechtliche Angelegenheiten**. Abs. 3 bestimmt einen **Auffangwert**, wenn jegliche Anhaltspunkte für eine Wertbestimmung fehlen. Der Notar muss die Einordnung in jedem Einzelfall vornehmen.

6. Austauschvertrag

6 § 97 Abs. 3 GNotKG regelt den Grundsatz, dass bei **Austauschverträgen** (also Leistung und Gegenleistung) keine Addition der beiderseitigen Leistungen erfolgt, sondern dass sich der Geschäftswert nur nach dem Wert der Leistungen einer Seite bestimmt. Sind diese unterschiedlich, ist der **höhere Wert** maßgeblich.

7. Veränderungen eines Rechtsverhältnisses

7 Wird die **Änderung eines Rechtsbehältnisses** beurkundet, ist der Wert der Änderung maßgeblich. Steht der Wert fest (wie z.B. Erhöhung oder Minderung des Kaufpreises), ist dieser maßgebend. Steht er nicht fest (wie z.B. bei Änderung der Fälligkeitsvoraussetzungen), muss er nach § 36 GNotKG nach billigem Ermessen geschätzt werden.
Insgesamt darf aber der Wert des Rechtsverhältnisses selbst nicht überschritten werden.

II. Bewertungsvorschriften

1. Grundstücke

8 **Grundstücke** werden im Rahmen notarieller Kostenberechnungen stets mit dem **Verkehrswert** berücksichtigt. Gem. § 46 Abs. 1 GNotKG wird der Wert einer Sache durch den Preis bestimmt, der im gewöhnlichen Geschäftsverkehr nach der Beschaffenheit der Sache unter Berücksichtigung aller den Preis beeinflussenden Umstände bei einer Veräußerung zu erzielen wäre. Diesen Wert kennt der Notar naturgemäß nur in Einzelfällen. Deshalb gibt § 46 GNotKG in den Abs. 2 und 3 dem Notar Möglichkeiten, anhand derer er den Wert durch Rückgriff auf **offenkundige oder vorliegende Hinweise** relativ leicht festlegen kann oder der Wert von vorneherein feststeht. Über die in § 46 GNotKG geregelten Möglichkeiten darf der Notar den Wert allenfalls nach § 95 GNotKG nach billigem Ermessen schätzen, wenn die Beteiligten ihrer Pflicht zur Mitwirkung und Weitergabe von Erkenntnissen nicht nachkommen. Darüber hinaus ist jede **Beweisaufnahme verboten** (§ 46 Abs. 4 GNotKG).

Anhaltspunkte, die der Notar zur Wertbestimmung verwenden darf, sind:

- § 46 Abs. 2 GNotKG: Anhaltspunkte, die sich aus dem **Inhalt der Urkunde** ergeben (z.B. Auseinandersetzung einer Erbengemeinschaft und der erwerbende Erbe hat an die anderen Auszahlungen zu leisten, hier Hochrechnung auf 100 %),
- **Wertangaben der Beteiligten**, sofern diese glaubhaft erscheinen (die Beteiligten müssen sich an einmal gemachte Wertangaben festhalten lassen),
- **Verwendung von sonstigen amtlich bekannten Tatsachen oder Vergleichswerten aufgrund einer amtlichen Auskunft** (z.B. Gutachterausschuss), Verwendung offenkundiger Tatsachen (z.B. für Gebäude Berechnung anhand der Brandversicherung).
- § 46 Abs. 3 GNotKG: Im **Grundbuch eingetragene Belastungen** (hier können die Nominalbeträge angenommen werden, wobei z.B. Gesamtbelastungen, also z.B. Grundschulden, die an weiteren Grundstücken lasten oder Sicherungshypotheken nur bedingt geeignet sind),
- aus **Grundakten ersichtliche Tatsachen oder Vergleichswerte** (z.B. der vom Grundbuchamt angenommene Wert oder ein Vergleichswert aus einer anderen Urkunde) oder
- für **Zwecke der Steuererhebung festgelegte Werte** (z.B. für die Schenkung- oder Erbschaftsteuer). Das Finanzamt muss Auskunft erteilen (§ 46 Abs. 3 Nr. 3 GNotKG).

2. Land- und forstwirtschaftliche Betriebe

Hierfür gelten gem. **§48 GNotKG Sonderregelungen**. Anstelle des sonst maßgeblichen Verkehrswertes ist ein land- oder forstwirtschaftlicher Betrieb mit dem **4-fachen des letzten Einheitswertes** zu bewerten, wenn folgende Voraussetzungen vorliegen: 9

- Es muss sich um eine **Übergabe** (zu Lebzeiten) oder eine **Zuwendung** (letztwillige Verfügung) handeln.
- Die Übergabe oder Zuwendung muss an **eine oder mehrere natürliche Personen** erfolgen (also nicht etwa an eine GbR oder eine andere Gesellschaftsform).
- Es muss ein **kompletter Betrieb** (i.S.d. Bewertungsgesetzes) übergeben oder zugewendet werden (also die Grundstücke, das Wohnhaus und die Betriebsgebäude).
- Der Betrieb muss durch den **Erwerber unmittelbar nach Vollzug der Zuwendung selbst fortgeführt** werden, d.h. ein etwa an einen Dritten verpachteter Betrieb ist nicht begünstigt, wenn der Pachtvertrag fortgeführt wird. Wenn sich allerdings der Übergeber den Nießbrauch vorbehält, soll dies unschädlich für die Anwendung des Landwirtschaftsprivilegs sein.
- Der Betrieb muss **unmittelbar nach Vollzug der Übergabe oder Zuwendung einen nicht nur unwesentlichen Teil der Existenzgrundlage des zukünftigen Inhabers bilden**. Um das beurteilen zu können, muss nach Rechtsprechung und Literatur eine Mindestgröße des Betriebes erreicht werden (hierzu greift man auf die Vorgaben der Bauernverbände zurück). Danach muss eine Landwirtschaft mindestens 8 ha groß sein, eine Forstwirtschaft mindestens 75 ha. Für Sonderkulturen gelten geringere Größen (z.B. Weinbau 2 ha, für Baumschulen 0,3 ha oder für Obstanbau 2,2 ha).

Wird eine der Voraussetzungen nicht erfüllt, entfällt eine Bewertung nach §48 GNotKG mit dem 4-fachen Einheitswert. Dann ist – wie allgemein – der Verkehrswert nach §46 GNotKG maßgeblich.

3. Wohnungs- und Teileigentum

Bei der **Begründung von Wohnungs- oder Teileigentum** und bei Geschäften, die die **Aufhebung oder das Erlöschen von Sondereigentum** betreffen, ist Geschäftswert der **Wert des bebauten Grundstücks**. Ist das Grundstück **noch nicht bebaut**, muss das Gebäude dennoch zugerechnet werden. Es ist dann der **Wert des zu errichtenden Bauwerks** zugerechnet werden. Bei Teilungserklärungen eines Bauträgers kann auf dessen Kaufpreisliste für den Abverkauf der einzelnen Eigentumswohnungen zurückgegriffen werden. 10

4. Grundstücksgleiche Rechte (z.B. Erbbaurecht), §49 GNotKG

Hierher gehören vor allem **Erbbaurechte**. §49 GNotKG bestimmt zunächst, dass die für die Bewertung von Grundstücken geltenden Vorschriften auf Rechte entsprechend anzuwenden sind, die den für Grundstücke geltenden Vorschriften unterliegen (z.B. neben Erbbaurechten auch Bergwerkseigentum oder Fischereigerechtigkeiten, aber auch das aus der früheren DDR bekannte Gebäudeeigentum). Deren Wert ist somit ebenfalls nach §46 GNotKG mit dem Verkehrswert zu bestimmen. 11

Für **Erbbaurechte** (das am häufigsten in der Praxis vorkommende grundstücksgleiche Recht) enthält **§49 Abs. 2 GNotKG eine besondere Wertvorschrift**. Der Wert eines Erbbaurechts beträgt danach **80 % der Summe aus den Werten des belasteten Grundstücks und darauf errichteter Bauwerke**. Ist das Gebäude noch nicht errichtet, zählt es, anders als beim Wohnungs- und Teileigentum, nicht mit. Falls das Erbbaurecht auf eine **Teilfläche** beschränkt ist, ist nur der Wert der Teilfläche maßgebend.

Für die Bestellung eines Erbbaurechts gelten Sonderbestimmungen in §43 GNotKG, s. Rdn 12.

5. Bestellung eines Erbbaurechts (§ 43 GNotKG)

12 Bei der **Bestellung eines Erbbaurechts** ist der nach § 52 GNotKG zu berechnende Wert maßgebend, wenn als Entgelt vom Erbbauberechtigten ein Erbbauzins zu zahlen ist. Dann muss der Jahresbetrag mit der Dauer der Bestellung (bei Wohnhäusern zumeist 99 Jahre, bei gewerblichen Objekten deutlich niedriger) multipliziert werden. Zu beachten ist, dass **max. der auf die ersten 20 Jahre entfallende Jahreserbbauzins** zugrunde gelegt werden darf (§ 52 Abs. 2 GNotKG). Wertsicherungsklauseln dürfen bei der Werbestimmung nicht berücksichtigt werden (§ 52 Abs. 7 GNotKG). Dieser nach § 52 GNotKG berechnete Wert muss danach mit dem nach § 49 Abs. 2 GNotKG zu bestimmenden Wert verglichen werden. Der höhere Wert ist als Geschäftswert anzunehmen.

6. Kaufverträge

13 **Grundstückskaufverträge** sind in der notariellen Praxis am häufigsten anzutreffen, weil § 311b BGB Beurkundungspflicht vorschreibt. § 47 S. 1 GNotKG regelt den Grundsatz, dass im Zusammenhang mit dem Kauf der **Wert der Sache durch den Kaufpreis** bestimmt wird. Das macht auch Sinn, denn durch den Kaufpreis bringen die Beteiligten den Verkehrswert unter Berücksichtigung aller Umstände des Einzelfalls zum Ausdruck. Wenn neben einem Kaufpreis vom **Käufer weitere Leistungen** erbracht werden (z.B. Übernahme von Verbindlichkeiten über den Kaufpreis hinaus, Bauverpflichtung gegenüber dem Verkäufer usw.) oder der **Verkäufer behält sich Nutzungen** vor (z.B. Wohnungsrecht an einer Wohnung oder Nutzungsrecht an einer bestimmten Fläche), muss deren Wert dem **Kaufpreis hinzugerechnet** werden (§ 47 S. 2 GNotKG). Die Summe aus Kaufpreis und Hinzurechnungen bildet dann den Geschäftswert für den Kaufvertrag. Übersteigt allerdings der nach § 46 GNotKG zu berechnende Wert die Summe der Gegenleistungen, ist der Verkehrswert auch beim Kaufvertrag maßgebend. Der Notar muss den Verkehrswert nach § 46 GNotKG bei einem Kaufvertrag allerdings nur dann ermitteln, wenn er Anhaltspunkte dafür hat, dass der Wert der Käuferleistungen nicht annähernd so hoch ist, wie der Verkehrswert (z.B. Kaufvertrag zwischen Vater und Sohn).

7. Schuldrechtliche Verpflichtungen

14 Für **bestimmte schuldrechtliche Verpflichtungen** enthält das GNotKG zur Bestimmung des Geschäftswertes klare Regelungen in § 50 GNotKG. Im Einzelnen sind geregelt:

- Nr. 1 – über eine **Sache oder ein Recht darf nicht oder nur eingeschränkt verfügt** werden; Geschäftswert **10 % des Verkehrswertes** der Sache oder des Werts des Rechts. Das ist z.B. der Fall, wenn sich der Erwerber verpflichtet, nur mit Zustimmung des Veräußerers ein Grundstück zu verkaufen oder zu belasten.
- Nr. 2 – **eingeschränkte Nutzung einer Sache** – Geschäftswert **20 % des Verkehrswerts** der Sache. Diese Verpflichtung ist meistens bei sogen. Einheimischen-Modellen (Verkauf durch die Gemeinde an Einheimische zu einem unter dem Verkehrswert liegenden Kaufpreis) anzutreffen. Hierbei verpflichtet sich der Käufer, das auf dem Grundstück zu errichtende Gebäude auf eine bestimmte Dauer nur selbst zu nutzen.
- Nr. 3 – **Verpflichtung zur Errichtung eines Bauwerks**, wenn es sich a) um ein **Wohngebäude** handelt, **20 % des Verkehrswerts des unbebauten Grundstücks**, wenn es sich b) um ein **gewerblich genutztes Bauwerk** handelt, **20 % der voraussichtlichen Herstellungskosten**. Solche Bauverpflichtungen werden in aller Regel in Kaufverträgen mit einer Kommune eingegangen. Die Städte und Gemeinden wollen dadurch Spekulationen mit dem unbebauten Grundstück unterbinden.
- Nr. 4 – **Verpflichtung zu Investitionen, 20 % des Investitionssumme**. Dies ist eine Unterform der Nr. 3 (Bauverpflichtungen) und erklärt sich von selbst.

8. Vor- und Wiederkaufsrechte, Erwerbs- und Veräußerungspflichten, Verfügungsbeschränkungen

Vorkaufs- und Wiederkaufsrechte hat der Gesetzgeber konkret geregelt. Für sie ist der **halbe Verkehrswert** (§ 46 GNotKG) des betroffenen Grundstücks anzunehmen (§ 51 Abs. 1 S. 2 GNotKG). Für alle **anderen Erwerbs- oder Veräußerungsrechte** einschl. eines **Ankaufsrechts** ist dagegen gem. § 51 Abs. 1 S. 1 GNotKG der **volle Verkehrswert** maßgebend. 15

Verfügungsbeschränkungen, insbesondere nach den §§ 1365 und 1369 BGB sind mit **30 % des Verkehrswertes** zu berechnen (§ 51 Abs. 2 GNotKG). Gleiches gilt für **Belastungen nach § 1010 BGB**. Hierbei handelt es sich um Vereinbarungen von Miteigentümern, wonach keiner der Miteigentümer für die vereinbarte Dauer die Aufhebung der Gemeinschaft verlangen kann. Auch Benützungsregelungen der Miteigentümer fallen hierunter.

§ 51 Abs. 3 GNotKG enthält eine sogen. Billigkeitsklausel, wonach dem Notar gestattet ist, im begründeten Einzelfall nach billigem Ermessen einen **geringeren Wert** anzunehmen. Ein geringerer Wert ist zulässig, wenn Bedingungen oder zeitliche Beschränkungen im Rahmen der Rechtseinräumung vereinbart werden.

9. Wiederkehrende Leistungen einschl. Dienstbarkeiten

Für alle Vereinbarungen über **wiederkehrende Leistungen** ist die Wertbestimmung in § 52 GNotKG geregelt. Wiederkehrende Leistungen enthalten vor allem Dienstbarkeiten, Wohnungsrechte, Reallasten, Nießbrauchsrechte, um nur die wichtigsten Rechtsfiguren zu nennen. 16

In jedem Falle hat der Notar zunächst einen **Jahreswert** für das eingeräumte Recht zu ermitteln. Bei einem Wohnungsrecht kann der Notar z.B. die ortsübliche Miete zugrunde legen, bei Dienstbarkeiten eine evtl. vereinbarte Gegenleistung. Hat der Notar **keine Anhaltspunkte**, kann er den **Jahreswert** gem. § 52 Abs. 5 GNotKG mit **5 % des Werts des betroffenen Gegenstands oder des Teils des Gegenstandes** annehmen.

Der **Jahreswert ist sodann zu multiplizieren**, je nachdem, ob ein Recht von **bestimmter oder unbestimmter Dauer** vorliegt oder **unbeschränkte Dauer** anzunehmen ist oder das Recht mit dem Tod des Berechtigten erlischt. Im Einzelnen regelt § 52 GNotKG die folgenden Multiplikatoren: 17

- **Bestimmte Dauer**, die Jahreszahl der vereinbarten Dauer, jedoch max. der auf die ersten 20 Jahre entfallende Wert (§ 52 Abs. 2 GNotKG); das ist der Fall, bei Rechtseinräumungen auf eine fest vereinbarte Dauer.
- **Unbestimmte Dauer**, der 10-fache Jahreswert (§ 52 Abs. 3 GNotKG); unbestimmte Dauer liegt vor, wenn ein Recht eingeräumt wird, das bei Eintritt eines bestimmten Ereignisses erlöschen soll, z.B. dann, wenn einer der Beteiligten das Recht kündigen sollte. Der Wegfall des Rechts ist also gewiss, lediglich der Zeitpunkt ist ungewiss.
- **Unbeschränkte Dauer**, der auf die ersten 20 Jahre entfallende Wert des Rechts (§ 52 Abs. 3 GNotKG); unbeschränkte Dauer liegt vor allem ein subjektiv-dinglichen Rechten vor, also z.B. bei einem Recht, das dem jeweiligen Eigentümer eines anderen Grundstücks eingeräumt wird. Dieses Recht erlischt nie, es sei denn, es wird durch eine Vereinbarung aufgehoben.
- **Lebensdauer einer Person**, abhängig vom Lebensalter des Berechtigten: der auf die ersten 20 Jahre entfallende Wert bei einem Lebensalter von bis zu 30 Jahren, der auf die ersten 15 Jahre entfallende Wert bei einem Lebensalter von bis zu 50 Jahren, der auf die ersten 10 Jahre entfallende Wert bei einem Lebensalter von bis zu 70 Jahren, darüber der auf ersten 5 Jahre entfallende Wert. Ist jedoch ein Multiplikator nach Abs. 2 und 3 geringer, so ist der geringere maßgebend.

Gem. **§ 52 Abs. 6 GNotKG** kann im Einzelfall vom Notar nach billigem Ermessen ein **niedrigerer Wert** angenommen werden, wenn das Recht bedingt ist oder der Beginn oder das Ende von Faktoren abhängt, die ungewiss sind.

10. Grundpfandrechte und sonstige Sicherstellungen

18 **§ 53 GNotKG** regelt den Geschäftswert für **Grundpfandrechte**. Der Wert ist stets mit dem Nominalwert des Grundpfandrechts zu bestimmen. Sonderregelungen gelten für Rentenschulden (Nennbetrag der Ablösungssumme), die in der Praxis aber kaum anzutreffen sind. Zinsen werden gem. § 37 Abs. 1 GNotKG nicht zusätzlich berücksichtigt. Dieser Wert ist in allen Fällen anzunehmen, in denen es um Grundpfandrechte geht, also bei **Bestellung einer Grundschuld**, bei deren **Abtretung** oder der **Löschung**.

Für **Rangrücktritte** enthält **§ 45 Abs. 1 GNotKG** Sonderbestimmungen (Wertvergleich zwischen vortretendem und zurücktretendem Recht, der geringere Wert ist anzunehmen).

Für die **Entlassung aus der Mithaft oder die Nachverpfändung** eines weiteren Grundstücks ist ebenfalls ein **Wertvergleich** vorzunehmen. Der Wert des entlassenen oder nachverpfändeten Grundstücks ist mit dem Wert des Rechts zu vergleichen, der geringere Wert ist maßgebend. Sind **mehrere Grundpfandrechte oder sonstige Rechte** betroffen, muss der Wertvergleich für jedes Recht gesondert vorgenommen werden, da verschiedene Beurkundungsgegenstände vorliegen.

11. Geschäftsanteile und Gesellschaftsbeteiligungen

19 Für Anteile an **Kapitalgesellschaften** (z.B. einen Geschäftsanteil an einer GmbH) und für **Kommanditanteile** (nicht für die Beteiligung eines persönlich haftenden Gesellschafters einer KG) ist das auf den **Anteil entfallende Eigenkapital** der Gesellschaft als Geschäftswert maßgeblich, es sei denn, es liegen genügende **Anhaltspunkte für einen höheren Wert** vor, dann ist der höhere Wert als Geschäftswert anzunehmen (§ 54 GNotKG). Die Wertermittlung nach dem anteiligen Eigenkapital kann bei einem Kaufvertrag in aller Regel unterbleiben, da der Wert des Anteils durch den Kaufpreis ggfls. unter Zurechnung weiterer Leistungen zum Ausdruck kommt. Bei unentgeltlichen Übertragungen kommt der Notar um die Bewertung nach dem Eigenkapital in aller Regel nicht herum, es sei denn, die Beteiligten benennen dem Notar glaubhaft den Wert des Anteils.

20 Bei der **Berechnung des Eigenkapitals** muss der Notar aber auch prüfen, ob **Grundstücke, Gebäude, grundstücksgleiche Rechte, Schiffe oder Schiffsbauwerke** zum Vermögen der Gesellschaft gehören. Ist das der Fall, muss vom bilanziellen Eigenkapital der Buchwert abgezogen und der Verkehrswert hinzugerechnet werden. Erst danach steht das Eigenkapital fest.

21 Einschränkend ist geregelt, dass bei Kapital- und Kommanditgesellschaften, die **überwiegend vermögensverwaltend** tätig sind, der Geschäftswert eines Anteils nicht nach dem Eigenkapital, sondern nach dem **Aktivvermögen ohne Schuldenabzug** zu bestimmen ist. Das betrifft vor allem reine **Grundstücksverwaltungsgesellschaften**, aber auch **Holding- oder Objektgesellschaften**. Der der Beteiligung betreffende **Anteil am Aktivvermögen** (auch hier sind Grundstücke usw. mit ihrem Verkehrswert zu berücksichtigen) ist in diesem Falle der Geschäftswert. Diese Bewertungsformel gilt im Übrigen auch für andere Gesellschaftsbeteiligungen (persönlich haftende Gesellschafter einer OHG oder GbR oder KG).

III. Geschäftswerte – konkrete Regelungen

1. Allgemein

22 Kapitel 3 Abschnitt 4 Unterabschnitt 1 regelt allgemeine Wertvorschriften (§ 95 GNotKG Mitwirkungspflicht der Beteiligten bei der Geschäftswertfindung und § 96 GNotKG Bewertungszeitpunkt = Fälligkeit der Gebühr), Unterabschnitt 2 Wertvorschriften für die Beurkundung. Unterabschnitt 3 bestimmt den Geschäftswert für Vollzugs- und Betreuungstätigkeiten, Unterabschnitt 4 bestimmt u.a., dass die Wertvorschriften für die Beurkundung auch auf Entwurffertigungen anzuwenden ist (§ 119 GNotKG). Gleiches gilt für Beglaubigungen von Unterschriften und Handzeichen (§ 121 GNotKG).

Unterabschnitt 2 enthält neben der allgemeinen Wertvorschrift des § 97 GNotKG die Geschäftswerte zu den nachfolgenden Sachverhalten (Rdn 23–74).

2. Vollmachten und Zustimmungen

Bei Beurkundung einer **Vollmacht** oder einer **Zustimmungserklärung** zu einem **bestimmten Rechtsgeschäft** ist Geschäftswert die **Hälfte des Wertes** für die Beurkundung des Geschäfts, auf das sich die Vollmacht oder die Zustimmungserklärung bezieht (§ 98 Abs. 1 GNotKG). Erteilt z.B. der Verkäufer eine Vollmacht, ihn bei Beurkundung eines Kaufvertrags zu vertreten, ist der Geschäftswert der halbe Wert des Kaufvertrages, max. aber 1 Mio. EUR (§ 98 Abs. 4 GNotKG). Gleiches gilt für eine **Genehmigungserklärung**, mit welcher ein vorbehaltlich Genehmigung vertretener Verkäufer den Kaufvertrag genehmigt. 23

Wird die Vollmacht zum Abschluss des Kaufvertrages nur durch einen **Miteigentümer** erteilt, ist nur die **Hälfte des Werts seines Miteigentumsanteils** als Geschäftswert maßgebend. § 98 Abs. 2 GNotKG regelt dies für alle Vollmachten und Zustimmungserklärungen aufgrund einer **gegenwärtigen oder künftigen Mitberechtigung**. Dies gilt für alle Anteilsverhältnisse, auch für eine Gesamthandsgemeinschaft (z.B. Erbengemeinschaft). 24

Bei einer **allgemeinen Vollmacht**, insbesondere **Generalvollmacht**, ist der Wert nach billigem Ermessen zu bestimmen. Dabei sind der **Umfang der Vollmacht** und das **Vermögen des Vollmachtgebers** angemessen zu berücksichtigen. Bei der umfassenden Vertretungsmacht des Bevollmächtigten bei einer Generalvollmacht führt dies in aller Regel zur **Hälfte des vollen Aktivvermögens** (Vermögen ohne Abzug der Verbindlichkeiten, § 38 GNotKG), max. aber zum **Höchstwert von 1 Mio. EUR** (§ 98 Abs. 4 GNotKG). 25

Vorsorgevollmachten sind in aller Regel als Generalvollmacht ausgestaltet, mit der Maßgabe, dass die **Hälfte des Aktivvermögens** zugrunde zu legen ist. **Wertabschläge** können nur bei Vorlage besonderer Gründe vorgenommen werden, z.B. dann, wenn die für den Bevollmächtigten vorgesehene Ausfertigung der Vollmachtsurkunde vom Vollmachtgeber zurückgehalten wird, die Vollmacht also erst zu einem späteren Zeitpunkt durch Aushändigung der Ausfertigung erteilt wird. In diesen Fällen kann statt der Hälfte des Aktivvermögens auch ein **Teilwert von etwa 30 %** angenommen werden. Das bestimmt der Notar im Einzelfall. 26

Wenn keine **genügenden Anhaltspunkte für eine Wertbestimmung** vorliegen, ist von einem Geschäftswert von 5.000 EUR auszugehen (§ 98 Abs. 3 S. 3 GNotKG). 27

In jedem Falle beträgt der **Höchstwert** einer Vollmacht oder Zustimmungserklärung **1 Mio. EUR** (§ 98 Abs. 4 GNotKG). 28

3. Miet- und Pachtverträge

Der Geschäftswert eines **Miet- oder Pachtvertrages** ist der Wert aller **Leistungen des Mieters oder Pächters während der gesamten Vertragszeit** (§ 99 GNotKG). Bei Miet- oder Pachtverträgen von **unbestimmter Dauer** (das ist der Fall, wenn keine bestimmte feste Dauer vereinbart ist und der Miet- oder Pachtvertrag mit Kündigung durch einen Vertragsteil enden soll) ist der auf die **ersten 5 Jahre** entfallende Wert der Leistungen maßgebend (ist die Auflösung erst zu einem späteren Zeitpunkt möglich, z.B. eine Kündigung darf erstmals nach 7 Jahren erfolgen, ist der spätere Zeitpunkt maßgebend), bei Verträgen von **bestimmter Dauer** der auf die vereinbarte Dauer entfallende Wert der Leistungen als Geschäftswert anzunehmen. 29

In keinem Falle darf der Geschäftswert den auf die **ersten 20 Jahre entfallenden Wert** übersteigen (§ 99 Abs. 1 S. 3 GNotKG).

4. Eheverträge (güterrechtliche Angelegenheiten)

Für **Eheverträge**, also Verträge über **güterrechtliche Vereinbarungen** (§ 1408 BGB) enthält § 100 GNotKG konkrete Regelungen zum Geschäftswert. Gem. § 100 Abs. 1 GNotKG 30 ist bei Beurkundung eines Ehevertrags, der sich nicht auf Vereinbarungen über den Versorgungsausgleich beschränkt, die **Summe der Werte der gegenwärtigen Vermögen beider Ehegatten** maßgebend. Bei der Ermittlung des Vermögens werden **Verbindlichkeiten eines Ehegatten bis max. zur Hälfte seines Vermögens** abgezogen. Ausdrücklich geregelt ist, dass Verbindlichkeiten eines Ehegatten nur von seinem Vermögen abgezogen werden dürften.

Beispiel:

Die Ehegatten vereinbaren durch Ehevertrag Gütertrennung und geben folgende Vermögenswerte an:

- Ehemann Vermögen im Wert von 500.000 EUR; er hat Verbindlichkeiten von 300.000 EUR. Sein Vermögen wird wie folgt bewertet: 500.000 EUR abzügl. Verbindlichkeiten 300.000 EUR = 200.000 EUR. Da aber ein Abzug nur bis zur Hälfte des Vermögenswerts erfolgen darf, beträgt der Wert seines Vermögens 250.000 EUR.
- Ehefrau Vermögen im Wert von 300.000 EUR; sie hat Verbindlichkeiten von 100.000 EUR. Ihr Vermögen wird wie folgt bewertet: 300.000 EUR abzügl. Verbindlichkeiten 100.000 EUR = 200.000 EUR.

Der Geschäftswert des Ehevertrages beträgt somit 450.000 EUR. Man nennt diesen Wert auch „**modifiziertes Reinvermögen**“.

31 Betrifft ein Ehevertrag nur das **Vermögen eines Ehegatten**, ist der Geschäftswert nur nach seinem Vermögen zu bestimmen (§ 100 Abs. 1 S. 2 GNotKG).

32 Betrifft der Ehevertrag nur **bestimmte Vermögenswerte** oder **bestimmte güterrechtliche Ansprüche**, so ist deren Wert, höchstens aber der Wert nach § 100 Abs. 1 GNotKG (modifiziertes Reinvermögen), maßgebend.

33 Sind im Ehevertrag auch Regelungen über **künftige Vermögenswerte** enthalten (z.B. Vermögenswerte, die ein Ehegatte von seinen Eltern erwartet), sind diese mit **30 % ihres Wertes** zu berücksichtigen. Das kann allerdings nur dann erfolgen, wenn die **Vermögenswerte im Ehevertrag konkret** bezeichnet sind. Dieser Wert ist dann dem modifizierten Reinvermögen zuzurechnen.

34 Nach § 111 Nr. 2 GNotKG sind **Eheverträge** bei Zusammenbeurkundung mit anderen Rechtsgeschäften stets **besondere Beurkundungsgegenstände**.

5. Letztwillige Verfügungen

35 Hierunter fallen alle Verfügungen von Todes wegen, also **Einzeltestamente, gemeinschaftliche Testamente, Erbverträge**. § 102 Abs. 1 GNotKG bestimmt – wie beim Ehevertrag – den Geschäftswert einer Verfügung von Todes wegen, wenn über den ganzen Nachlass verfügt wird, mit dem Wert des **Vermögens des Erblassers unter Abzug der Verbindlichkeiten bis max. zum halben Vermögenswert** (s. Berechnung gem. Rdn 30). Falls nur über einen **Bruchteil verfügt** wird, ist der entsprechende Bruchteil des Vermögens maßgebend, abzuziehen ist dann aber auch nur der entsprechende Bruchteil der Verbindlichkeiten.

36 Verfügt der Erblasser über **Vermögenswerte**, die noch **nicht zu seinem Vermögen** gehören, enthält § 102 Abs. 2 GNotKG Sonderregelungen. In diesem Falle ist der (volle) Wert des Vermögenswerts hinzuzurechnen, wenn der **Vermögenswert in der Verfügung konkret bezeichnet** ist. Wenn vom **Begünstigten Verbindlichkeiten zu übernehmen** sind, werden diese abgezogen, aber nur bis max. zur Hälfte des Vermögenswerts.

37 Komplettiert wird der Regelungsbereich für letztwillige Verfügungen durch § 102 Abs. 3 GNotKG, wonach bei **Verfügungen über bestimmte Vermögenswerte** deren Wert maßgeblich ist, wobei Verbindlichkeiten, die vom Begünstigten übernommen werden müssen, abgezogen werden, jedoch nur bis max. zur Hälfte des Vermögenswerts.

38 § 102 Abs. 4 GNotKG regelt den Wert für **Erb- und Pflichtteilsverzichte** sowie **Zuwendungsverzichte**. Sie werden **wie eine Erbeinsetzung über einen Bruchteil** bewertet. Der

Pflichtteil wird dabei wie ein entsprechender Bruchteil des Nachlasses behandelt. Nach § 102 Abs. 5 GNotKG gelten die Abs. 1–3 auch für die Beurkundung der **Anfechtung** oder des **Widerrufs** einer Verfügung von Todes wegen sowie für den **Rücktritt** von einem Erbvertrag.

Nach § 111 Nr. 1 GNotKG sind **Verfügungen von Todes** wegen bei Zusammenbeurkundung mit anderen Rechtsgeschäften stets **besondere Beurkundungsgegenstände.** 39

6. Rechtswahlen

§ 104 Abs. 1 GNotKG betrifft **Rechtswahlen im Ehegüterrecht**, Abs. 2 **Rechtswahlen im Erbrecht** und Abs. 3 **Rechtswahlen in sonstigen Fällen** (z.B. für das anzuwendende Vertragsrecht). Alle Rechtswahlen sind mit **30 % des jeweiligen Ausgangswerts** zu bewerten. Für die eherechtliche Rechtswahl ist somit der Ausgangswert der nach § 100 GNotKG maßgebliche Wert, bei letztwilligen Verfügungen der Wert nach § 102 GNotKG und bei sonstigen Rechtswahlen der Wert des von der Rechtswahl betroffenen Vertrags. 40

Nach § 111 Nr. 4 GNotKG sind **Rechtswahlen** nach dem internationalen Privatrecht bei Zusammenbeurkundung mit anderen Rechtsgeschäften stets **besondere Beurkundungsgegenstände.** 41

7. Annahme als Kind

Konkret geregelt ist der Geschäftswert für die Beurkundung in Angelegenheiten, die die **Annahme eines Minderjährigen** betreffen. Der Geschäftswert beträgt 5.000 EUR. Die Bewertung einer Minderjährigenadoption gestaltet sich somit einfach. 42

Keine Regelungen sind im GNotKG für die **Annahme eines Volljährigen** enthalten, sodass hier auf § 36 Abs. 2 GNotKG zurückgegriffen werden muss. Es handelt sich um eine **nichtvermögensrechtliche Angelegenheit**. Rechtsprechung und Literatur halten 30–50 % des Reinvermögens des Annehmenden als Geschäftswert für den Adoptionsantrag für sachgerecht. Der **Höchstwert beträgt 1 Mio. EUR** (§ 36 Abs. 2 GNotKG). 43

8. Registeranmeldungen

Die Geschäftswerte für **Registeranmeldungen** zum Handelsregister sowie zum Partnerschafts- und Genossenschaftsregister sind in § 105 GNotKG geregelt. Unterschieden wird zunächst zwischen **Anmeldungen mit bestimmtem Geldwert** (Abs. 1) und **späteren Anmeldungen ohne bestimmten Geldwert** (Abs. 4). Hinzu kommen sonstige **Erstanmeldungen ohne bestimmten Geldwert** (Abs. 3), **Anmeldungen ohne wirtschaftliche Bedeutung** (Abs. 5) und **privilegierte Anmeldungen** für Gesellschaftsgründungen nach dem Musterprotokoll gem. § 2 Abs. 1a GmbHG (Abs. 6). Im Einzelnen gilt Folgendes: 44

a) Bestimmter Geldbetrag

§ 105 Abs. 1 GNotKG regelt abschließend alle Anmeldungen, bei denen der in das Handelsregister **einzutragende Geldbetrag**, bei **Änderung** bereits eingetragener Geldbeträge der **Unterschiedsbetrag**, einzutragen ist. Bei Nr. 1 ist bestimmt, dass ein in der Satzung bestimmtes **genehmigtes Kapital** dem Grund- oder Stammkapital hinzuzurechnen ist und sich der Geschäftswert aus der Summe beider Werte ergibt. 45

Für alle Anmeldungen, die einen **bestimmten Geldbetrag** betreffen, gilt für jede Anmeldung ein **Mindestwert von 30.000 EUR**. So ist beispielsweise auch für die Anmeldung einer Kapitalerhöhung von 1.000 EUR nicht der einzutragende Unterschiedsbetrag von 1.000 EUR maßgebend, sondern der Mindestwert von 30.000 EUR. Somit kommt z.B. bei der Anmeldung eines Geschäftsführers einer GmbH mit Stammkapital von 25.000 EUR und gleichzeitiger Anmeldung einer Kapitalerhöhung über 1.000 EUR ein Wert von insgesamt also 60.000 EUR in Betracht (nach § 105 Abs. 4 Nr. 1 GNotKG 30.000 EUR für die Anmeldung des Geschäftsführers + 30.000 EUR nach § 105 Abs. 1 Nr. 3 GNotKG als Mindestwert für die Kapitalerhöhung). 46

47 Jede Anmeldung einer Tatsache ist ein eigener Beurkundungsgegenstand (§ 111 Nr. 3 GNotKG).

48 Folgende Anmeldungen sind in § 105 Abs. 1 GNotKG geregelt:

> Nr. 1. – **Erste Anmeldung einer Kapitalgesellschaft**, Geschäftswert = einzutragendes Stammkapital; ein in der Satzung bestimmtes genehmigtes Kapital wird zugerechnet;
>
> Nr. 2. – **Erste Anmeldung eines Versicherungsvereins auf Gegenseitigkeit**;
>
> Nr. 3. – **Erhöhung** oder **Herabsetzung** des **Stammkapitals einer GmbH**;
>
> Nr. 4. – Anmeldung des **Beschlusses der Hauptversammlung einer Aktengesellschaft oder einer Kommanditgesellschaft auf Aktien** über Maßnahmen der **Kapitalbeschaffung** und der **Kapitalherabsetzung** gem. näherer Bestimmungen in Abschn. a) und b) der Nr. 4;
>
> Nr. 5. – **Erste Anmeldung einer Kommanditgesellschaft** (Summe der KG-Einlagen + 30.000 EUR für den ersten und 15.000 EUR für jeden weiteren persönlich haftenden Gesellschafter;
>
> Nr. 6. – **Eintritt eines Kommanditisten** in eine bestehende Personenhandelsgesellschaft oder **Ausscheiden eines Kommanditisten**; ist ein **Kommanditist als Nachfolger** eines anderen Kommanditisten oder ein **bisher persönlich haftender Gesellschafter** als Kommanditist oder ein **bisheriger Kommanditist** als persönlich haftender Gesellschafter einzutragen, ist die **einfache Kommanditeinlage** als Geschäftswert maßgebend;
>
> Nr. 7. – **Erhöhung oder Herabsetzung einer Kommanditeinlage.**

Der Geschäftswert beträgt in allen Fällen **mindestens 30.000 EUR.**

b) Sonstige Anmeldungen

49 § 105 Abs. 2 GNotKG regelt, dass bei **sonstigen Anmeldungen zum Handelsregister** sowie bei Anmeldungen zum **Partnerschafts- und Genossenschaftsregister** sich der Geschäftswert nach den Absätzen 3 bis 5 bestimmt.

c) Erstanmeldungen ohne bestimmten Geldwert

50 Gem. § 105 Abs. 3 GNotKG beträgt der Geschäftswert bei der **ersten Anmeldung**

> *Hinweis*
>
> Nr. 1. – Eines **Einzelkaufmanns** 30.000 EUR.
>
> Nr. 2. – Einer **offenen Handelsgesellschaft** oder einer **Partnerschaftsgesellschaft** mit zwei Gesellschaftern 45.000 EUR; hat die offene Handelsgesellschaft oder die Partnerschaftsgesellschaft mehr als zwei Gesellschafter, erhöht sich der Wert für den dritten und jeden weiteren Gesellschafter um jeweils 15.000 EUR.
>
> Nr. 3. – Einer **Genossenschaft** oder einer **juristischen Person (§ 33 HGB)** 60.000 EUR.

d) Spätere Anmeldungen ohne bestimmten Geldwert

51 Gem. § 105 Abs. 4 GNotKG beträgt der Geschäftswert bei einer **späteren Anmeldung**, wenn diese

- eine **Kapitalgesellschaft** betrifft, 1 % des eingetragenen Grund- oder Stammkapitals, mindestens 30.000 EUR;
- einen **Versicherungsverein auf Gegenseitig** betrifft, 60.000 EUR;
- eine **Personenhandels- oder Partnerschaftsgesellschaft** betrifft, 30.000 EUR; bei **Eintritt oder Ausscheiden** von me**hr als zwei persönlich haftenden Gesellschaftern oder Partnern** sind als Geschäftswert 15.000 EUR für jeden eintretenden oder ausscheidenden Gesellschafter oder Partner anzunehmen;

- einen **Einzelkaufmann**, eine **Genossenschaft** oder eine **juristische Person (§ 33 HGB)** betrifft 30.000 EUR.

e) Anmeldung ohne wirtschaftliche Bedeutung

§ 105 Abs. 5 GNotKG regelt die Wertbestimmung für Anmeldungen, die für das Unternehmen **keine wirtschaftliche Bedeutung** haben. Solche Anmeldungen sind beispielsweise die Anmeldung der **Änderung des Namens des Unternehmensinhabers** wegen Verheiratung, **Änderung des Namens eines Gesellschafters**. Hierunter fallen auch die Anmeldung der Wohnsitzänderung des Firmeninhabers oder einer Vertretungsperson oder die Änderung der Berufsbezeichnung eines Gesellschafters, auch die Anmeldung der **inländischen Geschäftsanschrift** für das Unternehmen. 52

Der Geschäftswert beträgt stets 5.000 EUR.

f) Privilegierte Gesellschaften

§ 105 Abs. 6 GNotKG regelt Anmeldungen betreffend eine Gesellschaft mit beschränkter Haftung, die unter Verwendung des **gesetzlichen Musterprotokolls** gegründet worden ist. Für diese gilt der Mindestwert gem. Abs. 1 S. 2 und Abs. 4 Nr. 1 nicht. Hierher gehören auch (Nichtanwendung der Mindestwerte nach Abs. 1 und Abs. 4) **Änderungen des Gesellschaftsvertrages** einer gemäß § 2 Abs. 1a GmbHG gegründeten Gesellschaft, wenn die Gesellschaft auch mit dem geänderten Gesellschaftsvertrag hätte gemäß § 2 Abs. 1a GmbHG gegründet werden können. Klargestellt wurde auch, dass rein sprachliche Abweichungen vom Musterprotokoll oder die Streichung der auf die Gründung verweisenden Formulierungen der Anwendung des Satzes 1 nicht entgegenstehen. 53

g) Höchstwert für Anmeldungen zu bestimmten Registern (§ 106 GNotKG)

Der **Höchstwert für Registeranmeldungen** beträgt **1 Mio. EUR** (§ 106 GNotKG). Er gilt auch dann, wenn **mehrere Anmeldungen in einem Beurkundungsverfahren** (oder in einem Entwurf, § 119 GNotKG) zusammengefasst werden. Der Höchstwert gilt für Anmeldungen zum Handelsregister, zum Genossenschaftsregister, zum Partnerschaftsregister und zum Vereinsregister, nicht aber für Anmeldungen zum Güterrechtsregister. Für Anmeldungen zum **Schiffsregister** oder zum **Register für Luftfahrzeuge** ist dieser Höchstwert von 1 Mio. EUR ebenfalls nicht anzuwenden. 54

9. Anmeldungen zum Vereinsregister

Für Anmeldungen zum **Vereinsregister** enthält das GNotKG keine besonderen Regelungen. Lediglich der Höchstwert von 1 Mio. EUR gem. § 106 GNotKG gilt auch für Anmeldungen zum Vereinsregister. 55

Die Anmeldungen selbst sind nach § 36 Abs. 2 GNotKG zu bewerten. Es ist anerkannt, für **Idealvereine**, also Vereine ohne besonderes Vermögen, für eine Anmeldung den **Auffangwert von 5.000 EUR** anzunehmen. Hat der Verein überhaupt kein Vermögen, kann der Auffangwert auch unterschritten werden, hat der Verein ein überdurchschnittliches Vermögen oder aber auch eine gewisse Bedeutung, kann der Wert auch höher sein. Hier übt der Notar im Einzelfall Ermessen aus.

Wird ein **Verein neu gegründet**, liegt in der Anmeldung aller damit verbundenen Bestandteile und somit auch in der Anmeldung des **ersten Vorstandes und seiner Vertretungsberechtigung** insgesamt eine Anmeldung vor. Werden nach Eintragung **Vorstandsmitglieder abberufen und/oder neu bestellt**, liegt bei jeder Person eine eigenständige Anmeldung vor. Bei Abberufung von 2 Vorstandsmitgliedern und Neustellung von 2 Vorstandsmitgliedern werden somit 4 Anmeldungen bewertet. Für jede Anmeldung ist nach den vorgenannten Kriterien ein Wert von etwa 5.000 EUR anzunehmen und mit der Zahl der Anmeldungen zu multiplizieren, bei 4 Anmeldungen beträgt der Wert bei Annahme eines Einzelwertes von 5.000 EUR einer Anmeldung 20.000 EUR. 56

10. Gesellschaftsverträge

57 Gesellschaftsverträge sind in der Praxis häufig anzutreffen, vor allem bei Gründungen von Gesellschaften mit beschränkter Haftung. Die Gründung einer GmbH ist beurkundungspflichtig. Gesellschaftsverträge anderer Gesellschaftsformen sind dann beurkundungspflichtig, wenn Grundbesitz aus Anlass der Gründung in das Vermögen der Gesellschaft eingebracht wird. Hier ist dann wie bei einer Veräußerung von Grundbesitz die Beurkundungspflicht nach § 311b BGB zu beachten.

Für **Gesellschaftsverträge** gibt es im GNotKG **keine besonderen Wertvorschriften**, der Wert ist damit nach **§ 97 Abs. 1 GNotKG** zu bestimmen. Der Wert bestimmt sich nach dem Wert dessen, was die **Gründer als Einlagen in die Gesellschaft** einbringen müssen. Sind es Geldbeträge, sind diese maßgeblich, wobei der **Mindestwert 30.000 EUR** beträgt (§ 107 Abs. 1 GNotKG). Der Mindestwert gilt aber **nicht für die Gründung einer UG (haftungsbeschränkt) oder einer GmbH**, wenn diese mit dem **Musterprotokoll** gem. § 2 Abs. 1a GmbHG erfolgt.

58 Bringen die Gesellschaftsgründer **Sachwerte** ein (z.B. **Grundstücke**, ein **Einzelunternehmen** oder **Gesellschaftsbeteiligungen**) sind deren nach den allgemeinen Vorschriften zu bestimmender Wert anzunehmen. Das ist für Grundstücke der Verkehrswert, für Gesellschaftsbeteiligungen entweder die Quote am Eigenkapital oder, wenn es sich um überwiegend vermögensverwaltende Gesellschaften oder Anteile von persönlich haftenden Gesellschaftern handelt, die Quote am Aktivvermögen der Gesellschaft, welche der prozentualen Beteiligung am Gesellschaftsvermögen entspricht (s. Rdn 19, 20). Verbindlichkeiten werden gem. § 38 GNotKG nicht abgezogen.

59 Der **Höchstwert für Gesellschaftsverträge beträgt 10 Mio. EUR** (§ 107 Abs. 2 GNotKG).

60 Werden mit dem Gesellschaftsvertrag in einer Niederschrift auch **Beschlüsse der Gesellschafterversammlung** (Gründerversammlung) beurkundet, liegt bei Gesellschaftsvertrag und Beschlüssen **verschiedene Gegenstände** vor (§ 110 Nr. 1 GNotKG). Die Werte sind aber nach § 35 Abs. 1 GNotKG zu addieren.

11. Gesellschafterbeschlüsse

61 Bei Gesellschafterbeschlüssen unterscheidet man, wie bei Registeranmeldungen, zwischen Beschlüssen, die einen **bestimmten Geldwert** betreffen und solchen, die einen **unbestimmten Wert** haben.

§ 108 Abs. 1 GNotKG bestimmt den Wert für Beschlüsse **ohne bestimmten Geldwert**. Danach gilt für den Geschäftswert bei der Beurkundung von Beschlüssen von Organen von Kapital-, Personenhandels- und Partnerschaftsgesellschaften sowie von Versicherungsvereinen auf Gegenseitigkeit, juristischen Personen (§ 33 HGB) oder Genossenschaften, deren Gegenstand keinen bestimmten Geldwert hat, § 105 Abs. 4 und 6 GNotKG entsprechend. Für diese Beschlüsse ist also der **gleiche Wert maßgebend** wie für eine dementsprechende **Registeranmeldung**.

> *Beispiel:*
>
> Die Gesellschafterversammlung der ABC-GmbH mit Stammkapital 25.000 EUR beschließt die Neubestellung des Geschäftsführers Maier. Der Beschluss wird auf Wunsch vom Notar beurkundet.
>
> Der Notar fertigt den Entwurf der Registeranmeldung, mit welcher die Neubestellung des Geschäftsführers angemeldet wird. Auf der Registeranmeldung wird die Unterschrift beglaubigt.
>
> Geschäftswerte:
>
> - Beschluss – §§ 108 Abs. 1 S. 1 i.V.m. 105 Abs. 4 Nr. 1 GNotKG = 1 % des Stammkapitals = 250 EUR, aber Mindestwert 30.000 EUR.

- Entwurf der Registeranmeldung – § 105 Abs. 4 Nr. 1 GNotKG = 1 % des Stammkapitals = 250 EUR, aber Mindestwert 30.000 EUR.

Beschlüsse mit bestimmtem Geldwert sind nicht eigens geregelt, deren Wert bestimmt sich somit nach den allgemeinen Vorschriften. Wird z.B. ein Beschluss über eine **Kapitalerhöhung** beurkundet (das ist ein Beschluss mit bestimmtem Geldwert), ist der **Erhöhungsbetrag** als Geschäftswert maßgebend, sind darüber hinaus weitere Leistungen zu erbringen, wie z.B. ein **Aufgeld (Agio)**, zählt dieses mit und wird dem Erhöhungsbetrag zugerechnet. Erfolgt die **Kapitalerhöhung durch eine Sacheinlage**, ist deren Wert ohne Abzug von Verbindlichkeiten (§ 38 GNotKG) als Geschäftswert maßgebend. Hier gelten die gleichen Regeln, wie bei der Gründung einer Gesellschaft mit Sacheinlagen (vgl. Rdn 57 ff.). 62

Der **Mindestwert** beträgt nach § 108 Abs. 1 S. 2 GNotKG bei **Beschlüssen mit bestimmtem Geldwert 30.000 EUR**, bei **unbestimmtem Geldwert** ebenfalls **30.000 EUR** (§ 108 Abs. 1 i.V.m. § 105 Abs. 4 Nr. 1 GNotKG). Der **Höchstwert für Beschlüsse** beträgt gem. § 108 Abs. 5 GNotKG, auch wenn mehrere Beschlüsse in einer Niederschrift beurkundet werden, **5 Mio. EUR**. 63

Der **Mindestwert** von 30.000 EUR **gilt aber nicht**, wenn ein Beschluss ohne bestimmten Geldwert von **einer mittels Musterprotokoll gegründeten UG (haftungsbeschränkt)** gefasst wird und die Änderung nicht über das Musterprotokoll hinausgeht (§ 105 Abs. 6 i.V.m. § 108 Abs. 1 GNotKG). Wird allerdings das Stammkapital der UG (haftungsbeschränkt) erhöht oder gesenkt, gilt wiederum der Mindestwert von 30.000 EUR. Gleiches gilt auch für die Registeranmeldung. 64

Darüber hinaus bestimmt § 108 GNotKG die Geschäftswerte für folgende Beschlüsse konkret: 65

- § 108 Abs. 2 GNotKG – Geschäftswert für einen **Zustimmungsbeschluss** zu einem bestimmten Rechtsgeschäft: Geschäftswert wie bei der Beurkundung des Geschäfts, dem durch Beschluss zugestimmt wird (Achtung: Keine Halbierung des Wertes wie für Zustimmungserklärungen gem. § 98 Abs. 1 GNotKG).

  Beispiel:

  Der Notar hat eine Geschäftsanteilsabtretung beurkundet, wonach A seinen Geschäftsanteil an der ABC-GmbH zum Kaufpreis von 1 Mio. EUR verkauft hat.

  Durch Beschluss stimmt die Gesellschafterversammlung – weil es die Satzung der Gesellschaft so bestimmt – zu.

  Beides wird in einer Niederschrift beurkundet.

  Geschäftswerte:

  Verkauf des Geschäftsanteils (§§ 97 Abs. 1, 3, 54 GNotKG) = 1 Mio. EUR

  Zustimmungsbeschluss (§ 108 Abs. 2 GNotKG) = 1 Mio. EUR.

  Der Gesamtwert der Urkunde (Verfahrenswert) beträgt gem. § 35 Abs. 1 GNotKG (Addition der Werte) 2 Mio. EUR.

- Bei Beurkundung von **Beschlüssen nach dem UmwG** ist der Wert des übertragenden oder formwechselnden Rechtsträgers zu bestimmen. Bei Abspaltungen oder Ausgliederungen ist der Wert des übergehenden Vermögens maßgebend.
  Vorgänge nach dem UmwG liegen auf höherer Ebene, so dass hier an dieser Stelle nicht weiter darauf eingegangen wird.
- Der Geschäftswert bei der Beurkundung von **Beschlüssen von Organen einer Gesellschaft bürgerlichen Rechts** beträgt 30.000 EUR, wenn der Beschluss keinen bestimmten Geldwert betrifft.

  Beispiel:

  Die Satzung der X-GbR wird durch einen notariell beurkundeten Beschluss neu gefasst.

Es liegt ein Beschluss mit unbestimmtem Geldwert vor, Geschäftswert damit 30.000 EUR.

66 Der **Höchstwert** für Beschlüsse beträgt **5 Mio. EUR**, auch wenn mehrere Beschlüsse mit verschiedenem Gegenstand in einer Urkunde zusammengefasst werden.

67 Werden in einer Urkunde neben einem **Beschluss** auch **rechtsgeschäftliche Erklärungen** beurkundet, liegen **verschiedene Beurkundungsgegenstände** vor (§ 110 Nr. 1 GNotKG).

12. Vollzugsgeschäfte

68 Gem. § 112 GNotKG ist der **Wert für die Vollzugsgebühr** der gleiche Wert wie für das Beurkundungsverfahren, zu dem die Vollzugstätigkeit durchgeführt wird (s. § 1 Rdn 88). Es ist also immer der **volle Wert der betreffenden Urkunde** auch Geschäftswert für die Vollzugsgebühr, auch wenn weitere gegenstandsverschiedene Beurkundungsgegenstände mitbeurkundet werden. Der Wert der Vollzugsgebühr beschränkt sich dann nicht nur auf den anteiligen Wert für das Veräußerungsgeschäft.

Beispiel:

V verkauft an K eine Eigentumswohnung zum Kaufpreis von 300.000 EUR.

Der Vater von K wirkt bei der Beurkundung mit, weil er seinem Sohn K zur Begleichung des Kaufpreises zweckgebunden einen Betrag von 300.000 EUR schenkt. Die Schenkung wird also mitbeurkundet.

Geschäftswerte für das Beurkundungsverfahren (es liegen zwischen Kaufvertrag und Schenkung verschiedene Beurkundungsgegenstände vor):

- Kaufvertrag, § 97 Abs. 1 GNotKG, § 47 = 300.000 EUR
- Schenkung, § 97 Abs. 1 GNotKG = 300.000 EUR

Gesamtwert, § 35 Abs. 1 GNotKG = 600.000 EUR.

- Geschäftswert für die Vollzugsgebühr: § 112 GNotKG = 600.000 EUR.

13. Betreuungstätigkeiten

69 Betreuungstätigkeiten sind die in Anm. 1–6 zu KV-Nr. 22200 GNotKG genannten Tätigkeiten, Treuhandtätigkeiten gem. KV-Nr. 22201 GNotKG zählen ebenfalls zu den Betreuungstätigkeiten, sie entstehen aber nur, wenn der Notar von einem nicht am Beurkundungsverfahren Beteiligten (z.B. Gläubiger eines zu löschenden Grundpfandrechts im Rahmen eines Kaufvertrages) angewiesen wird, Urkunden (z.B. die Löschungsbewilligung) oder Teile davon nur unter bestimmten Bedingungen herauszugeben (s. § 1 Rdn 110).

70 Der **Geschäftswert für die Betreuungsgebühr** für die Tätigkeiten, die in KV-Nr. 22200 GNotKG genannt sind, ist gem. § 113 Abs. 1 GNotKG **wie für das Beurkundungsverfahren** zu bestimmen. Maßgebend ist immer der gesamte Wert der Urkunde (wie bei der Vollzugsgebühr, s. Rdn 68).

71 Für die **Treuhandgebühr** bestimmt sich der Wert nach § 113 Abs. 2 GNotKG nach dem sog. **Sicherungsinteresse des Dritten**, der dem Notar eine Auflage erteilt. Zumeist ist es die Summe, die ein Gläubiger für die Erteilung der Löschungsbewilligung im Rahmen eines Kaufvertrages aus dem Kaufpreis verlangt.

Beispiel:

V verkauft an K seine Eigentumswohnung zum Kaufpreis von 300.000 EUR. An der Eigentumswohnung lastet eine Grundschuld zu 100.000 EUR für die Sparkasse. Die Sparkasse übersendet dem Notar die Löschungsbewilligung unter der Auflage, dass diese erst dann an das Grundbuchamt zum Vollzug vorgelegt werden darf, wenn ein Betrag von 70.000 EUR bezahlt oder sichergestellt ist.

Geschäftswert für die Betreuungsgebühr:

§ 113 Abs. 2 GNotKG = 70.000 EUR.

14. Verwahrung von Geld, Wertpapieren und Kostbarkeiten

Unter bestimmten Voraussetzungen kann der Notar z.B. eine Kaufpreisabwicklung über ein von ihm geführtes **Notaranderkonto** führen. Der Notar nimmt den Kaufpreis nach näheren Vereinbarungen zur Einzahlung auf eine Notaranderkonto entgegen und zahlt diesen nach den Vorgaben des Einzahlers und der Beteiligten aus. **72**

Für **jede Auszahlung** entsteht aus dem **Auszahlungsbetrag eine gesonderte 1,0-Gebühr** gem. KV-Nr. 25300 GNotKG (§ 124 GNotKG). Die Auszahlungsbeträge werden nicht addiert, vielmehr erfolgt eine **getrennte Berechnung** der jeweiligen Verwahrungsgebühr.

Wenn der Notar **Wertpapiere (z.B. Aktien)** oder **Kostbarkeiten (z.B. Edelmetall oder Schmuck)** in Verwahrung nimmt, entsteht die Gebühr aus deren Wert. **73**

15. Erklärungen gegenüber dem Nachlassgericht, Anträge an das Nachlassgericht

Werden in einer **vermögensrechtlichen Angelegenheit** Erklärungen, die gegenüber dem **Nachlassgericht** abzugeben sind, oder Anträge an das Nachlassgericht beurkundet, ist der Geschäftswert der **Wert des betroffenen Vermögens** oder **betroffenen Bruchteils nach Abzug der Verbindlichkeiten** zum Zeitpunkt der Beurkundung (§ 103 GNotKG). Typische Erklärungen, die unter § 103 GNotKG fallen sind: **74**

- Ausschlagung einer Erbschaft,
- Anfechtung der Annahme oder Ausschlagung einer Erbschaft,
- Anfechtung der Fristversäumung,
- Anzeige bei Erbschaftskauf,

um nur die wichtigsten aufzuzählen.

Die Ausschlagung ist der häufigste Praxisfall, s. hierzu Rdn 76 (Beispielsberechnung).

B. Einzelfälle – Beispiele

In diesem Abschnitt sollen verschiedene Sachverhalte, mit denen ein Auszubildender oder Berufsanfänger am ehesten in Berührung kommt, anhand von Beispielsberechnungen verdeutlicht werden. Bewusst ausgespart werden Sachverhalte, die umfangreichere Grundkenntnisse erfordern, hierzu muss man Kostenrechtsliteratur und ggfls. auch Rechtsprechung zu Rate ziehen. Die Sachverhalte unter Nr. I. bis IV. werden nicht selten an Auszubildende delegiert. **75**

I. Unterschriftsbeglaubigungen

1. Erbausschlagung

Beispiel **76**

A erscheint beim Notar und legt eine von ihm selbst entworfene Erklärung über eine Erbschaftsausschlagung vor. Er ist Miterbe zu ein halb nach seinem Onkel geworden. Als Grund für die Ausschlagung gibt A die Überschuldung des Nachlasses an.

Bewertung:

Verfahren/Geschäft	Verfahrenswert	KV-Nr.	Satz	Gebühr
Unterschriftsbeglaubigung unter Erbschaftsausschlagung, §§ 103, 121 GNotKG	0 EUR	25100 GNotKG	0,2	20,00 EUR
Vollzugstätigkeit, Einreichung beim Nachlassgericht	0 EUR	22124 GNotKG	0,5	20,00 EUR

Verfahren/Geschäft	Verfahrenswert	KV-Nr.	Satz	Gebühr
Dokumentenpauschale, Umfang 2 Seiten, 1 Ablichtung	–	32000 GNotKG je Seite 0,50 EUR	–	1,00 EUR
Sonstige Auslagen	–	32004 GNotKG	–	1,50 EUR

77 **Hinweise:**

Hinzu kommt noch die gesetzliche MwSt. von 19 % (KV-Nr. 32014 GNotKG). Bei den sonstigen Auslagen könnte der Notar aber auch die Pauschale nach KV-Nr. 32005 GNotKG i.H.v. 20 % der Gebühren ansetzen, hier wären das 20 % von 40 EUR = 8 EUR. Würde der Notar die Ausschlagungserklärung mit einem XML-Datensatz elektronisch an das Nachlassgericht übermitteln, müsste noch die 0,6-Vollzugsgebühr nach KV-Nr. 22125 GNotKG mit 15 EUR erhoben werden. Für das Einscannen der Erklärung und die elektronische Übermittlung käme dann aber noch die Dokumentenpauschale nach KV-Nr. 32002 GNotKG i.H.v. 1,50 EUR hinzu.

78 **Bewertung, wenn der Notar die Erbausschlagungserklärung auf Antrag vollständig entworfen hätte (mit Unterschriftsbeglaubigung):**

Beispiel

Gleicher Sachverhalt wie Rdn 76 mit dem Unterschied, dass der Notar die Ausschlagungserklärung im Auftrag vollständig entworfen hat.

Bewertung:

Verfahren/Geschäft	Verfahrenswert	KV-Nr.	Satz	Gebühr
Entwurf über die Erbschaftsausschlagung, §§ 103, 119 GNotKG	0 EUR	24102 i.V.m. 21201 Nr. 6 GNotKG	0,5	30,00 EUR
Vollzugstätigkeit, Einreichung beim Nachlassgericht	–	–	–	–
Dokumentenpauschale, Umfang 2 Seiten, 1 Ablichtung	–	32001 GNotKG je Seite 0,15 EUR	–	0,30 EUR
Sonstige Auslagen	–	32004 GNotKG	–	1,50 EUR

79 **Hinweise:**

Bei Fertigung des Entwurfs ist die Beglaubigung der Unterschrift mit der Entwurfsgebühr abgegolten, wenn die Beglaubigung (hier unterstellt) demnächst erfolgt (Vorbem. 2.4.1 Abs. 2 KV GNotKG). Die Mindestgebühr für Entwürfe, die bei Beurkundung eine 0,5-Gebühr auslösen würden, beträgt 30 EUR (KV-Nr. 24102 GNotKG). Nachdem der Entwurf vom Notar vollständig erstellt worden ist, muss gem. § 92 GNotKG die Höchstgebühr (Gebührensatzrahmen 0,3 bis 0,5) erhoben werden. Die Einreichung der Urkunde ist gem. Vorbem. 2.4.1 Abs. 4 Nr. 1 KV GNotKG mit der Entwurfsgebühr abgegolten. Im Falle der elektronischen Übermittlung der Erklärung an das Nachlassgericht durch XML-Datensatz würde aber zusätzlich die 0,3-Vollzugsgebühr nach KV-Nr. 22114 GNotKG entstehen. Anstelle der Auslagen nach KV-Nr. 32004 kann der Notar die Auslagenpauschale nach KV-Nr. 32005 GNotKG i.H.v. 20 % der Gebühren (hier 6 EUR) erheben.

2. Löschung eines Grundpfandrechts (nur Beglaubigung der Unterschrift)

80 *Beispiel*

A erscheint beim Notar und bringt eine ihm von der Sparkasse X übersandte Löschungsbewilligung über eine Grundschuld zu 100.000 EUR mit. Auf der Löschungsbewilligung befindet sich bereits die von der Sparkasse formulierte Eigentümerzustimmung samt Antrag auf Vollzug der Löschung durch das Gericht. Der Notar beglaubigt lediglich die Unterschrift des Eigentümers und reicht die Löschungserklärungen im Auftrag des A beim Grundbuchamt ein. Vorher prüft der Notar die Löschungserklärungen auf Vollzugsfähigkeit.

Bewertung:

Verfahren/Geschäft	Verfahrenswert	KV-Nr.	Satz	Gebühr
Beglaubigung der Unterschrift, §§ 53 Abs. 1, 121 GNotKG	–	25102 Anm. 2 GNotKG	–	20,00 EUR
Vollzugstätigkeit, Weiterleitung an Grundbuchamt einschl. Prüfung der Vollzugsfähigkeit	–	22124 GNotKG	–	20,00 EUR
Dokumentenpauschale (1 Ablichtung = 2 Seiten)	–	32000 GNotKG je Seite 0,50 EUR	–	1,00 EUR
Sonstige Auslagen	–	32004 GNotKG	–	1,50 EUR

Hinweise: 81

Hinzu kommt noch die gesetzliche MwSt. von 19 % (KV-Nr. 32014 GNotKG). Bei den sonstigen Auslagen könnte der Notar aber auch die Pauschale nach KV-Nr. 32005 GNotKG i.H.v. 20 % der Gebühren ansetzen, hier wären das 20 % von 40 EUR = 8 EUR. Würde der Notar die Löschungserklärung mit einem XML-Datensatz elektronisch an das Grundbuchamt übermitteln, müsste noch die 0,6-Vollzugsgebühr nach KV-Nr. 22125 GNotKG aus dem Wert der Löschung von 100.000 EUR mit 163,80 EUR erhoben werden. Für das Einscannen der Erklärung und die elektronische Übermittlung käme dann auch noch die Dokumentenpauschale nach KV-Nr. 32002 GNotKG i.H.v. 1,50 EUR hinzu.

3. Bewertung, wenn der Notar die Löschungserklärung auf Antrag vollständig entworfen hätte (mit Unterschriftsbeglaubigung)

Beispiel 82

Gleicher Sachverhalt wie Rdn 81 mit dem Unterschied, dass der Notar die Löschungserklärung im Auftrag vollständig entworfen hat.

Bewertung:

Verfahren/Geschäft	Verfahrenswert	KV-Nr.	Satz	Gebühr
Entwurf über die Löschungszustimmung samt Antrag, §§ 53 Abs. 1, 119 GNotKG	100.000,00 EUR	24102 i.V.m. 21201 Nr. 4 GNotKG	0,5	136,50 EUR
Vollzugstätigkeit, Einreichung beim Grundbuchamt	–	–	–	–
Dokumentenpauschale, Umfang 2 Seiten, 1 Ablichtung	–	32001 GNotKG je Seite 0,15 EUR	–	0,30 EUR
1 Grundbucheinsicht	–	32011 GNotKG	–	8,00 EUR
Sonstige Auslagen	–	32004 GNotKG	–	1,50 EUR

Hinweise: 83

Bei Fertigung des Entwurfs ist die Beglaubigung der Unterschrift mit der Entwurfsgebühr abgegolten, wenn die Beglaubigung (hier unterstellt) demnächst erfolgt (Vorbem. 2.4.1 Abs. 2 KV GNotKG). Die Mindestgebühr für Entwürfe, die bei Beurkundung eine 0,5-Gebühr auslösen würden, beträgt 30 EUR (KV-Nr. 24102 GNotKG). Nachdem der Entwurf vom Notar vollständig erstellt worden ist, muss gem. § 92 GNotKG die Höchstgebühr (Gebührensatzrahmen 0,3 bis 0,5) erhoben werden. Hier ist als Geschäftswert gem. § 119 Abs. 1

GNotKG der Wert zugrunde zu legen, der bei einer Beurkundung der Löschungserklärung anzunehmen wäre. Die Einreichung der Urkunde ist gem. Vorbem. 2.4.1 Abs. 4 Nr. 1 KV GNotKG mit der Entwurfsgebühr abgegolten. Im Falle der elektronischen Übermittlung der Erklärung an das Grundbuchamt durch XML-Datensatz würde aber zusätzlich die 0,3-Vollzugsgebühr nach KV-Nr. 22114 GNotKG entstehen. Anstelle der Auslagen nach KV-Nr. 32004 GNotKG kann der Notar die Pauschale nach KV-Nr. 32005 GNotKG i.H.v. 20 % der Gebühren erheben = max. 20 EUR.

4. Löschung eines Wohnungsrechts nach Tod des Berechtigten

84 *Beispiel*

A beantragt des durch Tod des Berechtigten gegenstandslos gewordenen Wohnungsrechts. Er hat den Antrag selbst entworfen und möchte seine Unterschrift beglaubigen lassen. Der Notar reicht danach den Löschungsentwurf beim Grundbuchamt ein. Der Notar hat keine Entwurfstätigkeiten durchgeführt.

Bewertung:

Verfahren/Geschäft	Verfahrenswert	KV-Nr.	Satz	Gebühr
Beglaubigung der Unterschrift, §§ 52 Abs. 6 S. 3, 121 GNotKG	0 EUR	25100 GNotKG	0,2	20,00 EUR
Vollzugstätigkeit, Weiterleitung an Grundbuchamt einschl. Prüfung der Vollzugsfähigkeit	0 EUR	22124 GNotKG	0,5	20,00 EUR
Dokumentenpauschale (1 Ablichtung = 2 Seiten)	–	32000 GNotKG je Seite 0,50 EUR	–	1,00 EUR
Sonstige Auslagen	–	32004 GNotKG	–	1,50 EUR

85 **Hinweise:**

Hinzu kommt noch die gesetzliche MwSt. von 19 % (KV-Nr. 32014 GNotKG). Bei den sonstigen Auslagen könnte der Notar aber auch die Pauschale nach KV-Nr. 32005 GNotKG i.H.v. 20 % der Gebühren ansetzen, hier wären das 20 % von 40 EUR = 8 EUR. Würde der Notar die Löschungserklärung mit einem XML-Datensatz elektronisch an das Grundbuchamt übermitteln, müsste noch die 0,6-Vollzugsgebühr nach KV-Nr. 22125 GNotKG aus dem Wert der Löschung von 100.000 EUR mit 163,80 EUR erhoben werden. Für das Einscannen der Erklärung und die elektronische Übermittlung käme dann auch noch die Dokumentenpauschale nach KV-Nr. 32002 GNotKG i.H.v. 1,50 EUR hinzu.

5. Grunddienstbarkeit (Leitungsrecht)

86 *Beispiel*

Dem Notar wird vom Eigentümer A von Fl.Nr. 100 eine von ihm entworfene Erklärung vorgelegt. Danach bewilligt und beantragt A die Eintragung einer Grunddienstbarkeit, nach deren Inhalt A dem jeweiligen Eigentümer des Nachbargrundstücks Fl.Nr. 101 das Recht einräumt, auf einer Fläche von ca. 4 % der Grundstücksfläche von Fl.Nr. 100 (500 m^2, Verkehrswert pro m^2 200 EUR) eine Abwasserleitung zu verlegen und das Grundstück zur Verlegung und zu Instandhaltungsmaßnahmen zu betreten. Eine Gegenleistung für die Rechtseinräumung ist nicht vereinbart. Der Notar wird nicht mit der Überprüfung des Entwurfs beauftragt. Er soll nur die Unterschrift von A beglaubigen und sodann die Erklärung beim Grundbuchamt einreichen.

Bewertung:

Verfahren/Geschäft	Verfahrenswert	KV-Nr.	Satz	Gebühr
Unterschriftsbeglaubigung, §§ 52 Abs. 3, 6, 121 GNotKG	2.000,00 EUR	25100 GNotKG	0,2	20,00 EUR
Vollzugstätigkeit, Weiterleitung an Grundbuchamt einschl. Prüfung der Vollzugsfähigkeit	2.000,00 EUR	22124 GNotKG	0,5	20,00 EUR
Dokumentenpauschale, Umfang 2 Seiten, 1 Ablichtung	–	32000 GNotKG je Seite 0,50 EUR	–	1,00 EUR
Sonstige Auslagen	–	32004 GNotKG	–	1,50 EUR

Hinweise 87

Hinzu kommt noch die gesetzliche MwSt. von 19 % (KV-Nr. 32014 GNotKG). Der Geschäftswert kann gem. § 52 Abs. 5 GNotKG berechnet werden (s. hierzu Hinweise bei Rdn 89). Bei den sonstigen Auslagen könnte der Notar aber auch die Pauschale nach KV-Nr. 32005 GNotKG i.H.v. 20 % der Gebühren ansetzen, hier wären das 20 % von 40 EUR = 8 EUR. Würde der Notar die Löschungserklärung mit einem XML-Datensatz elektronisch an das Grundbuchamt übermitteln, müsste noch die 0,6-Vollzugsgebühr nach KV-Nr. 22125 GNotKG aus dem Wert der Grunddienstbarkeit von 2.000 EUR mit 16,20 EUR erhoben werden. Für das Einscannen der Erklärung und die elektronische Übermittlung käme dann aber noch die Dokumentenpauschale nach KV-Nr. 32002 GNotKG i.H.v. 1,50 EUR hinzu.

6. Bewertung, wenn der Notar die Dienstbarkeitsbestellung auf Antrag vollständig entworfen hätte (mit Unterschriftsbeglaubigung)

Beispiel 88

Gleicher Sachverhalt wie Rdn 86 mit dem Unterschied, dass der Notar die Eintragungsbewilligung im Auftrag vollständig entworfen hat.

Bewertung:

Verfahren/Geschäft	Verfahrenswert	KV-Nr.	Satz	Gebühr
Entwurf über die Bestellung der Grunddienstbarkeit, §§ 52 Abs. 3, 6, 119 GNotKG	2.000,00 EUR	24102 i.V.m. 21201 Nr. 4 GNotKG	0,5	30,00 EUR
Vollzugstätigkeit, Einreichung beim Grundbuchamt einschl. der Prüfung der Vollzugsreife	–	–	–	–
1 Grundbucheinsicht	–	32011 GNotKG	–	8,00 EUR
Dokumentenpauschale, Umfang 2 Seiten, 1 Ablichtung	–	32001 GNotKG je Seite 0,15 EUR	–	0,30 EUR
Sonstige Auslagen	–	32004 GNotKG	–	1,50 EUR

Hinweise: 89

Der Wert einer Dienstbarkeit ist nach § 52 GNotKG zu bestimmen. Es handelt sich um eine Grunddienstbarkeit, also eine Dienstbarkeit von unbeschränkter Dauer. Maßgebend ist der 20-fache Jahreswert. Nachdem der Wert nicht feststeht, kann er nach § 52 Abs. 5 GNotKG mit 5 % des Wertes der betroffenen Fläche (hier 4 % aus dem Wert von 100.000 EUR) angenommen werden = 4.000 EUR. Da dies dem Verkehrswert entspricht und allein das Recht der Nutzung nur in bestimmten Fällen nicht mit diesem Wert gleichgesetzt werden kann, schlägt die Literatur einen Abschlag vor von ca. 50 %, vereinzelt sogar einen noch höheren Abschlag. Die Rechtsprechung sieht keine Möglichkeit für einen Abschlag. Richtig dürfte ein Abschlag sein, wie hier vorgeschlagen etwa 50 %.

Bei Fertigung des Entwurfs ist die Beglaubigung der Unterschrift mit der Entwurfsgebühr abgegolten, wenn die Beglaubigung (hier unterstellt) demnächst erfolgt (Vorbem. 2.4.1 Abs. 2 KV GNotKG). Die Mindestgebühr für Entwürfe, die bei Beurkundung eine 0,5-Gebühr auslösen würden, beträgt 30 EUR (KV-Nr. 24102 GNotKG). Nachdem der Entwurf vom Notar vollständig erstellt worden ist, muss gem. § 92 GNotKG die Höchstgebühr (Gebührensatzrahmen 0,3 bis 0,5) erhoben werden. Die Einreichung der Urkunde ist gem. Vorbem. 2.4.1 Abs. 4 Nr. 1 KV GNotKG mit der Entwurfsgebühr abgegolten. Im Falle der elektronischen Übermittlung der Erklärung an das Grundbuchamt durch XML-Datensatz würde aber zusätzlich die 0,3-Vollzugsgebühr nach KV-Nr. 22114 GNotKG entstehen. Anstelle der Auslagen nach KV-Nr. 32004 GNotKG kann der Notar die Auslagenpauschale nach KV-Nr. 32005 GNotKG i.H.v. 20 % der Gebühren (hier 6 EUR) erheben.

II. Beglaubigung von Kopien und Ablichtungen

1. Zeugnisabschrift (2 Seiten)

90 *Beispiel*

Dem Notar wird ein Zeugnis (2 Seiten) vorgelegt. Er wird beauftragt, das Zeugnis einmal zu kopieren und die Kopie zu beglaubigen. Der Notar händigt die beglaubigte Ablichtung sofort aus.

Bewertung:

Verfahren/Geschäft	Verfahrenswert	KV-Nr.	Satz	Gebühr
Beglaubigung einer Ablichtung (2 Seiten)	–	25102 GNotKG	–	10,00 EUR

91 **Hinweise:**

Hinzu kommt noch die gesetzliche MwSt. von 19 % (KV-Nr. 32014 GNotKG). Für die vom Notar hergestellte Kopie kann neben der Beglaubigungsgebühr keine Dokumentenpauschale erhoben werden (KV-Nr. 25102 Anm. 1 GNotKG). Sonstige Auslagen kann der Notar nur erheben, wenn überhaupt Auslagen anfallen. Wenn der Notar die Kopie gleich aushändigt, fallen keine Auslagen an. Selbst wenn die Rechnung nicht gleich beglichen wird, kann der Notar das Porto für die Übersendung der Rechnung nicht in Rechnung stellen (vgl. KV-Nr. 32004 Anm. 1 GNotKG).

2. Schriftsatz (200 Seiten)

92 *Beispiel*

Dem Notar wird ein Skript im Umfang von 200 S. vorgelegt. Er beglaubigt die Ablichtung.

Bewertung:

Verfahren/Geschäft	Verfahrenswert	KV-Nr.	Satz	Gebühr
Beglaubigung einer Ablichtung (200 Seiten)	–	25102 GNotKG	–	200,00 EUR

93 **Hinweise:**

Hinzu kommt noch die gesetzliche MwSt. von 19 % (KV-Nr. 32014 GNotKG). Für die vom Notar hergestellte Kopie kann neben der Beglaubigungsgebühr keine Dokumentenpauschale erhoben werden (KV-Nr. 25102 Anm. 1 GNotKG). Sonstige Auslagen kann der Notar nur erheben, wenn überhaupt Auslagen anfallen. Wenn der Notar die Kopie gleich aushändigt, fallen keine Auslagen an. Selbst wenn die Rechnung nicht gleich beglichen wird, kann der Notar das Porto für die Übersendung der Rechnung nicht in Rechnung stellen (vgl. KV-Nr. 32004 Anm. 1 GNotKG).

III. Versicherung an Eides statt

1. Mit Erbscheinsantrag

Beispiel 94

A ist verstorben. Er hat keine Verfügung von Todes wegen hinterlassen und wurde aufgrund gesetzlicher Erbfolge von seiner Tochter T und seinem Sohn S als Miterben je zur Hälfte beerbt. T und S beantragen nunmehr zu notarieller Urkunde die Erteilung eines Erbscheins und versichern die Richtigkeit ihrer Angaben an Eides statt. Als Nachlasswert im Zeitpunkt des Erbfalls geben die Erben einen Betrag von 500.000 EUR an. Es bestehen Verbindlichkeiten, die noch vom Erblasser herrühren, in Höhe von 100.000 EUR. Der Notar leitet den Antrag durch Übersendung einer beglaubigten Ablichtung an das Nachlassgericht weiter. T und S erhalten je eine beglaubigte Ablichtung der 3 Seiten umfassenden Niederschrift.

Bewertung:

Verfahren/Geschäft	Verfahrenswert	KV-Nr.	Satz	Gebühr
Erbscheinsantrag mit Versicherung an Eides statt, § 40 Abs. 1 Nr. 1 GNotKG	400.000,00 EUR	23300 GNotKG	1,0	785,00 EUR
Dokumentenpauschale 3 begl. Ablichtungen je 3 Seiten	–	32000 GNotKG	–	4,50 EUR
Sonstige Auslagen, Pauschale	–	32005 GNotKG	–	20,00 EUR

Hinweise: 95

Hinzu kommt die gesetzliche MwSt. von 19 % (KV-Nr. 32014 GNotKG).

Mit der Gebühr nach KV-Nr. 23300 GNotKG ist der Antrag an das Nachlassgericht über die Erteilung des Erbscheins abgegolten (Vorbem. 2.3.3 Abs. 2 KV GNotKG). Die Einreichung löst neben der Gebühr für die Versicherung an Eides statt keine weitere Gebühr aus. Der Wert ist nach § 40 Abs. 1 Nr. 1 GNotKG zu bestimmen, somit Wert des Nachlasses im Zeitpunkt des Erbfalls nach Abzug der vom Erblasser herrührenden Verbindlichkeiten. Erbfallschulden, wie z.B. die Beerdigungskosten oder etwaige Erbschaftsteuern werden dagegen nicht abgezogen. Die Dokumentenpauschale ist nach KV-Nr. 32000 GNotKG zu berechnen, weil eine Versicherung an Eides statt kein Beurkundungsverfahren beinhaltet, sondern ein sonstiges notarielles Verfahren.

2. Mit Testamentsvollstreckerzeugnis

Beispiel 96

E ist verstorben. In einer letztwilligen Verfügung hat E neben Erbeinsetzungen T zum Testamentsvollstrecker bestimmt. T beantragt nun die Erteilung eines Testamentsvollstreckerzeugnisses und versichert seine Angaben an Eides statt. N beurkundet den Antrag und reicht eine beglaubigte Ablichtung an das Nachlassgericht ein. Als Nachlasswert im Zeitpunkt des Erbfalls geben die Erben einen Betrag von 500.000 EUR an. Es bestehen Verbindlichkeiten, die noch vom Erblasser herrühren, in Höhe von 100.000 EUR. Die Urkunde umfasst 3 Seiten. Es werden 2 beglaubigte Ablichtungen erstellt.

Bewertung:

Verfahren/Geschäft	Verfahrenswert	KV-Nr.	Satz	Gebühr
Versicherung an Eides statt mit Antrag auf Erteilung eines Testamentsvollstreckerzeugnisses, § 40 Abs. 5 GNotKG	100.000,00 EUR	23300 GNotKG	1,0	273,00 EUR

Verfahren/Geschäft	Verfahrenswert	KV-Nr.	Satz	Gebühr
Dokumentenpauschale, 2 x 3 Seiten	–	32000 GNotKG	–	3,00 EUR
Sonstige Auslagen	–	32005 GNotKG	–	20,00 EUR

97 **Hinweise:**

Hinzu kommt die gesetzliche MwSt. von 19 % (KV-Nr. 32014 GNotKG).

Mit der Gebühr nach KV-Nr. 23300 GNotKG ist der Antrag an das Nachlassgericht über die Erteilung des Testamentsvollstreckerzeugnisses abgegolten (Vorbem. 2.3.3 Abs. 2 KV GNotKG). Die Einreichung löst neben der Gebühr für die Versicherung an Eides statt keine weitere Gebühr aus. Der Wert ist nach § 40 Abs. 5 GNotKG mit 20 % des Nachlasswertes im Zeitpunkt des Erbfalls zu bestimmen. Allerdings werden gem. § 40 Abs. 5 S. 1 GNotKG die Verbindlichkeiten nicht abgezogen. Dies macht auch Sinn, weil sich die Testamentsvollstreckung auch auf die Verbindlichkeiten bezieht. Auch Erbfallschulden, wie z.B. die Beerdigungskosten oder etwaige Erbschaftsteuern werden nicht abgezogen. Die Dokumentenpauschale ist nach KV-Nr. 32000 GNotKG zu berechnen, weil eine Versicherung an Eides statt kein Beurkundungsverfahren beinhaltet, sondern ein sonstiges notarielles Verfahren.

IV. Vereinsregisteranmeldungen

1. Anmeldung eines neu gegründeten Vereins

98 *Beispiel*

Die Vorstandsmitglieder A, B, C und D melden die Eintragung des neu gegründeten Männergesangvereins „Colonia" mit dem Sitz in Ismaning beim Vereinsregister München an, samt Vorstandsmitgliedern und deren Vertretungsbefugnis. Der Notar fertigt im Auftrag den Entwurf der Anmeldung vollständig und beglaubigt die Unterschriften der Vorstandsmitglieder in einem Vermerk. Danach reicht der Notar die Anmeldung durch einen XML-Datensatz elektronisch ein. Der Notar scannt die Anmeldung nach Unterschriftsbeglaubigung ein und erteilt dem Verein auf dessen Wunsch 2 beglaubigte Ablichtungen der Anmeldung (2 Seiten). Das Gründungsprotokoll (8 Seiten) wird ebenfalls eingescannt und dem XML-Datensatz ebenfalls angehängt. Der Verein selbst verfügt über kein nennenswertes Vermögen.

Bewertung:

Verfahren/Geschäft	Verfahrenswert	KV-Nr.	Satz	Gebühr
Entwurf der Anmeldung zum Vereinsregister, § 36 Abs. 2 GNotKG	5.000,00 EUR	24102 i.V.m. 21201 Nr. 5 GNotKG	0,5	30,00 EUR
Vollzugsgebühr, XML-Datensatz	5.000,00 EUR	22114 GNotKG	0,3	15,00 EUR
Einscannen und Dateianhang eine Datei = 2 Seiten, eine Datei 8 Seiten	–	32002 i.V.m. 32000 GNotKG	–	5,00 EUR
Dokumentenpauschale 2 begl. Ablichtungen 2 x 2 Seiten	–	32001 GNotKG	–	0,60 EUR
Sonstige Auslagen	–	32005 GNotKG	–	9,00 EUR

99 **Hinweise**:

Hinzu kommt die gesetzliche MwSt. von 19 % (KV-Nr. 32014 GNotKG).

Der Wert ist nach § 36 Abs. 2 GNotKG zu bestimmen. Hier erscheint der Auffangwert sachgerecht, weil der Verein über kein nennenswertes Vermögen verfügt. Bei der Anmeldung des Vereins und der Mitanmeldung des Vorstands einschl. seiner Vertretungsbefugnis handelt es sich um **eine** Anmeldung. Der vollständige Entwurf löst die höchste in Betracht kommende Gebühr aus. Die Beglaubigung der Unterschriften in einem Vermerk (erste Beglaubigung unter dem Entwurf) ist mit der Entwurfsgebühr abgegolten (ist auch demnächst, nämlich sofort erfolgt). Das Einscannen von 2 Dokumenten würde eine Gebühr von je 1,50 EUR, insgesamt 3 EUR auslösen. Da aber durch den Seitenvergleich und der Berechnung nach KV-Nr. 32000 GNotKG ein höherer Betrag herauskommt, ist dieser zu berechnen. Die Einreichung selbst ist Teil der Entwurfsgebühr. Der Notar kann die tatsächlichen Auslagen oder aber auch die Auslagenpauschale erheben. Die Pauschale beträgt im vorliegenden Falle 20 % von 45 EUR und damit 9 EUR.

2. Anmeldung bei Veränderungen im Vorstand

Beispiel 100

Der Vorstand des Golfclubs „Gutshof Alte Heide" hat den Vorstand neu gewählt. Der erste Vorsitzende und der Schriftführer wurden bestätigt. Der zweite Vorsitzende B wurde abberufen, an seiner Stelle wurde C bestellt. Der Schatzmeister D wurde abberufen, E wurde zum neuen Schatzmeister gewählt. Die Veränderungen beim zweiten Vorsitzenden und dem Schatzmeister werden angemeldet. Der Notar fertigt den Entwurf der Anmeldung im Auftrag vollständig und beglaubigt die Unterschriften der Vorstandsmitglieder in einem Vermerk. Danach reicht der Notar die Anmeldung durch einen XML-Datensatz elektronisch ein. Der Notar scannt die Anmeldung nach Unterschriftsbeglaubigung ein und erteilt dem Verein auf dessen Wunsch 2 beglaubigte Ablichtungen der Anmeldung (2 Seiten). Das Beschlussprotokoll (2 Seiten) wird ebenfalls eingescannt und dem XML-Datensatz ebenfalls angehängt. Der Verein selbst verfügt über wesentliches Vermögen (Golfanlage und Clubhaus). Der Wert wird mit ca. 3 Mio. EUR angegeben, dem stehen ca. 1,5 Mio. EUR Verbindlichkeiten gegenüber.

Bewertung:

Verfahren/Geschäft	Verfahrenswert	KV-Nr.	Satz	Gebühr
Entwurf der Anmeldung zum Vereinsregister, § 36 Abs. 2 GNotKG	100.000,00 EUR	24102 i.V.m. 21201 Nr. 5 GNotKG	0,5	136,50 EUR
Vollzugsgebühr, XML-Datensatz	100.000,00 EUR	22114 GNotKG	0,3	81,90 EUR
Einscannen und Dateianhang Eine Datei = 2 Dateien je 2 Seiten	–	32002 GNotKG	–	3,00 EUR
Dokumentenpauschale 2 begl. Ablichtungen 2 x 2 Seiten	–	32001 GNotKG	–	0,60 EUR
Sonstige Auslagen	–	32005 GNotKG	–	20,00 EUR

Hinweise: 101

Hinzu kommt die gesetzliche MwSt. von 19 % (KV-Nr. 32014 GNotKG).

Der Wert ist nach § 36 Abs. 2 GNotKG zu bestimmen. Hier erscheint ein über dem Auffangwert von 5.000 EUR liegender Wert sachgerecht, weil der Verein über nennenswertes Vermögen verfügt. Es liegen insgesamt 4 Anmeldungen vor, nämlich 2 Abmeldungen und 2 Neuanmeldungen (§ 111 Nr. 3 GNotKG). Für jede Anmeldung wurde hier durch billiges Ermessen der Wert auf 25.000 EUR festgelegt. Denkbar wäre aber auch ein niedrigerer oder ein höherer Wert. Nachdem 4 Anmeldungen vorliegen, beträgt der Wert 100.000 EUR. Der vollständige Entwurf löst die höchste in Betracht kommende Gebühr aus. Die Beglaubigung der Unterschriften in einem Vermerk (erste Beglaubigung unter dem Entwurf) ist mit der Entwurfsgebühr abgegolten (ist auch demnächst, nämlich sofort erfolgt). Das Einscannen von 2 Dokumenten würde eine Gebühr von je 1,50 EUR, insgesamt 3 EUR auslösen. Hier führen der Seitenvergleich und die Berechnung nach KV-Nr. 32000 GNotKG zu keinem höheren Betrag. Die Einreichung selbst ist Teil der Entwurfsgebühr. Der Notar kann die tatsächlichen Auslagen oder aber auch die Auslagenpauschale erheben. Die Pauschale beträgt im vorliegenden Falle 20 % von 218,40 EUR und damit 20 EUR (Höchstbetrag).

V. Gründung einer GmbH

1. Gründung durch eine Person

102 *Beispiel*

A errichtet eine GmbH mit Stammkapital 25.000 EUR und übernimmt 25.000 Geschäftsanteile zu 1 EUR mit den Nrn. 1–25.000 EUR. Das Kapital ist in Geld zu leisten. Durch Beschluss wird A zum ersten und alleinvertretungsberechtigten Geschäftsführer bestellt, der von den Beschränkungen des § 181 BGB befreit ist.

Der Notar beurkundet den Gründungsvorgang und entwirft zusätzlich im Auftrag die Registeranmeldung vollständig, mit welcher die GmbH, der Geschäftsführer und dessen abstrakte und konkrete Vertretungsbefugnis zur Eintragung in das Handelsregister angemeldet werden. Unter der Registeranmeldung beglaubigt der Notar die Unterschrift des A.

Der Notar fertigt auftragsgemäß die Gesellschafterliste.

Der Notar reicht die Registeranmeldung elektronisch mittels XML-Datensatz zum Handelsregister ein und hängt folgende Dokumente an, die er zuvor zum Zweck der elektronischen Übermittlung eingescannt hat: Registeranmeldung (3 Seiten), Gründungsurkunde (8 Seiten), Gesellschafterliste (1 Seite) und Einzahlungsbeleg (1 Seite).

Von der Gründungsurkunde, der Registeranmeldung und der Gesellschafterliste fertigt der Notar je 2 beglaubigte Ablichtungen für A und die GmbH.

a) Errichtung der GmbH

103 **Bewertung**:

Verfahren/Geschäft	Verfahrenswert	KV-Nr.	Satz	Gebühr
Beurkundungsverfahren, § 35 Abs. 1 GNotKG	60.000,00 EUR			
GmbH-Errichtung, §§ 97 Abs. 1, 107 Abs. 1 GNotKG = 30.000,00 EUR	30.000,00 EUR	21200 GNotKG	1,0	125,00 EUR
Beschluss Geschäftsführerbestellung, §§ 108 Abs. 1, 105 Abs. 4 Nr. 1 GNotKG = 30.000,00 EUR	30.000,00 EUR	21100 GNotKG	2,0	250,00 EUR
Vollzugstätigkeit, Gesellschafterliste, § 112 GNotKG	60.000,00 EUR	22110 GNotKG	0,5	96,00 EUR
Dokumentenpauschale für Gründungsurkunde und Liste 8 + 1 Seite, insgesamt 9 Seiten x 2 = 18 Seiten	–	32001 GNotKG	–	2,70 EUR
Sonstige Auslagen	–	32005 GNotKG	–	20,00 EUR

104 **Hinweise**:

Hinzu kommt die gesetzliche MwSt. von 19 % (KV-Nr. 32014 GNotKG).

Der Geschäftswert für die GmbH-Errichtung bestimmt sich nach dem Stammkapital, mindestens jedoch 30.000 EUR. Für den Beschluss beträgt der Geschäftswert 1 % des Stammkapitals, mindestens 30.000 EUR. Es liegen verschiedene Beurkundungsgegenstände vor (§ 110 Nr. 1 GNotKG). Die Werte sind gem. § 35 Abs. 1 GNotKG zu addieren, die Summe bildet den Wert des Beurkundungsverfahrens.

Die Errichtung der GmbH durch eine Person ist einseitige Erklärung und löst eine 1,0-Gebühr nach KV-Nr. 21200 GNotKG aus, für den Beschluss ist eine 2,0-Gebühr nach KV-Nr. 21100 GNotKG zu erheben. Wegen der unterschiedlichen Gebührensätze ist gem. § 94 Abs. 1 GNotKG eine Vergleichsberechnung vorzunehmen: Der getrennten Berechnung der

Gebühren ist die 2,0-Gebühr als höchstem Gebührensatz aus dem Gesamtwert gegenüberzustellen. Die getrennte Berechnung ist hier günstiger und daher maßgebend.

Die Erstellung der Gesellschafterliste ist Vollzugstätigkeit zur Gründungsniederschrift. Die Vollzugsgebühr ist eine 0,5-Gebühr nach KV-Nr. 22110 GNotKG, weil der höchste Gebührensatz des Beurkundungsverfahrens für den Gebührensatz der Vollzugsgebühr ausschlaggebend ist. Geschäftswert ist der volle Verfahrenswert und nicht nur der Wert des Gründungsvorgangs. Die Dokumentenpauschale ist nach KV-Nr. 32001 GNotKG zu berechnen, weil ein Beurkundungsverfahren betroffen ist. Hier wurde die Auslagenpauschale mit 20 % der Gebühren, max. 20 EUR angenommen.

b) Entwurf der Registeranmeldung

Bewertung: 105

Verfahren/Geschäft	Verfahrenswert	KV-Nr.	Satz	Gebühr
Registeranmeldung – Entwurf, §§ 119, 105 Abs. 1 Nr. 1 GNotKG	30.000,00 EUR	24102 i.V.m. 21201 Nr. 5 GNotKG	0,5	62,50 EUR
XML-Datensatz – elektronische Einreichung, Vollzug	30.000,00 EUR	22114 GNotKG	0,3	37,50 EUR
Dokumentenpauschale für Registeranmeldung (3 Seiten) und Liste (1 Seite), insgesamt 4 Seiten x 2 = 8 Seiten	–	32001 GNotKG	–	1,20 EUR
Dokumentenpauschale – elektronische Übermittlung, Scan-Dokumente 4; Seitenzahl insges. 13	–	32002 i.V.m. 32000 GNotKG	–	6,50 EUR
Sonstige Auslagen	–	32004 GNotKG	–	5,00 EUR

Hinweise: 106

Hinzu kommt die gesetzliche MwSt. von 19 % (KV-Nr. 32014 GNotKG).

Für den Entwurf der Registeranmeldung gelten gem. § 119 GNotKG die Wertvorschriften für ein dementsprechendes Beurkundungsverfahren. Es liegt eine Anmeldung mit bestimmtem Geldwert vor (§ 105 Abs. 1 S. 1 Nr. 1 GNotKG). Anzunehmen ist aber der Mindestwert gem. § 105 Abs. 1 S. 2 GNotKG i.H.v. 30.000 EUR. Die Anmeldung des Geschäftsführers ist Teil der Anmeldung der GmbH. Gem. KV-Nr. 24102 GNotKG ist zwar eine Rahmengebühr bestimmt, der Notar muss aber bei vollständigem Entwurf gem. § 92 Abs. 2 GNotKG den höchsten Gebührensatz annehmen. Die Beglaubigung der Unterschrift ist mit der Entwurfsgebühr abgegolten.

Für den XML-Datensatz entsteht ggfls. neben anderen Vollzugsgebühren eine 0,3-Gebühr. Es liegt eine Vollzugstätigkeit zur Registeranmeldung vor und nicht zur Gründungsurkunde. Für die Dokumentenpauschale gilt, wie bei der Gründungsurkunde, KV-Nr. 32001 GNotKG.

Insgesamt sind 4 Dokumente, die dem XML-Datensatz anzuhängen sind, einzuscannen. Hierfür sind pro Datei 1,50 EUR zu berechnen, max. aber 5 EUR, da die Übermittlung in einem Arbeitsgang erfolgt. Mindestens ist aber die Dokumentenpauschale zu erheben, die für die Gesamtseitenzahl nach KV-Nr. 32000 GNotKG entstehen würde. Hier beträgt die Pauschale damit bei 13 Seiten 6,50 EUR (pro Seite 0,50 EUR).

Der Notar kann die tatsächlichen Auslagen (KV-Nr. 32004 GNotKG, hier mit 5 EUR angenommen), aber auch die Pauschale (KV-Nr. 32005 GNotKG, das wären hier 20 % aus 100 EUR = 20 EUR), erheben.

2. Gründung durch mehrere Personen

107 *Beispiel*

Gleicher Sachverhalt, wie beim Beispiel Rdn 102, jedoch mit dem Unterschied, dass die Errichtung der GmbH durch A und B erfolgt und A 12.500 Geschäftsanteile zu je 1 EUR (Nrn. 1–12500) und B 12.500 Geschäftsanteile zu je 1 EUR (Nrn. 12501–25000) übernehmen. Durch Beschluss werden A und B zu je alleinvertretungsberechtigten Geschäftsführern bestellt. Sonst keine Änderungen.

a) Errichtung der GmbH

108 **Bewertung**:

Verfahren/Geschäft	Verfahrenswert	KV-Nr.	Satz	Gebühr
Beurkundungsverfahren, § 35 Abs. 1 GNotKG	60.000,00 EUR	21100 GNotKG	2,0	384,00 EUR
GmbH-Errichtung, §§ 97 Abs. 1, 107 Abs. 1 GNotKG = 30.000,00 EUR				
Beschluss Geschäftsführerbestellung, §§ 108 Abs. 1, 105 Abs. 4 Nr. 1 GNotKG = 30.000,00 EUR				
Vollzugstätigkeit, Gesellschafterliste, § 112 GNotKG	60.000,00 EUR	22110 GNotKG	0,5	96,00 EUR
Dokumentenpauschale für Gründungsurkunde und Liste 8 Seiten + 1 Seite, insgesamt 9 Seiten x 2 = 18 Seiten	–	32001 GNotKG	–	2,70 EUR
Sonstige Auslagen	–	32005 GNotKG	–	20,00 EUR

109 **Hinweise**:

Hinzu kommt die gesetzliche MwSt. von 19 % (KV-Nr. 32014 GNotKG).

Der Geschäftswert für die GmbH-Errichtung bestimmt sich nach dem Stammkapital, mindestens jedoch 30.000 EUR. Für den Beschluss beträgt der Geschäftswert 1 % des Stammkapitals, mindestens 30.000 EUR. Es liegen verschiedene Beurkundungsgegenstände vor (§ 110 Nr. 1 GNotKG). Die Werte sind gem. § 35 Abs. 1 GNotKG zu addieren, die Summe bildet den Wert des Beurkundungsverfahrens. Beide Beurkundungsgegenstände unterliegen der 2,0-Gebühr gem. KV-Nr. 21100 GNotKG, sodass keine Vergleichsberechnung durchzuführen ist.

Die Erstellung der Gesellschafterliste ist Vollzugstätigkeit zur Gründungsniederschrift. Die Vollzugsgebühr ist eine 0,5-Gebühr nach KV-Nr. 22110 GNotKG. Geschäftswert ist der volle Verfahrenswert und nicht nur der Wert des Gründungsvorgangs. Die Dokumentenpauschale ist nach KV-Nr. 32001 GNotKG zu berechnen, weil ein Beurkundungsverfahren betroffen ist. Hier wurde die Auslagenpauschale mit 20 % der Gebühren, max. 20 EUR angenommen.

b) Entwurf der Registeranmeldung

110 **Bewertung**:

Verfahren/Geschäft	Verfahrenswert	KV-Nr.	Satz	Gebühr
Registeranmeldung – Entwurf, §§ 119, 105 Abs. 1 Nr. 1 GNotKG	30.000,00 EUR	24102 i.V.m. 21201 Nr. 5 GNotKG	0,5	62,50 EUR
XML-Datensatz – elektronische Einreichung, Vollzug	30.000,00 EUR	22114 GNotKG	0,3	37,50 EUR

Verfahren/Geschäft	Verfahrenswert	KV-Nr.	Satz	Gebühr
Dokumentenpauschale für Registeranmeldung (3 Seiten) und Liste (1 Seite), insgesamt 4 Seiten x 2 = 8 Seiten	–	32001 GNotKG	–	1,20 EUR
Dokumentenpauschale – elektronische Übermittlung, Scan-Dokumente 4; Seitenzahl insges. 13	–	32002 i.V.m. 32000 GNotKG	–	6,50 EUR
Sonstige Auslagen	–	32004 GNotKG	–	5,00 EUR

Hinweise: 111

Gegenüber Rdn 105 ergeben sich keine Abweichungen. Auf die dortigen Hinweise zu Rdn 106 wird verwiesen.

3. Errichtung einer UG (haftungsbeschränkt)

Beispiel 112

A errichtet die ABC-UG (haftungsbeschränkt) mit einem Stammkapital von 1.000 EUR. A übernimmt 1.000 Geschäftsanteile zu je 1 EUR mit den Nrn. 1–1000. Die Einzahlung des Stammkapitals erfolgt in Geld. Die Gründung erfolgt durch Musterprotokoll gem. § 2 Abs. 1a GmbHG. Zum ersten Geschäftsführer wird A bestellt. Im Übrigen gelten die Bestimmungen des Musterprotokolls.

Der Notar entwirft die Registeranmeldung vollständig und reicht diese nach Beglaubigung der Unterschrift des A elektronisch mittels XML-Datensatz zum Handelsregister ein. Folgende Dokumente werden angehängt, die der Notar zuvor zum Zweck der elektronischen Übermittlung eingescannt hat: Registeranmeldung (2 Seiten), Gründungsurkunde (3 Seiten), Einzahlungsbeleg (1 Seite).

Von der Gründungsurkunde und der Registeranmeldung fertigt der Notar je 2 beglaubigte Ablichtungen für A und die UG.

a) Errichtung der UG (haftungsbeschränkt)

Bewertung: 113

Verfahren/Geschäft	Verfahrenswert	KV-Nr.	Satz	Gebühr
Beurkundungsverfahren, Errichtung der UG (haftungsbeschränkt), §§ 97 Abs. 1, 107 Abs. 1 GNotKG	1.000,00 EUR	21200 GNotKG	1,0	60,00 EUR
Dokumentenpauschale, insges. 6 Seiten	–	32001 GNotKG		0,90 EUR
Sonstige Auslagen, Pauschale	–	32005 GNotKG	–	12,00 EUR

Hinweise: 114

Hinzu kommt die gesetzliche MwSt. von 19 % (KV-Nr. 32014 GNotKG).

Für die Gründung einer UG (haftungsbeschränkt) gilt der Mindestwert gem. § 107 Abs. 1 von 30.000 EUR nicht, wenn vom gesetzlich vorgeschriebenen Musterprotokoll nicht abgewichen wird und die Gründung durch max. 3 Gesellschafter erfolgt und nur ein Geschäftsführer bestellt wird. Abweichungen hiervon führen zum Verlust der Kostenprivilegs. Bei der Geschäftsführerbestellung liegt bei Verwendung des Musterprotokolls kein Beschluss vor, die Bestellung ist vielmehr Teil des besonderen Gründungsverfahrens. Bei der Gründung durch eine Person liegt eine einseitige Erklärung vor. Allerdings ist die Mindestgebühr bei der 1,0-Gebühr nach KV-Nr. 21200 GNotKG von 60 EUR zu erheben. Eine zusätzliche Gesellschafterliste ist nicht erforderlich, weil das Musterprotokoll nach gesetzlicher Einordnung auch als Gesellschafterliste gilt. Eine Vollzugsgebühr ist daher nicht entstanden.

b) Entwurf der Registeranmeldung

115 **Bewertung**:

Verfahren/Geschäft	Verfahrenswert	KV-Nr.	Satz	Gebühr
Registeranmeldung – Entwurf, §§ 119, 105 Abs. 1 Nr. 1 GNotKG	1.000,00 EUR	24102 i.V.m. 21201 Nr. 5 GNotKG	0,5	30,00 EUR
XML-Datensatz – elektronische Einreichung, Vollzug	1.000,00 EUR	22114 GNotKG	0,3	15,00 EUR
Dokumentenpauschale für Registeranmeldung (2 Seiten x 2, insgesamt 4 Seiten	–	32001 GNotKG	–	0,60 EUR
Dokumentenpauschale – elektronische Übermittlung, Scan-Dokumente 3; Seitenzahl insges. 6	–	32002 i.V.m. 32000 GNotKG	–	4,50 EUR
Sonstige Auslagen	–	32004 GNotKG	–	5,00 EUR

116 **Hinweise**:

Hinzu kommt die gesetzliche MwSt. von 19 % (KV-Nr. 32014 GNotKG).

Für den Entwurf der Registeranmeldung gelten gem. § 119 GNotKG die Wertvorschriften für ein dementsprechendes Beurkundungsverfahren. Es liegt eine Anmeldung mit bestimmtem Geldwert vor (§ 105 Abs. 1 S. 1 Nr. 1 GNotKG). Anzunehmen ist der einzutragende Betrag von 1.000 EUR, der Mindestwert gem. § 105 Abs. 1 S. 2 GNotKG i.H.v. 30.000 EUR gilt bei Verwendung des Musterprotokolls nicht. Die Anmeldung des Geschäftsführers ist Teil der Anmeldung der GmbH. Gem. KV-Nr. 24102 GNotKG ist zwar eine Rahmengebühr bestimmt, der Notar muss aber bei vollständigem Entwurf gem. § 92 Abs. 2 GNotKG den höchsten Gebührensatz annehmen. Die Beglaubigung der Unterschrift ist mit der Entwurfsgebühr abgegolten.

Für den XML-Datensatz entsteht ggfls. neben anderen Vollzugsgebühren eine 0,3-Gebühr. Es liegt eine Vollzugstätigkeit zur Registeranmeldung vor und nicht zur Gründungsurkunde. Für die Dokumentenpauschale gilt, wie bei der Gründungsurkunde, KV-Nr. 32001 GNotKG.

Insgesamt sind 3 Dokumente, die dem XML-Datensatz anzuhängen sind, einzuscannen. Hierfür sind pro Datei 1,50 EUR zu berechnen, insgesamt somit 4,50 EUR, da die Übermittlung in einem Arbeitsgang erfolgt. Der max. Betrag von 5 EUR wird nicht erreicht. Mindestens ist aber die Dokumentenpauschale zu erheben, die für die Gesamtseitenzahl nach KV-Nr. 32000 GNotKG entstehen würde. Hier beträgt die Pauschale damit bei 6 S. 3 EUR (pro Seite 0,50 EUR) und ist niedriger als die Pauschalen von insgesamt 4,50 EUR.

Der Notar kann die tatsächlichen Auslagen (KV-Nr. 32004 GNotKG, hier mit 5,00 EUR angenommen), aber auch die Pauschale (KV-Nr. 32005 GNotKG, das wären hier 20 % aus 45 EUR = 9 EUR), erheben.

Würde die Gründung durch 2 Gesellschafter erfolgen, würde sich lediglich die Gebühr für das Beurkundungsverfahren ändern. Dann müsste die 2,0-Gebühr nach KV-Nr. 21100 GNotKG i.H. der Mindestgebühr von 120 EUR erhoben werden. Sonst würde sich nichts ändern.

VI. Beschluss über eine Kapitalerhöhung mit Übernahmeerklärung

Beispiel 117

Die Gesellschafterversammlung der XY-GmbH mit Stammkapital 25.000 EUR beschließt die Erhöhung des Stammkapitals um 5.000 EUR auf 30.000 EUR durch Bildung von 5.000 Geschäftsanteilen zu je 1 EUR mit den Nummern 25.001 bis 30.000. Die neuen Geschäftsanteile sind in Geld zu leisten und werden zum Nominalbetrag ausgegeben. Zur Übernahme wird der bisherige Gesellschafter A zugelassen. Die Satzungsbestimmung über das Stammkapital wird angepasst (neuer Wortlaut des § 3 der Satzung). Der Notar bescheinigt den neuen Wortlaut der Satzung.

A erklärt in derselben Niederschrift, die neuen Geschäftsanteile zu übernehmen.

Der Notar fertigt den Entwurf der Registeranmeldung über die Eintragung der Kapitalerhöhung im Auftrag vollständig und beglaubigt die Unterschrift des Geschäftsführers.

Der Notar fertigt im Auftrag auch die Übernehmerliste und die Gesellschafterliste. Die Gesellschafterliste wird mit der Wirksamkeitsbescheinigung nach § 40 Abs. 2 GmbHG versehen.

Der Notar reicht die Registeranmeldung elektronisch mittels XML-Datensatz zum Handelsregister ein und hängt folgende Dokumente an, die er zuvor zum Zweck der elektronischen Übermittlung eingescannt hat: Registeranmeldung (2 Seiten), Kapitalerhöhungsurkunde (8 Seiten), Einzahlungsbeleg (1 Seite), Übernehmerliste (1 Seite) und Gesellschafterliste mit Wirksamkeitsbescheinigung (2 Seiten) und die neue Satzung mit Bescheinigung (10 Seiten).

Von der Kapitalerhöhungsurkunde, der Registeranmeldung und den beiden Gesellschafterlisten fertigt der Notar je 2 beglaubigte Ablichtungen für A und die Gesellschaft.

1. Beschlussurkunde mit Übernahmeerklärung

Bewertung: 118

Verfahren/Geschäft	Verfahrenswert	KV-Nr.	Satz	Gebühr
Beurkundungsverfahren, § 35 Abs. 1 GNotKG	35.000,00 EUR	21100 GNotKG	2,0	270,00 EUR
Beurkundungsverfahren Beschluss über die Kapitalerhöhung, §§ 97 Abs. 1, 108 Abs. 1 GNotKG = 30.000,00 EUR				
Beurkundungsverfahren über Übernahmeerklärung, § 97 Abs. 1 GNotKG = 5.000,00 EUR				
Dokumentenpauschale (insgesamt 16 Seiten der Urkunde + 6 Seiten für die Listen, insgesamt 22 Seiten	–	32001 GNotKG	–	3,30 EUR
Sonstige Auslagen, Pauschale	–	32005 GNotKG	–	20,00 EUR

Hinweise: 119

Hinzu kommt die gesetzliche MwSt. von 19 % (KV-Nr. 32014 GNotKG).

Beschluss und Übernahmeerklärungen betreffen verschiedene Beurkundungsgegenstände (§ 110 Nr. 1 GNotKG). Für den Beschluss ist gem. § 108 Abs. 1 GNotKG ein Mindestwert von 30.000 EUR zu beachten, für die Übernahmeerklärung nicht. Der Beschluss löst eine 2,0-Gebühr aus, die Übernahmeerklärung eine 1,0-Gebühr. Gem. § 94 Abs. 1 GNotKG ist der getrennten Gebührenberechnung die 2,0-Gebühr aus dem Gesamtwert gegenüberzustellen. Die 2,0-Gebühr aus dem Gesamtwert ist hier günstiger. Die Anpassung der Satzung ist derselbe Beurkundungsgegenstand (§ 109 Abs. 2 Nr. 4a) GNotKG.

Die Erteilung der Bescheinigung über den neuen vollständigen Wortlaut der Satzung der Gesellschaft ist mit der Gebühr für das Beurkundungsverfahren abgegolten (Vorbem. 2.1 Abs. 2 Nr. 4 KV GNotKG).

2. Entwurf der Registeranmeldung

120 **Bewertung**:

Verfahren/Geschäft	Verfahrenswert	KV-Nr.	Satz	Gebühr
Registeranmeldung – Entwurf, §§ 119, 105 Abs. 1 Nr. 1 GNotKG	30.000,00 EUR	24102 i.V.m. 21201 Nr. 5 GNotKG	0,5	62,50 EUR
XML-Datensatz – elektronische Einreichung, Vollzug	30.000,00 EUR	22114 GNotKG	0,3	37,50 EUR
Dokumentenpauschale für Registeranmeldung (2 Seiten) und Listen (3 Seiten), insgesamt 5 Seiten x 2 = 10 Seiten	–	32001 GNotKG	–	1,50 EUR
Dokumentenpauschale – elektronische Übermittlung, Scan-Dokumente 6; Seitenzahl insges. 24	–	32002 i.V.m. 32000 GNotKG	–	12,00 EUR
Sonstige Auslagen	–	32004 GNotKG	–	5,00 EUR

121 **Hinweise**:

Hinzu kommt die gesetzliche MwSt. von 19 % (KV-Nr. 32014 GNotKG).

Für den Entwurf der Registeranmeldung gelten gem. § 119 GNotKG die Wertvorschriften für ein dementsprechendes Beurkundungsverfahren. Es liegt eine Anmeldung mit bestimmtem Geldwert vor (§ 105 Abs. 1 S. 1 Nr. 1 GNotKG). Geschäftswert ist damit der einzutragende Erhöhungsbetrag. Anzunehmen ist aber der Mindestwert gem. § 105 Abs. 1 S. 2 GNotKG i.H.v. 30.000 EUR. Gem. KV-Nr. 24102 GNotKG ist zwar eine Rahmengebühr bestimmt, der Notar muss aber bei vollständigem Entwurf gem. § 92 Abs. 2 GNotKG den höchsten Gebührensatz annehmen. Die Beglaubigung der Unterschrift ist mit der Entwurfsgebühr abgegolten.

Für den XML-Datensatz entsteht ggfls. neben anderen Vollzugsgebühren eine 0,3-Gebühr. Es liegt eine Vollzugstätigkeit zur Registeranmeldung vor und nicht zur Gründungsurkunde. Für die Dokumentenpauschale gilt, wie bei der Gründungsurkunde, KV-Nr. 32001 GNotKG.

Insgesamt sind 6 Dokumente, die dem XML-Datensatz anzuhängen sind, einzuscannen. Hierfür sind pro Datei 1,50 EUR zu berechnen, max. aber 5,00 EUR, da die Übermittlung in einem Arbeitsgang erfolgt. Mindestens ist aber die Dokumentenpauschale zu erheben, die für die Gesamtseitenzahl nach KV-Nr. 32000 GNotKG entstehen würde. Hier beträgt die Pauschale damit bei 24 S. 12 EUR (pro Seite 0,50 EUR).

Der Notar kann die tatsächlichen Auslagen (KV-Nr. 32004 GNotKG, hier mit 5 EUR angenommen), aber auch die Pauschale (KV-Nr. 32005 GNotKG, das wären hier 20 % aus 100 EUR = 20 EUR) erheben.

VII. Anmeldungen zum Handelsregister

1. Abberufung und Neubestellung eines Geschäftsführers

122 *Beispiel*

Der neue Geschäftsführer B der XY-GmbH legt dem Notar ein Beschlussprotokoll vor, nach welchem der bisherige Geschäftsführer A abberufen und B zum neuen Geschäftsführer bestellt worden ist.

Der Notar wird beauftragt, den vollständigen Entwurf der Registeranmeldung zu fertigen und die Unterschrift des B zu beglaubigen. Je eine beglaubigte Ablichtung der Registeranmeldung an die Gesellschaft und den Geschäftsführer werden beantragt.

Der Notar reicht die Registeranmeldung elektronisch mittels XML-Datensatz zum Handelsregister ein und hängt folgende Dokumente an, die er zuvor zum Zweck der elektronischen Übermittlung eingescannt hat: Elektronisch beglaubigte Ablichtung der Registeranmeldung (2 Seiten), privatschriftliche Beschlussurkunde (2 Seiten).

Bewertung:

Verfahren/Geschäft	Verfahrenswert	KV-Nr.	Satz	Gebühr
Registeranmeldung – Entwurf, §§ 119, 105 Abs. 1 Nr. 1 GNotKG	60.000,00 EUR	24102 i.V.m. 21201 Nr. 5 GNotKG	0,5	96,00 EUR
XML-Datensatz – elektronische Einreichung, Vollzug	60.000,00 EUR	22114 GNotKG	0,3	57,60 EUR
Dokumentenpauschale für Registeranmeldung (2 Seiten) x 2 = 4 Seiten	–	32001 GNotKG	–	0,60 EUR
Dokumentenpauschale – elektronische Übermittlung, Scan-Dokumente 2; Seitenzahl insges. 4	–	32002 i.V.m. 32000 GNotKG	–	3,00 EUR
Sonstige Auslagen	–	32004 GNotKG	–	5,00 EUR

Hinweise: 123

Hinzu kommt die gesetzliche MwSt. von 19 % (KV-Nr. 32014 GNotKG).

Für den Entwurf der Registeranmeldung gelten gem. § 119 GNotKG die Wertvorschriften für ein dementsprechendes Beurkundungsverfahren. Es liegen zwei Anmeldungen (§ 111 Nr. 3 GNotKG) ohne bestimmten Geldwert vor (§ 105 Abs. 4 Nr. 1 GNotKG). Für jede Anmeldung ist 1 % des Stammkapitals maßgebend, mindestens aber jeweils 30.000 EUR. Gem. KV-Nr. 24102 GNotKG ist zwar eine Rahmengebühr bestimmt, der Notar muss aber bei vollständigem Entwurf gem. § 92 Abs. 2 GNotKG den höchsten Gebührensatz annehmen. Die Beglaubigung der Unterschrift ist mit der Entwurfsgebühr abgegolten.

Für den XML-Datensatz entsteht ggfls. neben anderen Vollzugsgebühren eine 0,3-Gebühr. Für die Dokumentenpauschale gilt KV-Nr. 32001 GNotKG.

Insgesamt sind 2 Dokumente, die dem XML-Datensatz anzuhängen sind, einzuscannen. Hierfür sind pro Datei 1,50 EUR zu berechnen = 3 EUR. Mindestens ist aber die Dokumentenpauschale zu erheben, die für die Gesamtseitenzahl nach KV-Nr. 32000 GNotKG entstehen würde. Hier beträgt die Pauschale damit bei 4 S. 2 EUR (pro S. 0,50 EUR).

Der Notar kann die tatsächlichen Auslagen (KV-Nr. 32004 GNotKG, hier mit 5 EUR angenommen), aber auch die Pauschale (KV-Nr. 32005 GNotKG, das wären hier 20 % aus 100 EUR = 20 EUR) erheben.

2. Auflösung einer GmbH mit Anmeldung der Liquidatoren

Beispiel 124

Der Geschäftsführer A der XY-GmbH mit Stammkapital 25.000 EUR legt dem Notar eine Beschlussurkunde vor, in welcher die Auflösung der GmbH beschlossen worden ist. Der Geschäftsführer A ist nicht mehr Geschäftsführer und wurde zum Liquidator bestellt. Die Vertretungsbefugnis des Liquidators wird ebenfalls angemeldet.

Der Notar wird beauftragt, den vollständigen Entwurf der Registeranmeldung zu fertigen und die Unterschrift des B zu beglaubigen. Je eine beglaubigte Ablichtung der Registeranmeldung an die Gesellschaft und den Geschäftsführer werden beantragt.

Der Notar reicht die Registeranmeldung elektronisch mittels XML-Datensatz zum Handelsregister ein und hängt folgende Dokumente an, die er zuvor zum Zweck der elektronischen Übermittlung eingescannt hat: Elektronisch beglaubigte Ablichtung der Registeranmeldung (2 Seiten), privatschriftliche Beschlussurkunde (2 Seiten).

Bewertung:

Verfahren/Geschäft	Verfahrenswert	KV-Nr.	Satz	Gebühr
Registeranmeldung – Entwurf, §§ 119, 105 Abs. 1 Nr. 1 GNotKG	30.000,00 EUR	24102 i.V.m. 21201 Nr. 5 GNotKG	0,5	62,50 EUR
XML-Datensatz – elektronische Einreichung, Vollzug	30.000,00 EUR	22114 GNotKG	0,3	37,50 EUR
Dokumentenpauschale für Registeranmeldung (2 Seiten) x 2 = 4 Seiten	–	32001 GNotKG	–	0,60 EUR
Dokumentenpauschale – elektronische Übermittlung, Scan-Dokumente 2; Seitenzahl insges. 4	–	32002 i.V.m. 32000 GNotKG	–	3,00 EUR
Sonstige Auslagen	–	32004 GNotKG	–	5,00 EUR

125 **Hinweise**:

Hinzu kommt die gesetzliche MwSt. von 19 % (KV-Nr. 32014 GNotKG).

Für den Entwurf der Registeranmeldung gelten gem. § 119 GNotKG die Wertvorschriften für ein dementsprechendes Beurkundungsverfahren. Bei dem Auflösungsvorgang liegt insgesamt eine Anmeldung ohne bestimmten Geldwert vor (§ 105 Abs. 4 Nr. 1 GNotKG). Wäre ein Dritter zum Liquidator bestellt worden, käme eine weitere Anmeldung hinzu. Für die Anmeldung ist 1 % des Stammkapitals maßgebend, mindestens aber 30.000 EUR. Gem. KV-Nr. 24102 GNotKG ist zwar eine Rahmengebühr bestimmt, der Notar muss aber bei vollständigem Entwurf gem. § 92 Abs. 2 GNotKG den höchsten Gebührensatz annehmen. Die Beglaubigung der Unterschrift ist mit der Entwurfsgebühr abgegolten.

Für den XML-Datensatz entsteht ggfls. neben anderen Vollzugsgebühren eine 0,3-Gebühr. Für die Dokumentenpauschale gilt KV-Nr. 32001 GNotKG.

3. Anmeldung eines Einzelkaufmanns

126 *Beispiel*

Anton Müller ist Inhaber eines Einzelunternehmens (Schreinerei) unter der Fa. Anton Müller Schreinerei e.K. Er möchte sein Einzelunternehmen in das Handelsregister eintragen lassen.

Der Notar wird beauftragt, den vollständigen Entwurf der Registeranmeldung zu fertigen und die Unterschrift des Inhabers zu beglaubigen. Eine beglaubigte Ablichtung der Registeranmeldung (2 Seiten) für Herrn Müller wird beantragt.

Der Notar reicht die Registeranmeldung elektronisch mittels XML-Datensatz zum Handelsregister ein. Er hängt die elektronisch beglaubigte Ablichtung Registeranmeldung, die er zuvor eingescannt hat, dem Datensatz an.

Bewertung:

Verfahren/Geschäft	Verfahrenswert	KV-Nr.	Satz	Gebühr
Registeranmeldung – Entwurf, §§ 119, 105 Abs. 3 Nr. 1 GNotKG	30.000,00 EUR	24102 i.V.m. 21201 Nr. 5 GNotKG	0,5	62,50 EUR
XML-Datensatz – elektronische Einreichung, Vollzug	30.000,00 EUR	22114 GNotKG	0,3	37,50 EUR

Verfahren/Geschäft	Verfahrenswert	KV-Nr.	Satz	Gebühr
Dokumentenpauschale für Registeranmeldung (2 Seiten)	–	32001 GNotKG	–	0,30 EUR
Dokumentenpauschale – elektronische Übermittlung, 1 Scan-Dokument; Seitenzahl 2	–	32002 i.V.m. 32000 GNotKG	–	1,50 EUR
Sonstige Auslagen	–	32004 GNotKG	–	5,00 EUR

Hinweise: 127

Hinzu kommt die gesetzliche MwSt. von 19 % (KV-Nr. 32014 GNotKG).

Für den Entwurf der Registeranmeldung gelten gem. § 119 GNotKG die Wertvorschriften für ein dementsprechendes Beurkundungsverfahren. Es liegt eine Erstanmeldung ohne bestimmten Geldwert vor (§ 105 Abs. 3 Nr. 1 GNotKG). Danach beträgt der Geschäftswert ohne Rücksicht auf die Größe des Einzelunternehmens 30.000 EUR. Gem. KV-Nr. 24102 GNotKG ist zwar eine Rahmengebühr bestimmt, der Notar muss aber bei vollständigem Entwurf gem. § 92 Abs. 2 GNotKG den höchsten Gebührensatz annehmen. Die Beglaubigung der Unterschrift ist mit der Entwurfsgebühr abgegolten.

Für den XML-Datensatz entsteht ggfls. neben anderen Vollzugsgebühren eine 0,3-Gebühr. Für die Dokumentenpauschale gilt, wie bei der Gründungsurkunde, KV-Nr. 32001 GNotKG.

4. Ausscheiden und Eintritt eines Kommanditisten

Beispiel 128

Im Handelsregister ist die ABC-KG eingetragen. Der Kommanditist A mit einer Kommanditeinlage von 10.000 EUR ist aus der Gesellschaft ausgeschieden und hat seine KG-Einlage an B übertragen. B ist an seiner Stelle in die KG mit einer Kommanditeinlage von 10.000 EUR eingetreten. Dies soll nun zur Eintragung in das Handelsregister angemeldet werden.

Der Notar wird beauftragt, den vollständigen Entwurf der Registeranmeldung zu fertigen und die Unterschrift zu beglaubigen. Je eine beglaubigte Ablichtung der Registeranmeldung (2 Seiten) für die Gesellschaft sowie für A und B, wird beantragt.

Der Notar reicht die Registeranmeldung elektronisch mittels XML-Datensatz zum Handelsregister ein. Er hängt die elektronisch beglaubigte Ablichtung Registeranmeldung, die er zuvor eingescannt hat, dem Datensatz an.

Bewertung:

Verfahren/Geschäft	Verfahrenswert	KV-Nr.	Satz	Gebühr
Registeranmeldung – Entwurf, §§ 119, 105 Abs. 1 Nr. 6 GNotKG	30.000,00 EUR	24102 i.V.m. 21201 Nr. 5 GNotKG	0,5	62,50 EUR
XML-Datensatz – elektronische Einreichung, Vollzug	30.000,00 EUR	22114 GNotKG	0,3	37,50 EUR
Dokumentenpauschale für Registeranmeldung (2 Seiten)	–	32001 GNotKG	–	0,30 EUR
Dokumentenpauschale – elektronische Übermittlung, 1 Scan-Dokument; Seitenzahl 2	–	32002 i.V.m. 32000 GNotKG	–	1,50 EUR
Sonstige Auslagen	–	32004 GNotKG	–	5,00 EUR

Hinweise: 129

Hinzu kommt die gesetzliche MwSt. von 19 % (KV-Nr. 32014 GNotKG).

Für den Entwurf der Registeranmeldung gelten gem. § 119 GNotKG die Wertvorschriften für ein dementsprechendes Beurkundungsverfahren. Es liegt eine Erstanmeldung mit bestimmtem Geldwert vor (§ 105 Abs. 1 Nr. 6 GNotKG). Obwohl das Ausscheiden des A und der Eintritt des B angemeldet werden, liegt nur eine Anmeldung vor (s. § 105 Abs. 1 Nr. 6 GNotKG: ein Kommanditist ist Nachfolger eines anderen, dann nur eine Anmeldung). Läge ein unabhängiger Kommanditistenwechsel vor, wären auch zwei Anmeldungen zu bewerten. Der Mindestwert für Anmeldungen mit bestimmtem Geldwert beträgt immer 30.000 EUR (§ 105 Abs. 1 S. 2 GNotKG). Gem. KV-Nr. 24102 GNotKG ist zwar eine Rahmengebühr bestimmt, der Notar muss aber bei vollständigem Entwurf gem. § 92 Abs. 2 GNotKG den höchsten Gebührensatz annehmen. Die Beglaubigung der Unterschrift ist mit der Entwurfsgebühr abgegolten.

Für den XML-Datensatz entsteht ggfls. neben anderen Vollzugsgebühren eine 0,3-Gebühr. Für die Dokumentenpauschale gilt, wie bei der Gründungsurkunde, KV-Nr. 32001 GNotKG.

VIII. Veräußerung eines Geschäftsanteils

130 *Beispiel*

A ist mit einem Geschäftsanteil zu 10.000 EUR an der ABC-GmbH (Stammkapital 25.000 EUR) beteiligt. A verkauft seinen Geschäftsanteil zum Kaufpreis von 100.000 EUR an B. Nach der Satzung ist die Zustimmung der Gesellschaft, die vom Geschäftsführer zu erteilen ist, erforderlich (kein Zustimmungsbeschluss). Der Notar wird beauftragt, die Zustimmungserklärung des Geschäftsführers einzuholen und übersendet der Gesellschaft mit dem Anforderungsschreiben den Entwurf der Zustimmungserklärung. Der Kaufpreis ist innerhalb 2 Wochen nach Mitteilung des Notars, dass die Zustimmungserklärung vorliegt, fällig. Die Zahlung des Kaufpreises ist dem Notar in geeigneter Form nachzuweisen (Bestätigung des Verkäufers oder Zahlungsnachweis durch den Käufer). Anhaltspunkte für einen über dem Kaufpreis liegenden Wert des Anteils liegen nicht vor.

Der Notar wird mit der Erstellung der neuen Gesellschafterliste beauftragt. Nach Prüfung der Kaufpreiszahlung erteilt der Notar die Wirksamkeitsbescheinigung gem. § 40 Abs. 2 GmbHG. Danach reicht der Notar die Liste per XML-Datensatz beim Handelsregister ein.

Die zu diesem Zweck eingescannte Gesellschafterliste wird dem Datensatz angehängt.

Von der Anteilsabtretung (6 Seiten) und der Gesellschafterliste (1) erhalten A, B und die Gesellschaft je eine beglaubigte Ablichtung.

Bewertung:

Verfahren/Geschäft	Verfahrenswert	KV-Nr.	Satz	Gebühr
Beurkundungsverfahren, §§ 97 Abs. 1, 3, 54 GNotKG	100.000,00 EUR	21100 GNotKG	2,0	546,00 EUR
Vollzug (Einholung Zustimmung der Gesellschaft, Fertigung der Gesellschafterliste), § 112 GNotKG	100.000,00 EUR	22110 GNotKG	0,5	136,50 EUR
Betreuungsgebühr, Wirksamkeitsbescheinigung, § 113 Abs. 1 GNotKG und Fälligkeitsmitteilung	100.000,00 EUR	22200 Nr. 6 GNotKG	0,5	136,50 EUR
Vollzug (XML-Datensatz), § 112 GNotKG	100.000,00 EUR	22114 GNotKG	0,3	81,90 EUR
Dokumentenpauschale (7 Seiten x 3) 21 Seiten	–	32001 GNotKG	–	3,15 EUR

Verfahren/Geschäft	Verfahrenswert	KV-Nr.	Satz	Gebühr
Dokumentenpauschale (Scan) 1 Seite	–	32002 GNotKG	–	1,50 EUR
Sonstige Auslagen (Pauschale)	–	32005 GNotKG	–	20,00 EUR

Hinweise: 131

Hinzu kommt die gesetzliche MwSt. von 19 % (KV-Nr. 32014 GNotKG).

Bei einem Kaufvertrag über einen Geschäftsanteil ist § 47 GNotKG nicht anwendbar. Es liegt vielmehr ein Austauschvertrag nach § 97 Abs. 3 GNotKG vor. Der Kaufpreis ist dem Wert des Anteils gegenüberzustellen, der höhere Wert ist als Geschäftswert maßgebend. Wenn dem Notar keine Anhaltspunkte für einen über dem Kaufpreis liegenden Wert gem. § 54 GNotKG vorliegen, kann der Notar den Kaufpreis als Geschäftswert annehmen.

Die Einholung der Zustimmungserklärung der Gesellschaft ist Vollzugstätigkeit gem. Vorbem. 2.2.1.1 Abs. 1 S. 2 Nr. 5 KV GNotKG. Die Erstellung der Gesellschafterliste ist Vollzugstätigkeit gem. Vorbem. 2.2.1.1 Abs. 2 S. 2 Nr. 3. Mehrere Vollzugstätigkeiten lösen allerdings nur eine Vollzugsgebühr aus (§ 93 Abs. 1 GNotKG).

Für die Erstellung des XML-Datensatzes fällt eine weitere Vollzugsgebühr an, nämlich die 0,3-Gebühr nach KV-Nr. 22114 GNotKG. Diese Gebühr entsteht neben einer „normalen" Vollzugsgebühr gesondert (s. Anm. bei KV-Nr. 22114 GNotKG).

Der Geschäftswert für die Vollzugsgebühren bestimmt sich jeweils nach § 112 GNotKG mit dem Wert des Beurkundungsverfahrens.

Bei der Fälligkeitsmitteilung und der Wirksamkeitsbescheinigung handelt es sich um Betreuungstätigkeiten (KV-Nr. 22200 Anm. 2 und 6 GNotKG). Die Wirksamkeitsbescheinigung ist allerdings nur dann (zusätzlich) kostenpflichtig, wenn der Notar Tatsachen außerhalb der Urkunde, wie hier die Zahlung des Kaufpreises, zu prüfen hat. Sonst handelt es sich um eine gebührenfreie Tätigkeit. Die Betreuungsgebühr ist eine 0,5-Gebühr, der Wert bestimmt sich nach § 113 Abs. 1 GNotKG ebenfalls nach dem Wert des Beurkundungsverfahrens. Die Betreuungsgebühr fällt bei mehreren Betreuungstätigkeiten (wie hier) nur einmal an (§ 93 Abs. 1 GNotKG).

IX. Grundschuldbestellungen

1. Grundschuld mit Unterwerfungserklärungen

Beispiel 132

E bestellt zugunsten der Volksbank in Neustadt eine Grundschuld über 200.000 EUR mit dinglicher und persönlicher Unterwerfung unter die sofortige Zwangsvollstreckung. Die Grundschuld soll erste Rangstelle erhalten. Zu diesem Zweck wird der Notar beauftragt, bei der Sparkasse in Neustadt bezüglich einer eingetragenen Grundschuld zu 50.000 EUR eine Rangrücktrittserklärung hinter die neu bestellte Grundschuld einzuholen. Der Notar holt die Rangrücktrittserklärung unter Übersendung eines Entwurfs ein. Die Eigentümerzustimmung zum Rangrücktritt nebst Antrag ist in der Urkunde enthalten. Von der Urkunde (6 Seiten) werden insgesamt (einschl. vollstreckbare Ausfertigung) 5 Ablichtungen erstellt.

Bewertung:

Verfahren/Geschäft	Verfahrenswert	KV-Nr.	Satz	Gebühr
Beurkundungsverfahren, Grundschuldschuldbestellung, § 53 Abs. 1 GNotKG	200.000,00 EUR	21200 GNotKG	2,0	435,00 EUR
Vollzug, Rangrücktrittserklärung, § 112 GNotKG	200.000,00 EUR	22111 GNotKG	0,3	130,50 EUR

Verfahren/Geschäft	Verfahrenswert	KV-Nr.	Satz	Gebühr
Dokumentenpauschale insges. 30 Seiten	–	32001 GNotKG	–	4,50 EUR
1 Grundbucheinsicht	–	32011 GNotKG	–	8,00 EUR
Sonstige Auslagen (Pauschale)	–	32005 GNotKG	–	20,00 EUR

133 **Hinweise**:

Hinzu kommt die gesetzliche MwSt. von 19 % (KV-Nr. 32014 GNotKG).Falls eine elektronische Übermittlung an das Grundbuchamt erfolgt, entsteht zusätzlich die 0,3-Gebühr für den XML-Datensatz gem. KV-Nr. 22114 GNotKG (max. 250 EUR).

Grundschuldbestellung und die Unterwerfungserklärungen betreffen ebenso denselben Beurkundungsgegenstand nach § 109 Abs. 1 wie die Erklärungen zum Rangrücktritt. Die auftragsgemäße Einholung der Rangrücktrittserklärung ist Vollzugsgebühr, für die hier eine 0,3-Gebühr nach KV-Nr. 22111 GNotKG aus dem Wert des Beurkundungsverfahrens entsteht. Der mit übersandte Entwurf ist Teil der Vollzugstätigkeit und löst keine weitere Entwurfsgebühr aus.

2. Grundschuldbestellung – ausschließlich Grundbucherklärungen

134 *Beispiel*

E bestellt zugunsten der Bausparkasse X eine Grundschuld über einen Betrag von 200.000 EUR. Die vom Notar errichtete Grundschuldbestellungsurkunde enthält ausschließlich formelle Grundbucherklärungen. Die Urkunde umfasst 6 Seiten, insgesamt werden 3 beglaubigte Ablichtungen gefertigt.

Bewertung:

Verfahren/Geschäft	Verfahrenswert	KV-Nr.	Satz	Gebühr
Beurkundungsverfahren, Grundschuldbestellung, § 53 Abs. 1 GNotKG	200.000,00 EUR	21201 Nr. 4 GNotKG	0,5	217,50 EUR
Dokumentenpauschale, 18 Seiten	–	32001 GNotKG	–	2,70 EUR
1 Grundbucheinsicht	–	32011 GNotKG	–	8,00 EUR
Sonstige Auslagen (Pauschale)	–	32005 GNotKG	–	20,00 EUR

135 **Hinweise**:

Hinzu kommt die gesetzliche MwSt. von 19 % (KV-Nr. 32014 GNotKG).

Falls eine elektronische Übermittlung an das Grundbuchamt erfolgt, entsteht zusätzlich die 0,3-Gebühr für den XML-Datensatz gem. KV-Nr. 22114 GNotKG (max. 250 EUR).

Nachdem die Grundschuldbestellung ausschließlich formelle Erklärungen enthält, entsteht anstelle der sonst anfallenden 1,0-Gebühr lediglich eine 0,5-Gebühr.

3. Grundschuldbestellung mit Entwurf

136 *Beispiel*

Gleicher Sachverhalt wie Rdn 134, jedoch mit dem Unterschied, dass die Grundschuld nicht durch Beurkundung bestellt wird, sondern durch einen auftragsgemäß vom Notar vollständig gefertigten Entwurf mit anschließender Beglaubigung der Unterschrift des E.

Bewertung:

Verfahren/Geschäft	Verfahrenswert	KV-Nr.	Satz	Gebühr
Entwurfserstellung, Grundschuldbestellung, § 53 Abs. 1 GNotKG	200.000,00 EUR	24102 i.V.m. 21201 Nr. 4 GNotKG	0,5	217,50 EUR
Dokumentenpauschale, 18 Seiten	–	32001 GNotKG	–	2,70 EUR
1 Grundbucheinsicht	–	32011 GNotKG	–	8,00 EUR
Sonstige Auslagen (Pauschale)	–	32005 GNotKG	–	20,00 EUR

Hinweise: 137

Hinzu kommt die gesetzliche MwSt. von 19 % (KV-Nr. 32014 GNotKG).

Falls eine elektronische Übermittlung an das Grundbuchamt erfolgt, entsteht zusätzlich die 0,3-Gebühr für den XML-Datensatz gem. KV-Nr. 22114 GNotKG (max. 250 EUR).

Nachdem die Grundschuldbestellung ausschließlich formelle Erklärungen enthält, entsteht anstelle der sonst anfallenden 1,0-Gebühr lediglich eine 0,5-Gebühr. Es macht für das Bewertungsergebnis keinen Unterschied, ob die Grundschuldbestellung beurkundet wird oder in Form der Entwurffertigung durch den Notar mit anschließender Beglaubigung der Unterschrift. Die Beglaubigung der Unterschrift löst keine zusätzliche Gebühr aus, da die erstmalige Beglaubigung, die demnächst erfolgt, mit der Entwurfsgebühr abgegolten ist (s. § 1 Rdn 31). Fertigt der Notar den Entwurf vollständig, ist er gem. § 92 Abs. 2 zur Erhebung der höchsten Gebühr innerhalb des vorgegebenen Gebührensatzrahmens verpflichtet.

4. Grundschuldbestellung Entwurfsüberprüfung und -ergänzung

Beispiel 138

Gleicher Sachverhalt wie Rdn 134, jedoch mit dem Unterschied, dass dem Notar der Entwurf der Grundschuldbestellung von E vorgelegt wird. Der Notar wird beauftragt, den Entwurf auf Vollständigkeit zu prüfen und gegebenenfalls zu ergänzen. Der Notar ergänzt den Entwurf und nimmt die Bestimmungen über die Rangstelle der Grundschuld auf. Danach beglaubigt er die Unterschrift des E.

Bewertung:

Verfahren/Geschäft	Verfahrenswert	KV-Nr.	Satz	Gebühr
Entwurfsüberprüfung und -ergänzung, Grundschuldbestellung, § 53 Abs. 1 GNotKG	200.000,00 EUR	24102 i.V.m. 21201 Nr. 4 GNotKG	0,3	130,50 EUR
Dokumentenpauschale, 18 Seiten	–	32001 GNotKG	–	2,70 EUR
1 Grundbucheinsicht	–	32011 GNotKG	–	8,00 EUR
Sonstige Auslagen (Pauschale)	–	32005 GNotKG	–	20,00 EUR

Hinweise: 139

Hinzu kommt die gesetzliche MwSt. von 19 % (KV-Nr. 32014 GNotKG).

Falls eine elektronische Übermittlung an das Grundbuchamt erfolgt, entsteht zusätzlich die 0,3-Gebühr für den XML-Datensatz gem. KV-Nr. 22114 GNotKG (max. 250 EUR).

Nachdem die Grundschuldbestellung ausschließlich formelle Erklärungen enthält, entsteht anstelle der sonst anfallenden 1,0-Gebühr lediglich eine 0,5-Gebühr. Es macht keinen Unterschied, ob die Grundschuldbestellung beurkundet wird oder in Form der Entwurffertigung durch den Notar mit anschließender Beglaubigung der Unterschrift. Die Beglaubigung der Unterschrift löst keine zusätzliche Gebühr aus, da die erstmalige Beglaubigung, die demnächst erfolgt, mit der Entwurfsgebühr abgegolten ist (s. § 1 Rdn 31). Fertigt der Notar den Entwurf vollständig, ist er gem. § 92 Abs. 2 zur Erhebung der höchsten Gebühr innerhalb des vorgegebenen Gebührensatzrahmens verpflichtet. Im vorliegenden Fall wurde der Entwurf dem Notar aber vorgelegt und von ihm im Auftrag geprüft und ergänzt. Hierfür regelt § 92 Abs. 1 GNotKG, dass der Notar den Gebührensatz innerhalb des vorgegebenen Ermessensrahmens unter Berücksichtigung des Umfangs der Tätigkeit festzusetzen hat. Hier wurde der untere Gebührensatz gewählt, aber auch ein Gebührensatz von 0,4 wäre noch sachgerecht und vertretbar.

5. Grundschuldbestellung – nur Beglaubigung der Unterschrift

140 *Beispiel*

E bestellt zugunsten der Bausparkasse X eine Grundschuld über einen Betrag von 200.000 EUR. Die Grundschuldbestellungsurkunde, die ausschließlich Grundbucherklärungen enthält, wird dem Notar vollständig ausgefüllt vorgelegt. E beauftragt den Notar lediglich mit der Beglaubigung der Unterschrift. Entwurfsüberprüfungen werden nicht beantragt. Die Urkunde umfasst 4 Seiten, insgesamt werden auf Antrag 3 beglaubigte Ablichtungen gefertigt. Die Urschrift reicht der Notar im Auftrag der Beteiligten beim Grundbuchamt in Papierform ein. Der Notar prüft zusätzlich die Vollzugsfähigkeit der einzureichenden Erklärung.

Bewertung:

Verfahren/Geschäft	Verfahrenswert	KV-Nr.	Satz	Gebühr
Beglaubigung der Unterschrift unter einer Grundschuldbestellung, §§ 121, 53 Abs. 1 GNotKG	200.000,00 EUR	25100 GNotKG	0,2	70,00 EUR
3 beglaubigte Ablichtungen (3 x 10,00 EUR)	–	25102 GNotKG	–	30,00 EUR
Sonstige Auslagen (tatsächlicher Betrag)	–	32004 GNotKG	–	6,00 EUR

141 **Hinweise**:

Hinzu kommt die gesetzliche MwSt. von 19 % (KV-Nr. 32014 GNotKG).

Falls eine elektronische Übermittlung an das Grundbuchamt erfolgt, entsteht zusätzlich die 0,6-Gebühr für den XML-Datensatz gem. KV-Nr. 22125 GNotKG (max. 250 EUR).

Die reine Unterschriftsbeglaubigung löst eine 0,2-Gebühr aus dem Nominalbetrag der Grundschuldbestellung aus, max. 70 EUR. Dass der Notar die Vollzugsfähigkeit der Urkunde zu prüfen hat, löst keine Entwurfsgebühr für die Überprüfung aus, wenn keine Änderungen oder Ergänzungen vorzunehmen sind. Zur Prüfung der Vollzugsfähigkeit ist der Notar gesetzlich verpflichtet (s. § 1 Rdn 93).

Für die Erstellung der beglaubigten Ablichtungen entsteht, nachdem es sich um keine Urkunde des Notars und auch keinen von ihm gefertigten Entwurf handelt, gem. KV-Nr. 25102 GNotKG pro Seite 1 EUR, mindestens aber 10 EUR für jede beglaubigte Ablichtung. Dokumentenpauschalen werden nicht zusätzlich erhoben, diese sind in der Beglaubigungsgebühr für die Ablichtungen enthalten (Anm. 1 zu KV-Nr. 25102 GNotKG).

Der Notar kann die tatsächlichen Auslagen (wie hier angenommen) erheben, aber auch die Pauschale nach KV-Nr. 32005 GNotKG. Der Notar hat ein Wahlrecht.

X. Kaufverträge mit Vollzugs- und Betreuungstätigkeiten

1. Grundstückskaufvertrag, einfache Vollzugstätigkeit, Fälligkeitsmitteilung, Vollzugsüberwachung

Beispiel 142

A verkauft an B ein lastenfreies Grundstück zum Kaufpreis von 100.000 EUR. Der Kaufpreis ist fällig innerhalb von 10 Tagen nach Zugang eines Schreibens des Notars über die Eintragung der Auflassungsvormerkung an ersten Rangstelle und Vorlage der Bescheinigung der Gemeinde über das Nichtbestehen oder die Nichtausübung des Vorkaufsrechts nach dem BauGB. Der Notar wird beauftragt, die Bescheinigung über das Vorkaufsrecht bei der Gemeinde einzuholen. Der Vollzug der Auflassung soll erst erfolgen, wenn der Verkäufer die Zahlung des Kaufpreises bestätigt hat oder der Käufer die Kaufpreiszahlung in geeigneter Form nachweist. Der Notar soll dies überwachen.

Die Urkunde hat einen Umfang von 10 Seiten, es werden 7 Ausfertigungen und beglaubigte Ablichtungen erstellt (inkl. Ablichtungen für Finanzamt und Gutachterausschuss).

Der Notar sieht das Grundbuch vor Beurkundung und im Zusammenhang mit der Fälligkeitsmitteilung ein.

Die Übermittlung der Ablichtung für den Vollzug der Auflassungsvormerkung und der Ablichtung für den Vollzug der Auflassung erfolgen jeweils mittels XML-Datensatz in elektronischer Form.

Bewertung:

Verfahren/Geschäft	Verfahrenswert	KV-Nr.	Satz	Gebühr
Beurkundungsverfahren Kaufvertrag, §§ 97 Abs. 1, 47 GNotKG	100.000,00 EUR	21100 GNotKG	2,0	546,00 EUR
Vollzug, Einholung Bescheinigung Vorkaufsrecht, § 112 GNotKG	100.000,00 EUR	22110, 22112 GNotKG	0,5	50,00 EUR
Vollzug, XML-Datensatz, § 112 GNotKG	100.000,00 EUR	22114 GNotKG	0,3	81,90 EUR
Betreuungstätigkeit (Fälligkeitsmitteilung, Vollzugsüberwachung), § 113 Abs. 1 GNotKG	100.000,00 EUR	22200 Anm. 2, 3 GNotKG	0,5	136,50 EUR
Dokumentenpauschale insges. 70 Seiten	–	32001 GNotKG	–	10,50 EUR
Dokumentenpauschale (Scan mit Vergleich gem. KV-Nr. 32000 GNotKG)	–	32002 GNotKG	–	5,00 EUR
2 Grundbucheinsichten (2 x 8,00 EUR)	–	32011 GNotKG	–	16,00 EUR
Sonstige Auslagen (Pauschale)	–	32005 GNotKG	–	20,00 EUR

Hinweise: 143

Hinzu kommt die gesetzliche MwSt. von 19 % (KV-Nr. 32014 GNotKG).

Der Geschäftswert bestimmt sich nach § 47 GNotKG mit dem Kaufpreis (hier keine weiteren Hinzurechnungen). Für die Beurkundung ist, da ein Vertrag vorliegt, eine 2,0-Gebühr zu erheben (KV-Nr. 21100 GNotKG). Die Einholung der Bescheinigung über das gesetzliche Vorkaufsrecht ist Vollzugstätigkeit gem. Vorbem. 2.2.1.1 Abs. 1 S. 2 Nr. 1 KV GNotKG und löst eine 0,5-Gebühr aus (136,50 EUR), KV-Nr. 22110 GNotKG. Da hier aber nur eine einfache Vollzugstätigkeit durchgeführt wird, ist die Gebühr nach KV-Nr. 22110 gem. KV-Nr. 22112 GNotKG auf 50 EUR begrenzt. Jede Gebühr entsteht zwar nur einmal (§ 93

Abs. 1), neben der Vollzugsgebühr nach KV-Nr. 22110 GNotKG ist aber die Vollzugsgebühr für die elektronische Einreichung nach KV-Nr. 22114 GNotKG zusätzlich zu erheben (vgl. Anm. bei KV-Nr. 22114 GNotKG). Obwohl der Notar 2 Datensätze erstellen muss (einmal für den Vollzug der Auflassungsvormerkung und einmal für den Vollzug der Auflassung), entsteht die Gebühr für jedes Verfahren nur einmal. Die Betreuungsgebühr entsteht ebenfalls nur einmal, obwohl der Notar zwei Betreuungstätigkeiten durchführt (§ 93 Abs. 1 GNotKG). Die Dokumentenpauschale ist nach KV-Nr. 32001 GNotKG und nicht nach KV-Nr. 32000 GNotKG zu berechnen. Für das Einscannen zum Zwecke der elektronischen Übermittlung an das Grundbuchamt ist pro Dateianhang eine Pauschale von 1,50 EUR, bei mehreren Anhängen max. 5 EUR, zu erheben. Übersteigt jedoch – wie hier – die nach KV-Nr. 32000 GNotKG zu berechnende Dokumentenpauschale (für die ersten 50 Seiten pro Seite 0,50 EUR, ab der 51. Seite pro Seite 0,15 EUR) die Pauschale von 1,50 EUR, ist diese zu berechnen, im vorliegenden Falle somit 10 Seiten x 0,50 EUR = 5 EUR. Die Auslagen für die beiden Grundbucheinsichten sind als Auslagen weiterzugeben. Hier wurde für die sonstigen Auslagen die Pauschale von KV-Nr. 32005 GNotKG angesetzt.

2. Grundstückskaufvertrag, Lastenfreistellung, Fälligkeitsmitteilung, Vollzugsüberwachung

144 *Beispiel*

A verkauft an B ein bebautes Grundstück zum Kaufpreis von 500.000 EUR. Das Grundstück ist mit zwei Grundschulden belastet (100.000 EUR für die Bausparkasse Wüstenrot und 200.000 EUR für die Sparkasse Neustadt). Beide Grundschulden sollen gelöscht werden. Der Verkäufer stimmt in der Urkunde der Löschung zu und beantragt den Vollzug. Der Notar wird beauftragt, die Löschungsbewilligungen einzuholen und fordert diese durch Übersendung von ihm gefertigter Entwürfe an. Beide Grundschulden sichern noch Restdarlehen, die mit Hilfe des Kaufpreises zurückgezahlt werden sollen. Bei Übersendung der Löschungsbewilligungen fordert die Bausparkasse einen Betrag von 40.000 EUR und die Sparkasse einen Betrag von 140.000 EUR. Dem Notar werden entsprechende Treuhandauflagen erteilt, wonach die Löschungsbewilligungen erst dann beim Grundbuchamt eingereicht werden dürfen, wenn die Forderungen entweder bezahlt oder sichergestellt sind. Der Kaufpreis ist fällig innerhalb von 10 Tagen nach Zugang eines Schreibens des Notars über die Eintragung der Auflassungsvormerkung im Rang nach den beiden zu löschenden Grundschulden, Vorlage der Löschungsbewilligungen mit aus dem Kaufpreis erfüllbaren Auflagen und Vorlage der Bescheinigung der Gemeinde über das Nichtbestehen oder die Nichtausübung des Vorkaufsrechts nach dem BauGB. In der Fälligkeitsmitteilung teilt der Notar dem Käufer auch mit, welche Summen aus dem Kaufpreis an die Gläubiger zu überweisen sind. Der Notar wird beauftragt, auch die Bescheinigung über das Vorkaufsrecht bei der Gemeinde einzuholen. Der Vollzug der Auflassung soll erst erfolgen, wenn der Verkäufer die Zahlung des Kaufpreises bestätigt hat oder der Käufer die Kaufpreiszahlung in geeigneter Form nachweist. Der Notar soll dies überwachen.

Die Urkunde hat einen Umfang von 10 Seiten, es werden 7 Ausfertigungen und beglaubigte Ablichtungen erstellt (inkl. Ablichtungen für Finanzamt und Gutachterausschuss).

Der Notar sieht das Grundbuch vor Beurkundung und im Zusammenhang mit der Fälligkeitsmitteilung ein.

Alle Unterlagen an das Grundbuchamt werden in Papierform eingereicht.

Bewertung:

Verfahren/Geschäft	Verfahrenswert	KV-Nr.	Satz	Gebühr
Beurkundungsverfahren Kaufvertrag, §§ 97 Abs. 1, 47 GNotKG	500.000,00 EUR	21100 GNotKG	2,0	1.870,00 EUR
Vollzug, Einholung Löschungen und Bescheinigung Vorkaufsrecht, § 112 GNotKG	500.000,00 EUR	22110 GNotKG	0,5	467,50 EUR
Betreuungstätigkeit (Fälligkeitsmitteilung, Vollzugsüberwachung), § 113 Abs. 1 GNotKG	500.000,00 EUR	22200 Anm. 2, 3 GNotKG	0,5	467,50 EUR
Treuhandtätigkeit Bausparkasse, § 113 Abs. 2	40.000,00 EUR	22201 GNotKG	0,5	72,50 EUR
Treuhandtätigkeit Sparkasse, § 113 Abs. 2 GNotKG	140.000,00 EUR	22201 GNotKG	0,5	163,50 EUR
Dokumentenpauschale insges. 70 Seiten	–	32001 GNotKG	–	10,50 EUR
2 Grundbucheinsichten (2 x 8,00 EUR)	–	32011 GNotKG	–	16,00 EUR
Sonstige Auslagen (Pauschale)	–	32005 GNotKG	–	20,00 EUR

Hinweise: **145**

Hinzu kommt die gesetzliche MwSt. von 19 % (KV-Nr. 32014 GNotKG).

Der Geschäftswert bestimmt sich nach § 47 GNotKG mit dem Kaufpreis (hier keine weiteren Hinzurechnungen). Für die Beurkundung ist, da ein Vertrag vorliegt, eine 2,0-Gebühr zu erheben (KV-Nr. 21100 GNotKG). Bei der Einholung der Löschungsbewilligungen und der Bescheinigung über das gesetzliche Vorkaufsrecht handelt es sich um Vollzugstätigkeiten gem. Vorbem. 2.2.1.1 Abs. 1 S. 2 Nr. 1 und Nr. 9 KV GNotKG. Hierfür entsteht eine 0,5-Gebühr gem. KV-Nr. 22110 GNotKG aus dem Wert des Kaufvertrages. Mehrere Vollzugstätigkeiten lösen die Gebühr nur einmal aus (§ 93 Abs. 1). Da hier nicht nur eine einfache Vollzugstätigkeit durchgeführt wird, ist eine ungedeckelte Vollzugsgebühr aus dem Wert des Kaufvertrages zu erheben. Die Betreuungsgebühr nach KV-Nr. 22200 GNotKG entsteht ebenfalls nur einmal, obwohl der Notar 2 Betreuungstätigkeiten durchführt (§ 93 Abs. 1 GNotKG). Zusätzlich sind aber die Treuhandgebühren gem. KV-Nr. 22201 GNotKG für jeden Treuhandauftrag der Gläubiger getrennt und neben der Betreuungsgebühr nach KV-Nr. 22200 GNotKG entstanden. Der Geschäftswert ist jeweils das Sicherungsinteresse, also der Betrag, den der jeweilige Gläubiger von der Verwendung der Löschungsbewilligung abhängig macht. Die Dokumentenpauschale ist nach KV-Nr. 32001 GNotKG und nicht nach KV-Nr. 32000 GNotKG zu berechnen. Die Auslagen für die beiden Grundeinsichten sind als Auslagen weiterzugeben. Hier wurde für die sonstigen Auslagen die Pauschale von KV-Nr. 32005 GNotKG angesetzt.

3. Verkauf einer Eigentumswohnung mit Verwalterzustimmung

Beispiel **146**

A verkauft an B eine lastenfreie Eigentumswohnung zum Kaufpreis von 500.000 EUR. Zur Veräußerung der Eigentumswohnung ist die Zustimmung des Verwalters erforderlich. Der Notar wird beauftragt diese Zustimmung beim Verwalter unter Übersendung eines Entwurfs anzufordern. Der Kaufpreis ist fällig innerhalb von 10 Tagen nach Zugang eines Schreibens des Notars über die Eintragung der Auflassungsvormerkung an erster Rangstelle und Vorlage der Verwalterzustimmung in grundbuchtauglicher Form (Beglaubigung der Unterschrift des Verwalters unter dem Zustimmungsentwurf). Der Vollzug der Auflassung soll erst erfolgen, wenn der Verkäufer die Zahlung des Kaufpreises bestätigt hat oder der Käufer die Kaufpreiszahlung in geeigneter Form nachweist. Der Notar soll dies überwachen.

Die Urkunde hat einen Umfang von 10 Seiten, es werden 7 Ausfertigungen und beglaubigte Ablichtungen erstellt (inkl. Ablichtungen für Finanzamt und Gutachterausschuss).

Der Notar sieht das Grundbuch vor Beurkundung und im Zusammenhang mit der Fälligkeitsmitteilung ein.

Nach einer Woche erscheint der Verwalter beim Notar und unterzeichnet die Verwalterzustimmung. Der Notar, der auch den Kaufvertrag beurkundet hat, beglaubigt sodann die Unterschrift des Verwalters.

Alle Unterlagen an das Grundbuchamt werden in Papierform eingereicht.

Bewertung des Kaufvertrags:

Verfahren/Geschäft	Verfahrenswert	KV-Nr.	Satz	Gebühr
Beurkundungsverfahren Kaufvertrag, §§ 97 Abs. 1, 47 GNotKG	500.000,00 EUR	21100 GNotKG	2,0	1.870,00 EUR
Vollzug, Einholung der Verwalterzustimmung, § 112 GNotKG	500.000,00 EUR	22110 GNotKG	0,5	467.50 EUR
Betreuungstätigkeit (Fälligkeitsmitteilung, Vollzugsüberwachung), § 113 Abs. 1 GNotKG	500.000,00 EUR	22200 Anm. 2, 3 GNotKG	0,5	467,50 EUR
Dokumentenpauschale insges. 70 Seiten	–	32001 GNotKG	–	10,50 EUR
2 Grundbucheinsichten (2 x 8,00 EUR)	–	32011 GNotKG	–	16,00 EUR
Sonstige Auslagen (Pauschale)	–	32005 GNotKG	–	20,00 EUR

147 **Hinweise**:

Hinzu kommt die gesetzliche MwSt. von 19 % (KV-Nr. 32014 GNotKG).

Der Geschäftswert bestimmt sich nach § 47 GNotKG mit dem Kaufpreis (hier keine weiteren Hinzurechnungen). Für die Beurkundung ist, da ein Vertrag vorliegt, eine 2,0-Gebühr zu erheben (KV-Nr. 21100 GNotKG). Bei der Einholung der Verwalterzustimmung (mit oder ohne Entwurf) handelt es sich um eine Vollzugstätigkeit gem. Vorbem. 2.2.1.1 Abs. 1 S. 2 Nr. 5 KV GNotKG. Hierfür entsteht eine 0,5-Gebühr gem. KV-Nr. 22110 GNotKG aus dem Wert des Kaufvertrages. Da hier keine einfache Vollzugstätigkeit nach Vorbem. 2.2.1.1 Abs. 1 S. 2 Nr. 1 oder 2 KV GNotKG durchgeführt wird, ist eine ungedeckelte Vollzugsgebühr aus dem Wert des Kaufvertrages zu erheben. Die Betreuungsgebühr nach KV-Nr. 22200 GNotKG entsteht ebenfalls nur einmal, obwohl der Notar 2 Betreuungstätigkeiten durchführt (§ 93 Abs. 1 GNotKG). Die Dokumentenpauschale ist nach KV-Nr. 32001 GNotKG und nicht nach KV-Nr. 32000 zu berechnen. Die Auslagen für die beiden Grundeinsichten sind als Auslagen weiterzugeben. Hier wurde für die sonstigen Auslagen die Pauschale von KV-Nr. 32005 GNotKG angesetzt.

148 **Bewertung der Unterschriftsbeglaubigung des Verwalters:**

Verfahren/Geschäft	Verfahrenswert	KV-Nr.	Satz	Gebühr
Beglaubigung der Unterschrift, §§ 121, 98 Abs. 1, 47 GNotKG	250.000,00 EUR	25100 GNotKG	0,2	70,00 EUR

149 **Hinweise**:

Die erste Unterschriftsbeglaubigung unter einem vom Notar gefertigten Entwurf ist mit der Entwurfsgebühr abgegolten, wenn sie demnächst erfolgt (s. § 1 Rdn 31). Hier hat der Notar aber keine Entwurfsgebühr erhalten, da der Entwurf der Zustimmungserklärung Vollzugstätigkeit zum Kaufvertrag ist und daher nur die Vollzugsgebühr entstanden ist und nicht zusätzlich auch noch eine Entwurfsgebühr (s. § 1 Rdn 32). Deshalb ist die Beglaubigung bereits der ersten Unterschrift (unter dem Vollzugsentwurf) kostenpflichtig. Der Geschäftswert für die Zustimmungserklärung bestimmt sich gem. §§ 121, 98 Abs. 1 GNotKG nach der Hälfte des Werts des Rechtsgeschäfts, dem zugestimmt wird, hier also die Hälfte des Werts des Kaufvertrags = 250.000 EUR.

XI. Überlassungen

1. Überlassung eines Grundstücks von Eltern an Sohn mit Gegenleistungen

Beispiel 150

Die Eltern E überlassen ihrem Sohn S ein mit einem Zweifamilienhaus bebautes Grundstück, dessen Verkehrswert 500.000 EUR beträgt. Den Wert haben die Beteiligten übereinstimmend angegeben.

Der Sohn hat folgende Gegenleistungen zu erbringen:

- Wohnungsrecht für die Eltern auf Lebenszeit an der Wohnung im Erdgeschoß (Vater 71, Mutter 66 Jahre alt); monatlicher Wert in Anlehnung an die ortsübliche Miete 1.000 EUR;
- Verpflichtung zur Rückübertragung, falls Sohn S das Grundstück ohne Zustimmung der Eltern veräußern sollte und im Falle des Vorversterbens vor den Eltern;
- dingliche Übernahme der noch eingetragenen Grundschuld zu 300.000 EUR für die Sparkasse Neustadt, die noch Verbindlichkeiten in Höhe von 100.000 EUR sichert. S übernimmt auch diese Darlehensverbindlichkeit schuldbefreiend zur weiteren Verzinsung und Tilgung. Erklärungen gegenüber dem Gläubiger werden nicht mitbeurkundet. Der Notar wird beauftragt, die Genehmigung zur Schuldübernahme bei der Gläubigerin einzuholen.

Der Umfang der Urkunde beträgt 8 Seiten. Es werden insgesamt 5 Ablichtungen und Ausfertigungen gefertigt. Der Notar nimmt eine Grundbucheinsicht vor.

Bewertung:

Verfahren/Geschäft	Verfahrenswert	KV-Nr.	Satz	Gebühr
Beurkundungsverfahren Überlassung, §§ 97 Abs. 1, 3, 46 GNotKG	500.000,00 EUR	21100 GNotKG	2,0	1.870,00 EUR
Vollzug, Genehmigung Schuldübernahme, § 112 GNotKG	500.000,00 EUR	22110 GNotKG	0,5	467,50 EUR
Dokumentenpauschale insges. 40 Seiten	–	32001 GNotKG	–	6,00 EUR
1 Grundbucheinsicht	–	32011 GNotKG	–	8,00 EUR
Sonstige Auslagen (Pauschale)	–	32005 GNotKG	–	20,00 EUR

Hinweise: 151

Der Geschäftswert für das übertragene Grundstück ist nach §§ 97 Abs. 1, 46 GNotKG zu bestimmen. Maßgeblich ist der Verkehrswert des übertragenen Grundstücks. Wertangaben der Beteiligten sind verwendbare Anhaltspunkte zur Wertfeststellung. Nachdem Gegenleistungen zu erbringen sind, handelt es sich um einen Austauschvertrag nach § 97 Abs. 3 GNotKG. Die Gegenleistungen sind dem Wert des Grundstücks gegenüberzustellen, der höhere Wert ist maßgeblich. Die Gegenleistungen sind wie folgt zu bewerten:

- Wohnungsrecht: Zunächst ist der Jahreswert zu ermitteln, hier 12 x 1.000 EUR = 12.000 EUR. Danach ist dieser Wert mit dem für das Lebensalter des Jüngsten der Eltern gem. § 52 Abs. 4 GNotKG zu multiplizieren. Die Mutter ist 66 Jahre alt, der Multiplikator beträgt 10, Wert damit 120.000 EUR.

- Die Verpflichtung zur Rückübertragung ist nach § 51 Abs. 1 GNotKG zu bestimmen. Maßgeblich ist für Veräußerungs- und Erwerbsrechte, soweit es keine Vorkaufs- oder Wiederkaufsrechte sind, der volle Wert des betroffenen Grundstücks. Gem. § 51 Abs. 3 GNotKG kann aber ein niedrigerer Wert angenommen werden, wenn die vereinbarten Bedingungen dies rechtfertigen. Da die Rückübertragung nur unter bestimmten Voraussetzungen zu erfolgen hat, deren Eintritt eher gering erscheinen, dürfte ein Wert von etwa 30 % aus dem Verkehrswert des Grundstücks = 150.000 EUR sachgerecht und angemessen sein.
- Die Schuldübernahme ist gem. § 97 Abs. 1 GNotKG mit dem Schuldbetrag anzunehmen = 100.000 EUR. Die Übernahme der Grundschuld selbst in dinglicher Hinsicht ist nicht zusätzlich zu bewerten. Da keine weiteren Erklärungen gegenüber dem Gläubiger (z.B. Schuldanerkenntnis, Unterwerfungserklärungen) mitbeurkundet sind, bleibt es beim Wertansatz von 100.000 EUR.

Der Gesamtwert der Gegenleistungen beträgt 370.000 EUR, sodass der höhere Verkehrswert des Grundstücks als Geschäftswert anzunehmen ist.

Zu erheben ist eine Vertragsgebühr von 2,0 gem. KV-Nr. 21100 GNotKG. Das Anfordern der Schuldübernahmegenehmigung ist Vollzugstätigkeit gem. Vorbem. 2.2.1.1 Abs. 1 S. 2 Nr. 8 KV GNotKG und löst eine 0,5-Gebühr nach KV-Nr. 22110 GNotKG aus. Die Berechnung der Dokumentenpauschale hat nach KV-Nr. 32001 GNotKG zu erfolgen. Hier wurde die Auslagenpauschale nach KV-Nr. 32005 GNotKG vorgeschlagen.

2. Schenkung eines bebauten Grundstücks von Eltern an Tochter

152 *Beispiel*

Die Eltern E schenken ihrer Tochter T ein unbelastetes Grundstück, dessen Verkehrswert nach Angabe der Beteiligten 100.000 EUR beträgt.

Der Umfang der Urkunde beträgt 6 Seiten. Es werden insgesamt 5 Ablichtungen und Ausfertigungen gefertigt. Vollzugstätigkeiten sind keine durchzuführen. Der Notar hat auch keine Betreuungstätigkeiten zu übernehmen.

Der Notar nimmt eine Grundbucheinsicht vor.

Bewertung:

Verfahren/Geschäft	Verfahrenswert	KV-Nr.	Satz	Gebühr
Beurkundungsverfahren Schenkung, §§ 97 Abs. 1, 46 GNotKG	100.000,00 EUR	21100 GNotKG	2,0	546,00 EUR
Dokumentenpauschale insges. 30 Seiten	–	32001 GNotKG	–	4,50 EUR
1 Grundbucheinsicht	–	32011 GNotKG	–	8,00 EUR
Sonstige Auslagen (Pauschale)	–	32005 GNotKG	–	20,00 EUR

153 **Hinweise**:

Der Geschäftswert ist nach §§ 97 Abs. 1, 46 GNotKG zu bestimmen. Maßgeblich ist der Verkehrswert des übertragenen Grundstücks. Wertangaben der Beteiligten sind verwendbare Anhaltspunkte zur Wertfeststellung. Zu erheben ist eine Vertragsgebühr von 2,0 gem. KV-Nr. 21100 GNotKG. Vollzugs- und Betreuungstätigkeiten sind keine durchzuführen. Die Berechnung der Dokumentenpauschale hat nach KV-Nr. 32001 GNotKG zu erfolgen. Hier wurde die Auslagenpauschale nach KV-Nr. 32005 GNotKG vorgeschlagen.

XII. Begründung von Wohnungseigentum

1. Aufteilung durch den Alleineigentümer (§8 WEG)

Beispiel 154

E ist Eigentümer eines mit einem 10-Familien-Wohnhaus bebauten Grundstücks, dessen Verkehrswert 2 Mio. EUR beträgt. E teilt das Grundstück in 10 Eigentumswohnungen auf. Der Notar beurkundet die Teilungserklärung, die auch eine Gemeinschaftsordnung für die künftige Eigentümergemeinschaft enthält. Der Umfang der Teilungserklärung beträgt 30 Seiten. Der Notar fertigt insgesamt 13 beglaubigte Ablichtungen. Er sieht vor der Beurkundung das Grundbuch ein. Nach Vollzugsreife reicht der Notar die Teilungserklärung, die er zuvor eingescannt hat, in elektronischer Form mittels eines XML-Datensatzes beim Grundbuchamt ein.

Bewertung:

Verfahren/Geschäft	Verfahrenswert	KV-Nr.	Satz	Gebühr
Beurkundungsverfahren Aufteilung in Wohnungseigentum, §§ 97 Abs. 1, 42 GNotKG	2.000.000,00 EUR	21200 GNotKG	1,0	3.335,00 EUR
Vollzug, XML-Datensatz	2.000.000,00 EUR	22114 GNotKG	0,3	250,00 EUR
1 Grundbucheinsicht	–	32011 GNotKG	–	8,00 EUR
Dokumentenpauschale, 390 Seiten	–	32001 GNotKG	–	58,50 EUR
Sonstige Auslagen (Pauschale)	–	32005 GNotKG	–	20,00 EUR

Hinweise: 155

Der Geschäftswert einer Aufteilung in Wohnungseigentum bestimmt sich nach § 42 GNotKG nach dem vollen Verkehrswert des Grundstücks mit Gebäude. Das Bauwerk müsste selbst dann zugerechnet werden, wenn es noch nicht errichtet wäre. Der Verkehrswert ist nach § 46 GNotKG zu bestimmen. Bei einer Aufteilung durch den Alleineigentümer gem. § 8 WEG liegt eine einseitige Erklärung vor, die eine 1,0-Gebühr gem. KV-Nr. 21200 GNotKG auslöst. Für die elektronische Einreichung entsteht die Vollzugsgebühr gem. KV-Nr. 22114 GNotKG (0,3-Gebühr, max. 250 EUR). Der Geschäftswert für die Vollzugsgebühr bestimmt sich nach § 112 GNotKG mit dem Wert des Beurkundungsverfahrens. Die Berechnung der Dokumentenpauschale hat nach KV-Nr. 32001 GNotKG zu erfolgen. Hier wurde die Auslagenpauschale nach KV-Nr. 32005 GNotKG vorgeschlagen.

2. Vertragliche Aufteilung nach §3 WEG

Beispiel 156

Gleicher Sachverhalt, wie Beispiel Rdn 154, jedoch mit dem Unterschied, dass die Aufteilung nicht durch den Alleineigentümer erfolgt, sondern durch E und F (Miteigentümer zu je ein halb). Die Aufteilung in Wohnungseigentum erfolgt in vertraglicher Form gem. § 3 WEG, wonach 10 Eigentumswohnungen gebildet werden, wovon E 5 Eigentumswohnungen und F ebenfalls 5 Eigentumswohnungen jeweils zu Alleineigentum erhalten.

Bewertung:

Verfahren/Geschäft	Verfahrenswert	KV-Nr.	Satz	Gebühr
Beurkundungsverfahren Aufteilung in Wohnungseigentum, §§ 97 Abs. 1, 42 GNotKG	2.000.000,00 EUR	21100 GNotKG	2,0	6.670,00 EUR
Vollzug, XML-Datensatz	2.000.000,00 EUR	22114 GNotKG	0,3	250,00 EUR
1 Grundbucheinsicht	–	32011 GNotKG	–	8,00 EUR

Verfahren/Geschäft	Verfahrenswert	KV-Nr.	Satz	Gebühr
Dokumentenpauschale, 390 Seiten	–	32001 GNotKG	–	58,50 EUR
Sonstige Auslagen (Pauschale)	–	32005 GNotKG	–	20,00 EUR

157 **Hinweise:**

Der Geschäftswert einer Aufteilung in Wohnungseigentum bestimmt sich nach § 42 GNotKG nach dem vollen Verkehrswert des Grundstücks mit Gebäude. Das Bauwerk müsste selbst dann zugerechnet werden, wenn es noch nicht errichtet wäre. Der Verkehrswert ist nach § 46 GNotKG zu bestimmen. Bei einer Aufteilung gem. § 3 WEG liegt eine vertragliche Aufteilung vor, die eine 2,0-Gebühr gem. KV-Nr. 21100 GNotKG auslöst. Für die elektronische Einreichung entsteht die Vollzugsgebühr gem. KV-Nr. 22114 GNotKG (0,3-Gebühr, max. 250 EUR). Der Geschäftswert für die Vollzugsgebühr bestimmt sich nach § 112 GNotKG mit dem Wert des Beurkundungsverfahrens. Die Berechnung der Dokumentenpauschale hat nach KV-Nr. 32001 GNotKG zu erfolgen. Hier wurde die Auslagenpauschale nach KV-Nr. 32005 GNotKG vorgeschlagen.

XIII. Testament

158 *Beispiel*

A errichtet mit notarieller Urkunde ein Testament, in welchem er seinen Neffen Simon zum Alleinerben einsetzt und seiner Nichte Maria einen Geldbetrag von 100.000 EUR vermacht.

A gibt den Wert seines Vermögens mit 800.000 EUR an. Derzeit hat er Verbindlichkeiten i.H.v. 450.000 EUR.

Der Umfang der notariellen Urkunde beträgt 3 Seiten. Der Notar erteilt 2 Ausfertigungen des Testaments und gibt das Original in die amtliche Verwahrung beim Nachlassgericht.

E liegt derzeit im Krankenhaus. Die Beurkundung erfolgt auf Verlangen im Krankenhaus, das sich im Ort des Amtssitzes des Notars befindet. Der Notar fährt mit seinem Pkw dorthin und wieder in sein Büro zurück (insgesamt gefahrene km: 20). Dauer der Abwesenheit 1 Stunde und 20 Minuten.

Bewertung:

Verfahren/Geschäft	Verfahrenswert	KV-Nr.	Satz	Gebühr
Beurkundungsverfahren, Testament, § 102 Abs. 1 GNotKG	400.000,00 EUR	21200 GNotKG	1,0	785,00 EUR
Zusatzgebühr (Auswärtsbeurkundung)	–	26002 GNotKG	–	50,00 EUR
Dokumentenpauschale 6 Seiten	–	32001 GNotKG	–	0,90 EUR
Sonstige Auslagen (Pauschale)	–	32005 GNotKG	–	20,00 EUR

159 **Hinweise**:

Nachdem der Erblasser über seinen gesamten Nachlass verfügt, ist der Wert seines Vermögens nach Abzug der Verbindlichkeiten als Geschäftswert zugrunde zu legen. § 102 Abs. 1 GNotKG regelt aber nur einen begrenzten Schuldenabzug. Die Verbindlichkeiten dürfen nämlich nur bis max. zum halben Vermögenswert abgezogen werden. E hat ein Vermögen von 800.000 EUR und Verbindlichkeiten von 450.000 EUR, sodass er über ein Reinvermögen von 350.000 EUR verfügt. Da die Verbindlichkeiten aber nur begrenzt abzuziehen sind, beträgt der Wert 400.000 EUR. Bei einem Einzeltestament liegt eine einseitige Verfügung vor, für die eine 1,0-Gebühr nach KV-Nr. 21200 GNotKG zu erheben ist.

Für die Auswärtsbeurkundung entsteht eine Zusatzgebühr, die im Grundsatz nach der Dauer der Abwesenheit zu berechnen ist (pro angefangener halben Stunde 50 EUR gem. KV-

Nr. 26000 GNotKG). Da es sich hier aber um ein privilegiertes Geschäft handelt, entsteht die Zusatzgebühr gem. KV-Nr. 26002 unabhängig von der zeitlichen Abwesenheit i.H. einer Festgebühr von 50 EUR (vgl. § 1 Rdn 125). Die Berechnung der Dokumentenpauschale hat nach KV-Nr. 32001 GNotKG zu erfolgen. Hier wurde die Auslagenpauschale nach KV-Nr. 32005 GNotKG vorgeschlagen.

XIV. Vollmacht

Beispiel 160

V erteilt seinem Sohn S eine Generalvollmacht. S soll berechtigt sein, seinen Vater in allen Belangen in vermögensrechtlicher und persönlicher Hinsicht zu vertreten, soweit das Gesetz eine Stellvertretung zulässt. V hat ein Vermögen von 3 Mio. EUR und Verbindlichkeiten von 800.000 EUR.

Die Vollmacht hat einen Umfang von 4 Seiten. V beantragt die Erteilung von 2 Ausfertigungen.

Bewertung:

Verfahren/Geschäft	Verfahrenswert	KV-Nr.	Satz	Gebühr
Beurkundungsverfahren Vollmacht, § 98 Abs. 3 GNotKG	1.000.000,00 EUR	21200 GNotKG	1,0	1.735,00 EUR
Dokumentenpauschale 8 Seiten	–	32001 GNotKG	–	1,20 EUR
Sonstige Auslagen	–	32004 GNotKG	–	6,00 EUR

Hinweise: 161

Der Geschäftswert einer allgemeinen Vollmacht (das ist z.B. eine Generalvollmacht) bestimmt sich nach § 98 Abs. 3 GNotKG. Danach ist der Geschäftswert nach billigem Ermessen zu bestimmen, wobei der Umfang der erteilten Vollmacht und das Vermögen des Vollmachtgebers angemessen zu berücksichtigen sind. Der Wert darf allerdings die Hälfte des Vermögens nicht übersteigen. Zudem ist der Höchstwert von 1 Mio. EUR gem. § 98 Abs. 4 GNotKG zu beachten. Die Berechnung der Dokumentenpauschale hat nach KV-Nr. 32001 GNotKG zu erfolgen. Hier wurden die Auslagen in tatsächlicher Höhe nach KV-Nr. 32004 GNotKG vorgeschlagen (hier mit 6 EUR angenommen). Aber auch die Annahme der Auslagenpauschale nach KV-Nr. 32005 GNotKG i.H.v. 20 EUR wäre ohne weiteres möglich.

XV. Adoption eines Minderjährigen

Beispiel 162

M ist die Mutter des Minderjährigen Benjamin (10 Jahre alt). Die Ehe mit dem Vater V ist geschieden. M ist nun mit A verheiratet, der Benjamin an Kindes statt annehmen will. Die erforderlichen Zustimmungen und Einwilligungen liegen vor.

Der Notar beurkundet den Antrag auf Annahme als Kind und reicht eine beglaubigte Ablichtung an das Familiengericht ein.

Die Urkunde hat einen Umfang von 3 Seiten. Es werden insgesamt 3 beglaubigte Ablichtungen erstellt.

Bewertung:

Verfahren/Geschäft	Verfahrenswert	KV-Nr.	Satz	Gebühr
Beurkundung Antrag auf Annahme als Kind, § 101 GNotKG	5.000,00 EUR	21200 GNotKG	1,0	60,00 EUR
Dokumentenpauschale 9 Seiten	–	32001 GNotKG	–	1,35 EUR
Sonstige Auslagen	–	32004 GNotKG	–	5,00 EUR.

163 **Hinweise**:

Der Geschäftswert für die Annahme eines Minderjährigen bestimmt sich der Geschäftswert gem. § 101 GNotKG immer mit 5.000 EUR. Bei Annahme eines Volljährigen bestimmt der Wert nach § 36 Abs. 1 GNotKG (s. Rdn 42). Es liegt eine einseitige Erklärung vor, für die eine 1,0-Gebühr nach KV-Nr. 21200 GNotKG (Mindestbetrag allerdings 60 EUR) entsteht. Bei Mitbeurkundung von Einwilligungs- und Zustimmungserklärungen käme keine weitere Gebühr hinzu, weil es sich um gegenstandsgleiche Durchführungserklärungen nach § 109 Abs. 1 GNotKG handelt. Die Berechnung der Dokumentenpauschale hat nach KV-Nr. 32001 GNotKG zu erfolgen. Hier wurden die Auslagen in tatsächlicher Höhe nach KV-Nr. 32004 vorgeschlagen (hier mit 5 EUR angenommen). Aber auch die Annahme der Auslagenpauschale nach KV-Nr. 32005 GNotKG i.H.v. 12 EUR (20 % von 60 EUR) wäre ohne weiteres möglich.

§ 3 Prüfe dein Wissen

A. Allgemeines

In diesem Teil werden typische Prüfungsfragen der Notarfachangestelltenprüfung behandelt, anhand derer der Leser sein Wissen vertiefen und zugleich überprüfen kann. 1

B. Fragestellungen

I. Bewertung eines Kaufvertrages mit Vollzugs- und Betreuungstätigkeiten sowie Lastenfreistellungserklärungen

1. Frage Teil a)

Frau Anna Z. verkauft an Herrn Max S. das unbebaute Grundstück Fl.Nr. 201/3 Gem. X-Dorf. Der vereinbarte Kaufpreis beträgt 95.000 EUR. 2

Der Kaufpreis ist fällig nach Vorliegen der üblichen Voraussetzungen (rangrichtige Eintragung der Eigentumsvormerkung für den Käufer; Sicherung der Lastenfreistellung); der Notar wird beauftragt, den Beteiligten das Vorliegen der Fälligkeitsvoraussetzungen mitzuteilen.

Die Auflassung wird erklärt. Der Notar soll den Vollzug der Auflassung erst dann beantragen, wenn der Verkäufer den Eingang des Kaufpreises bestätigt hat oder dem Notar die Kaufpreiszahlung in geeigneter Weise nachgewiesen wurde.

Am Vertragsgrundstück wie auch an weiteren Grundstücken des Verkäufers lasten mithaftweise Grundschulden zu 160.000 EUR sowie zu 70.000 EUR für die Raiffeisenbank X-Dorf; von diesen Grundschulden soll der Vertragsgrundbesitz pfandfrei gestellt werden; der Verkäufer beantragt im Kaufvertrag den Vollzug der Pfandfreigabe im Grundbuch.

Der Notar wird beauftragt, die Bewilligung der Raiffeisenbank (mit Entwurf) einzuholen. Die Freigabeerklärung wird vom Gläubiger unter der Treuhandauflage erteilt, dass hiervon erst Gebrauch gemacht werden darf, wenn ein Kaufpreisteilbetrag von 40.000 EUR auf dem betreffenden Darlehenskonto eingegangen ist. Ferner wird der Notar beauftragt, die Vorkaufsrechtserklärung nach § 28 Abs. 1 BauGB einzuholen.

2. Antwort Teil a)

Kaufvertrag (Gebühr für das Beurkundungsverfahren) 3
Hinweise:

Der Geschäftswert bestimmt sich gem. §§ 97 Abs. 1, 47 GNotKG nach dem Kaufpreis. Weitere Leistungen und Verpflichtungen, die dem Kaufpreis hinzuzurechnen wären, hat der Käufer nicht zu erbringen. Es liegen auch keine Anhaltspunkte für einen über dem Kaufpreis liegenden Verkehrswert gem. § 46 GNotKG vor.

Bewertung:

Geschäftswert, §§ 97 Abs. 1, 47 GNotKG	95.000,00 EUR
2,0-Gebühr gem. KV-Nr. 21100 GNotKG	492,00 EUR

Vollzugstätigkeiten (Vollzugsgebühr) 4
Hinweise:

Die Vollzugsgebühr entsteht gem. Vorbem. KV 2.2.1.1 Abs. 1 S. 2 Nr. 9 KV GNotKG für:

- das Einholen der Pfandfreigabeerklärung des Gläubigers, auch wenn der Entwurf der Lastenfreistellungserklärung gefertigt wird;
- das Einholen der Vorkaufsrechtserklärung gem. § 28 Abs. 1 BauGB.

Auch bei Durchführung mehrerer Vollzugstätigkeiten entsteht die Vollzugsgebühr nur einmal (§ 93 Abs. 1 GNotKG). Der Geschäftswert bestimmt sich gem. § 112 GNotKG in gleicher Weise wie für das Beurkundungsverfahren.

Bewertung:

Geschäftswert, § 112 GNotKG (Wert des Beurkundungsverfahrens)	95.000,00 EUR
0,5-Gebühr gem. KV-Nr. 22110 GNotKG	123,00 EUR

5 **Betreuungstätigkeiten (Betreuungsgebühr)**

Hinweise:

Die Betreuungsgebühr entsteht für

- die Überwachung der Kaufpreisfälligkeit (KV-Nr. 22200 Nr. 2 GNotKG), sowie
- die Überwachung der Urkundenvorlage an das Grundbuchamt zum Vollzug der Auflassung (KV-Nr. 22200 Nr. 3 GNotKG).

Auch bei Durchführung mehrerer Betreuungstätigkeiten entsteht die Betreuungsgebühr nur einmal (§ 93 Abs. 1 GNotKG). Der Geschäftswert ist gem. § 113 Abs. 1 GNotKG in gleicher Weise wie für das Beurkundungsverfahren zu bestimmen.

Bewertung:

Geschäftswert, § 113 Abs. 1 GNotKG (Wert des Beurkundungsverfahrens)	95.000,00 EUR
0,5-Gebühr gem. KV-Nr. 22200 GNotKG	123,00 EUR

6 **Treuhandtätigkeiten (Treuhandgebühr)**

Hinweise:

Die Treuhandgebühr entsteht für die Übernahme der Treuhandauflage des Grundschuldgläubigers im Zusammenhang mit der Lastenfreistellungserklärung. Bei dem Gläubiger handelt es sich um einen „Dritten", da er nicht unmittelbar am Kaufvertrag beteiligt ist. Der Geschäftswert bestimmt sich gem. § 113 Abs. 2 GNotKG nach dem Wert des Sicherungsinteresses des Gläubigers. Dieses ist mit dem Betrag gleichzusetzen, der dem noch geschuldeten und vom Gläubiger mitgeteilten Restdarlehen entspricht. Sind zusätzlich bis zum Zahlungseingang Tageszinsen zu zahlen, rechnen diese mit.

Bewertung:

Geschäftswert, § 113 Abs. 2 GNotKG (Wert des Sicherungsinteresses = Betrag der Treuhandauflage)	40.000,00 EUR
0,5-Gebühr gem. KV-Nr. 22201 GNotKG	72,50 EUR

3. Frage Teil b)

7 Im Zuge der Abwicklung des Kaufvertrages erscheinen die bevollmächtigten Personen der Raiffeisenbank X-Dorf zur Unterzeichnung der Pfandfreigabeerklärung bei dem Notar, der den Kaufvertrag beurkundet und den Entwurf der Lastenfreistellungserklärung zugesandt hat.

Der Notar beglaubigt deren Unterschrift.

Zugleich fügt der Notar der Lastenfreistellungserklärung eine beglaubigte Ablichtung der ihm von den Vertretern der Raiffeisenbank in Urschrift vorgelegten Vollmacht bei (Umfang der Vollmacht: 4 Seiten; die Vollmacht wurde von dem beglaubigenden Notar weder beurkundet noch entworfen).

4. Antwort Teil b)

Beglaubigung der Unterschrift(en) – Beglaubigungsgebühr 8
Hinweise:

Geschäftswert, §§ 121, 44 Abs. 1 GNotKG (Pfandfreigabe):

Bei einer Pfandfreigabe ist der Wert des freizugebenden Grundbesitzes mit jedem Nennbetrag einer Grundschuld zu vergleichen. Jeweils der niedrigere Wert ist als Geschäftswert maßgebend. Nachdem hier zwei Grundpfandrechte betroffen sind, liegen zwei Pfandfreigaben vor.

Wertvergleiche:

Grundschuld 160.000 EUR – Wert Vertragsgrundbesitz 95.000 EUR =	>95.000,00 EUR
Grundschuld 70.000 EUR – Wert Vertragsgrundbesitz 95.000 EUR =	>70.000,00 EUR

Gebühr:

Obwohl der Notar den Entwurf der Freigabeerklärung erstellt hat, ist die erste Beglaubigung der Unterschriften kostenpflichtig. Die Freigabeerklärung ist nicht als Entwurf bewertet worden, sondern als Vollzugstätigkeit zum Kaufvertrag. Hauptabschnitt 4 KV ist daher nicht einschlägig. Die Beglaubigung der Unterschriften löst daher trotz Erstellung des Entwurfs die Gebühr nach KV-Nr. 25100 GNotKG aus.

Bewertung:

Gesamtwert Pfandfreigabe, §§ 35 Abs. 1, 44 Abs. 1 GNotKG	165.000,00 EUR
0,2-Gebühr gem. KV-Nr. 25100 GNotKG (hier Höchstgebühr)	70,00 EUR

Beglaubigte Abschrift Vollmacht (Beifügung zur Pfandfreigabeerklärung) 9
Hinweise:

Die Beifügung der beglaubigten Abschrift der Vollmacht löst die Beglaubigungsgebühr nach KV-Nr. 25102 GNotKG aus. Es liegt kein Fall der Anm. 2 Abs. 1 oder Abs. 2 zu KV-Nr. 25102 GNotKG vor. Die Vollmacht wurde von einem anderen Notar beurkundet, es liegt auch kein Fall des § 12 BeurkG vor, weil es sich bei der Unterschriftsbeglaubigung nicht um eine Niederschrift handelt, sondern um eine Vermerkurkunde.

Pro Seite entsteht eine Gebühr von 1 EUR, die Mindestgebühr beträgt 10 EUR. Dokumentenpauschalen entstehen daneben nicht (s. KV-Nr. 25102 Anm. 1 GNotKG).

Bewertung:

KV-Nr. 25102 GNotKG (4 Seiten x 1 EUR/Seite, mindestens jedoch)	10,00 EUR

II. Gründung einer GmbH, Beschluss über die Bestellung des Geschäftsführers sowie Registeranmeldung

1. Frage

Martin A. errichtet eine GmbH (nach Maßgabe der mitbeurkundeten Satzung). Das Stammkapital beträgt 25.000 EUR. Der Gründer übernimmt 25.000 Geschäftsanteile im Nennbetrag von je 1 EUR. Das Stammkapital wird durch Bareinlage erbracht. 10

Durch den in der Gründungsurkunde mitbeurkundeten Beschluss der Gesellschafterversammlung wird Martin A. zum ersten und alleinvertretungsberechtigten Geschäftsführer der neu gegründeten GmbH bestellt.

Der Notar fertigt auftragsgemäß den Entwurf der Handelsregisteranmeldung und beglaubigt hierunter die Unterschrift des Geschäftsführers.

Darüber hinaus fertigt der Notar im Auftrag der Beteiligten die Gesellschafterliste.

Der Notar übermittelt alle Unterlagen an das Registergericht in elektronischer Form (XML-Strukturdatensatz). Er wird angewiesen, die Registeranmeldung erst nach Vorlage eines Nachweises über die Einzahlung des Stammkapitals an das Registergericht vorzulegen.

2. Antwort

11 **Gründungsurkunde (Beurkundungsverfahren), Geschäftswert, §§ 97 Abs. 1, 107 Abs. 1 GNotKG**

Hinweise:

Der Geschäftswert für die Errichtung einer GmbH bestimmt sich gem. §§ 97 Abs. 1 GNotKG nach der Summe der Einlagen. Der Wert beträgt jedoch gem. § 107 Abs. 1 GNotKG mindestens 30.000 EUR. Nachdem ein Betrag von 25.000 EUR zu erbringen ist, kommt hier der Mindestwert in Betracht.

Bewertung:

Geschäftswert, §§ 97 Abs. 1, 107 Abs. 1 GNotKG	30.000,00 EUR

12 **Beschluss Geschäftsführerbestellung (Beurkundungsverfahren, §§ 108 Abs. 1, 105 Abs. 4 Nr. 1 GNotKG)**

Hinweise:

Der Beschluss über die Bestellung des Geschäftsführers und die Erklärungen über die Errichtung der GmbH sind verschiedene Beurkundungsgegenstände (§ 110 Nr. 1 GNotKG). Für den Beschluss bestimmt sich der Geschäftswert nach § 108 Abs. 1 i.V.m. § 105 Abs. 4 Nr. 1 GNotKG mit 1 % aus dem einzutragenden Stammkapital. Der Mindestwert beträgt jedoch 30.000 EUR.

Die Werte für die Errichtung der GmbH und den Gesellschafterbeschluss sind gem. § 35 Abs. 1 GNotKG zu addieren. Die Summe der Werte bildet den Geschäftswert für das Beurkundungsverfahren.

Bewertung:

Geschäftswert, §§ 108 Abs. 1, 105 Abs. 4 Nr. 1 GNotKG	30.000,00 EUR
Gesamtwert des Beurkundungsverfahrens (Errichtung der GmbH 30.000 EUR und Beschluss über die Geschäftsführerbestellung 30.000 EUR), § 35 Abs. 1 GNotKG	60.000,00 EUR

Gebühren:

Für die Errichtung der GmbH durch eine Person entsteht eine 1,0-Gebühr gem. KV-Nr. 21200 GNotKG, für den Beschluss eine 2,0-Gebühr gem. KV-Nr. 21100 GNotKG. Für den Beschluss entsteht immer eine 2,0-Gebühr, auch wenn das Beschlussorgan nur aus einer Person besteht.

Bewertung:

1,0-Gebühr gem. KV-Nr. 21200 GNotKG aus Wert Gründungsurkunde 30.000 EUR	125,00 EUR
2,0-Gebühr gem. KV-Nr. 21100 GNotKG aus dem Wert des Beschlusses von 30.000 EUR	250,00 EUR
Vergleichsberechnung gem. § 94 Abs. 1 GNotKG:	
2,0-Gebühr gem. KV-Nr. 21100 GNotKG aus 60.000 EUR mit	384,00 EUR

Ergebnis:

Die getrennte Gebührenberechnung ist kostengünstiger und deshalb maßgebend.

Vollzugstätigkeit zur Gründungsurkunde (Erstellung der Gesellschafterliste) 13

Hinweise:

Das Erstellen der Gesellschafterliste ist Vollzugstätigkeit zum Gründungsvorgang (Vorbem. 2.2.1.1 Abs. 1 S. 2 Nr. 3 KV GNotKG). Der Gebührensatz für die Vollzugsgebühr richtet sich nach dem höchsten Gebührensatz innerhalb des Beurkundungsverfahrens, hier somit 0,5. Der Geschäftswert ist der volle Wert des Beurkundungsverfahrens (§ 112 GNotKG) und nicht nur der auf die Errichtung der GmbH entfallende Teil.

Bewertung:

Geschäftswert, § 112 GNotKG (Wert des Beurkundungsverfahrens)	60.000,00 EUR
0,5-Gebühr gem. KV-Nr. 22110 GNotKG	96,00 EUR

Entwurf der Handelsregisteranmeldung (mit Beglaubigung der Unterschrift) 14

Hinweise:

Bei der Anmeldung einer neu gegründeten GmbH handelt es sich um eine Anmeldung mit bestimmtem Geldwert. Als Geschäftswert ist gem. § 105 Abs. 1 S. 1 GNotKG der in das Handelsregister einzutragende Betrag (hier Stammkapital) maßgebend. Gem. § 105 Abs. 1 S. 2 GNotKG beträgt der Mindestwert für Anmeldungen mit bestimmtem Geldwert 30.000 EUR.

Die Beglaubigung der Unterschrift des Geschäftsführers unter dem auftragsgemäß gefertigten Entwurf der Handelsregisteranmeldung ist gem. Vorbem. 2.4.1 Abs. 2 KV GNotKG als erste Beglaubigung mit der Entwurfsgebühr abgegolten.

Bewertung:

Geschäftswert, §§ 119 Abs. 1, 105 Abs. 1 Nr. 1 GNotKG (einzutragendes Stammkapital, mindestens)	30.000,00 EUR
0,5-Gebühr gem. KV-Nr. 24102 i.V.m. KV-Nr. 21201 Nr. 5 GNotKG	62,50 EUR

Vollzugs- und Betreuungstätigkeiten zur Handelsregisteranmeldung 15

Hinweise:

Das Erzeugen der XML-Strukturdaten zur elektronischen Einreichung beim Handelsregister ist Vollzugstätigkeit zur Handelsregisteranmeldung. Der Geschäftswert bestimmt sich nach § 112 GNotKG nach dem Wert der Registeranmeldung.

Die Vorlageanweisung hinsichtlich der Registeranmeldung bezüglich der Vorlage an das Registergericht erst nach Vorlage eines Nachweises über die Einzahlung des Stammkapitals stellt eine Betreuungstätigkeit nach KV-Nr. 22200 Nr. 3 GNotKG dar. Der Geschäftswert bestimmt sich gem. § 113 Abs. 1 GNotKG ebenfalls nach dem Wert der Registeranmeldung.

Bewertung:

Geschäftswert Vollzug, § 112 GNotKG (Wert des Entwurfs der Anmeldung) Erstellung XML-Datensatz	30.000,00 EUR
0,3-Gebühr gem. KV-Nr. 22114 GNotKG	37,50 EUR
Geschäftswert Betreuung, § 113 Abs. 1 GNotKG (Wert des Entwurfs) für die Vorlageanweisung	30.000,00 EUR
0,5-Gebühr gem. KV-Nr. 22200 GNotKG	62,50 EUR

III. Aufhebung eines Erbvertrages zwischen Ehegatten, Teil a), Teilaufhebung und neue Verfügung, Teil b)

1. Frage Teil a) – Aufhebung Erbvertrag über eine gegenseitige Erbeinsetzung mit Vermächtnisanordnung

16 Die kinderlosen Eheleute Max und Elfriede T. haben in dem zu URNr. 1570/2017 des Notars Dr. R geschlossenen Erbvertrag folgende Verfügungen getroffen:

- gegenseitige Erbeinsetzung;
- Vermächtnisanordnung nach dem Letztversterbenden (Zuwendung eines unbebauten Grundstücks im Wert von 80.000 EUR an den Neffen der Ehefrau).

  Vermögensverhältnisse der Eheleute T. nach Angabe im Zeitpunkt der Beurkundung der Aufhebung:
- Ehemann: Aktivvermögen = 320.000 EUR, Schulden = 180.000 EUR;
- Ehefrau: Aktivvermögen = 250.000 EUR, Schulden = 40.000 EUR.

Die Eheleute T. heben den bestehenden Erbvertrag auf. Neue Verfügungen von Todes wegen werden nicht getroffen.

2. Antwort Teil a)

17 **Hinweise**:

Maßgebende Wertvorschrift ist § 102 Abs. 1 GNotKG. Nachdem jeder der Ehegatten über sein gesamtes Vermögen verfügt, ist der Wert deren Vermögens im Zeitpunkt der Beurkundung der Aufhebung als Geschäftswert maßgebend. Dass zusätzlich noch ein Vermächtnis aufgehoben wird, führt nicht zur Erhöhung des Werts. Die Aufhebung des Vermächtnisses ist durch den Wert des gesamten Vermögens erfasst.

Für jeden Erblasser ist der Aktivwert des Vermögens anzunehmen. Hiervon sind die darauf lastenden Verbindlichkeiten in Abzug zu bringen, jedoch mit maximal zum halben Vermögenswert.

Für die Aufhebung ist eine 1,0-Gebühr nach KV-Nr. 21102 GNotKG zu erheben.

Bewertung:

Geschäftswert, § 102 Abs. 1 GNotKG	
modifiziertes Reinvermögen des Ehemannes (320.000 EUR abzüglich 180.000 EUR = 140.000 EUR; Schuldenabzug jedoch max. bis zur Hälfte des Aktivvermögens) Wert daher	160.000,00 EUR
modifiziertes Reinvermögen der Ehefrau (250.000 EUR abzüglich 40.0000 EUR)	210.000,00 EUR
Summe der Werte	370.000,00 EUR
1,0-Gebühr gem. KV-Nr. 21102 GNotKG	735,00 EUR

3. Frage Teil b)

18 Sachverhalt wie Rdn 16; allerdings wird keine Aufhebung des Erbvertrags beurkundet, sondern ein Erbvertragsnachtrag mit dem die Ehegatten T

- das Grundstücksvermächtnis zugunsten des Neffen aufheben;
- zugleich eine neue Vermächtnisanordnung dahingehend treffen, dass eine Nichte des Ehemannes nach dem Letztversterbenden einen Geldbetrag in Höhe von 40.000 EUR erhält.

4. Antwort Teil b)

Hinweise: 19

Bei einer Teilaufhebung liegt keine Aufhebung nach KV-Nr. 21102 GNotKG vor, die mit einer 1,0-Gebühr zu bewerten wäre. Vielmehr liegt die Änderung eines bestehenden Rechtsverhältnisses vor, welche die Gebühr wie für das Hauptgeschäft (Erbvertrag) auslöst. Es ist somit die 2,0-Gebühr nach KV-Nr. 21100 GNotKG zu erheben.

Die Aufhebung einer letztwilligen Verfügung oder eines Teils einer letztwilligen Verfügung und zugleich eine neue Verfügung betreffen denselben Beurkundungsgegenstand (§ 109 Abs. 2 Nr. 2 GNotKG). Der Geschäftswert bestimmt sich aber nach dem höchsten Wert der beiden Beurkundungsgegenstände (§ 109 Abs. 2 S. 2 GNotKG). Das aufgehobene Vermächtnis hat einen Wert von 80.000 EUR und übersteigt somit den Wert des neuen Vermächtnisses.

Bewertung:

Geschäftswert, §§ 102 Abs. 3, 109 Abs. 2 S. 1 Nr. 2 GNotKG, Wertbestimmung nach der höherwertigen Verfügung, hier der Aufhebung des Grundstücksvermächtnisses	80.000,00 EUR
2,0-Gebühr gem. KV-Nr. 21100 GNotKG	438,00 EUR

IV. Ehevertrag: Gütertrennung, Zugewinnausgleich

1. Frage

Die bislang im gesetzlichen Güterstand lebenden Eheleute M treffen durch Ehevertrag folgende Vereinbarungen: 20

- Sie vereinbaren für die fernere Ehedauer den Güterstand der Gütertrennung.
- Zum Ausgleich des bisher entstandenen Zugewinns wird Folgendes vereinbart:

Der Ehemann überträgt an die Ehefrau eine Eigentumswohnung im Wert von 160.000 EUR; im Gegenzug verpflichtet sich die Ehefrau zur Zahlung eines sofort fälligen Betrages in Höhe von 60.000 EUR an den Ehemann.

Die Auflassung bzgl. der Eigentumswohnung ist erklärt. Der Notar wird ermächtigt und beauftragt, die Eintragung der Auflassung im Grundbuch zu bewilligen und zu veranlassen, sobald die Zahlung des vorgenannten Betrages nachgewiesen wurde.

Zusätzliche Wertangaben:

beiderseitiges modifiziertes Reinvermögen der Ehegatten M: 420.000 EUR (zur Berechnung des modifizierten Reinvermögens s. Rdn 21).

2. Antwort

Beurkundungsverfahren 21

Hinweise:

Der Geschäftswert für den Ehevertrag bestimmt sich nach § 100 Abs. 1 GNotKG. Maßgeblich ist das jeweilige Aktivvermögen abzüglich der Verbindlichkeiten. Der Abzug ist aber nur bis max. zum halben Vermögenswert möglich. Die Verbindlichkeiten jedes Ehegatten dürfen nur von seinem Vermögen abgezogen werden. Verbindlichkeiten, für die die Ehegatten als Gesamtschuldner haften, werden bei jedem Ehegatten zur Hälfte berücksichtigt.

Zugewinnausgleichsregelungen sind Teil des Ehevertrages, wenn der Zugewinn in Geld auszugleichen ist. Erfolgt jedoch der Ausgleich dadurch, dass einem Ehegatten – wie hier – eine Eigentumswohnung überlassen wird, liegt gem. § 111 Nr. 2 GNotKG ein zum Ehevertrag gegenstandsverschiedenes Rechtsverhältnis vor (Eheverträge sind stets besondere Beurkundungsgegenstände).

Bei der Übertragung der Eigentumswohnung liegt ein Austauschvertrag vor. Die Leistungen des Ehemannes (Eigentumswohnung mit Verkehrswert 160.000 EUR) sind den Leistungen der Ehefrau (Zahlung eines Betrags von 60.000 EUR) gegenüberzustellen. Der höhere Wert ist als Geschäftswert maßgebend.

Die Werte sind gem. § 35 Abs. 1 GNotKG zu addieren. Die Summe der Werte bildet den Wert des Beurkundungsverfahrens.

22 **Bewertung**:

a) Ehevertrag, Geschäftswert, § 100 Abs. 1 GNotKG

(beiderseitiges modifiziertes Reinvermögen)	420.000,00 EUR

b) Übertragung Eigentumswohnung

Geschäftswert, §§ 97 Abs. 1 u. 3, 46 GNotKG (Austausch, höherwertiger ist die Leistung des Ehemannes)	160.000,00 EUR
Gesamtwert des Beurkundungsverfahrens, § 35 Abs. 1 GNotKG	580.000,00 EUR
hieraus 2,0-Gebühr gem. KV-Nr. 21100 GNotKG	2.190,00 EUR

23 **Betreuungstätigkeit**
Hinweise:

Eine Betreuungsgebühr fällt nach KV-Nr. 22200 Nr. 3 GNotKG für die Vorlageanweisung zum Vollzug der Auflassung an. Der Geschäftswert für die Betreuungsgebühr ist gem. § 113 Abs. 1 GNotKG der Wert des Beurkundungsverfahrens.

Bewertung:

Geschäftswert, § 113 Abs. 1 GNotKG	580.000,00 EUR
0,5-Gebühr nach KV-Nr. 22200 GNotKG	547,50 EUR

V. Grundschuldbestellungen

1. Frage Teil a) – Grundschuldbestellung mit Unterwerfungserklärungen und Rangrücktritt

24 Der Eigentümer des Grundstücks Fl.Nr. 123/4 Gemeinde Hausen bestellt eine Buchgrundschuld (samt abstraktem Schuldversprechen) für die Sparkasse in Höhe von 180.000 EUR. Der Eigentümer unterwirft sich der Zwangsvollstreckung in dinglicher und persönlicher Hinsicht.

Der Pfandgrundbesitz ist bereits mit einer Grundschuld zu 100.000 EUR für die VR-Bank belastet. Diese soll im Rang hinter die neubestellte Grundschuld zurücktreten. Der Eigentümer stimmt dem Rangrücktritt in der Grundschuldbestellungsurkunde mit Antrag auf Vollzug im Grundbuch zu.

Der Notar wird beauftragt, die Rangrücktrittserklärung der VR-Bank (mit Entwurf des Rangrücktritts) einzuholen.

2. Antwort Teil a)

25 **Grundschuldbestellung**
Hinweise:

- Gegenstandsgleich zur Grundschuldbestellung und deshalb nicht gesondert zu bewerten sind das abstrakte Schuldversprechen (§ 109 Abs. 2 Nr. 3 GNotKG) sowie die Zwangsvollstreckungsunterwerfung in dinglicher und persönlicher Hinsicht (§ 109 Abs. 1 GNotKG).
- Denselben Beurkundungsgegenstand mit der Grundschuldbestellung betreffen auch die Eigentümerzustimmung zum Rangrücktritt samt Vollzugsantrag (§ 109 Abs. 2 Nr. 3 GNotKG).

Der Geschäftswert für die Grundschuldbestellung ist gem. § 53 Abs. 1 GNotKG der Nominalbetrag der Grundschuld. Zinsen werden nach § 37 Abs. 1 GNotKG nicht berücksichtigt.

Bewertung:

Geschäftswert, §§ 97 Abs. 1, 53 Abs. 1 GNotKG (Nennbetrag der Grundschuld)	180.000,00 EUR
1,0-Gebühr gem. KV-Nr. 21200 GNotKG	408,00 EUR

Vollzugstätigkeiten 26

Hinweise:

Die Vollzugsgebühr entsteht gem. Vorbem. 2.2.1.1 Abs. 1 S. 2 KV GNotKG für das Einholen der Rangrücktrittsbewilligung, auch wenn der Entwurf der Erklärung vom Notar gefertigt wird. Der Geschäftswert der Vollzugsgebühr ist nach § 112 GNotKG nach dem Wert der Grundschuldbestellung zu bestimmen. Der Gebührensatz beträgt 0,3 gem. KV-Nr. 22111 GNotKG, weil die Gebühr für das Beurkundungsverfahrens weniger als 2,0 beträgt.

Bewertung:

Geschäftswert, § 112 GNotKG (Wert des Beurkundungsverfahrens)	180.000,00 EUR
0,3-Gebühr gem. KV-Nr. 22111 GNotKG	122,40 EUR

3. Frage Teil b) – Grundschuldbestellung nur formelle Grundbucherklärungen und Unterwerfungserklärung nur für einen Teilbetrag sowie Vollzugstätigkeiten

Die „Huber Wohn- und Gewerbebau GmbH" bestellt an mehreren Grundstücken eine Gesamtgrundschuld in Höhe von 2 Mio. EUR. Der Inhalt der Grundschuldbestellung beschränkt sich auf die formellen Grundbucherklärungen. 27

In derselben Urkunde unterwirft sich der Eigentümer bzgl. eines zuletzt zu zahlenden Teilbetrages von 500.000 EUR der sofortigen Zwangsvollstreckung in dinglicher und persönlicher Hinsicht.

Bei einem Teil des Pfandgrundbesitzes ist ein Sanierungsvermerk eingetragen. Der Notar wird beauftragt, die erforderliche Genehmigung der Sanierungsbehörde einzuholen.

4. Antwort Teil b)

Beurkundungsverfahren 28

Hinweise:

Die Grundschuldbestellung und die Zwangsvollstreckungsunterwerfung wegen eines zuletzt zu zahlenden Teilbetrages sind zueinander gegenstandsgleich nach § 109 Abs. 1 GNotKG. Es ist eine Vergleichsberechnung nach § 94 Abs. 2 GNotKG durchzuführen, weil unterschiedliche Gebührensätze anzuwenden sind, nämlich für die Grundschuldbestellung eine 0,5-Gebühr, da nur Grundbucherklärungen und eine 1,0-Gebühr für die Unterwerfungserklärung.

Der Geschäftswert für die Grundschuldbestellung bestimmt sich nach dem Nominalbetrag der Grundschuld und für die Unterwerfungserklärung nach dem betroffenen Betrag gem. § 97 Abs. 1 GNotKG.

Grundschuldbestellung

Bewertung:

Geschäftswert, §§ 97 Abs. 1, 53 Abs. 1 GNotKG (Grundschuldnennbetrag)	2.000.000,00 EUR
0,5-Gebühr gem. KV-Nr. 21201 GNotKG	1.667,50 EUR

Zwangsvollstreckungsunterwerfung wg. Teilbetrag

Geschäftswert, § 97 Abs. 1 GNotKG	500.000,00 EUR
1,0-Gebühr gem. KV-Nr. 21200 GNotKG	935,00 EUR
Vergleichsberechnung gem. § 94 Abs. 2 S. 2 GNotKG:	
1,0-Gebühr (höchster in Betracht kommender Gebührensatz gem. KV-Nr. 21200 GNotKG aus 2 Mio. EUR – Wert des Hauptgeschäfts)	3.335,00 EUR

Ergebnis: Die getrennte Berechnung ist kostengünstiger und daher maßgebend.

29 **Vollzugstätigkeit (Einholung Sanierungsgenehmigung)**
Hinweise:

Die auftragsgemäße Einholung der Genehmigung bei der Sanierungsbehörde ist Vollzugstätigkeit nach Vorbem. 2.2.1.1 Abs. 1 S. 1 Nr. 1 GNotKG. Zu erheben ist eine 0,3-Vollzugsgebühr nach KV-Nr. 22111 GNotKG. Da es sich um eine einfache Vollzugstätigkeit handelt, darf höchstens eine Gebühr von 50 EUR erhoben werden.

Bewertung:

Geschäftswert, § 112 GNotKG (Wert des Beurkundungsverfahrens)	2.000.000,00 EUR
0,3-Gebühr nach KV-Nr. 22111, 22112 GNotKG	50,00 EUR

5. Frage Teil c) – Grundschuldbestellung durch reine Unterschriftsbeglaubigung mit Einreichung beim Grundbuchamt

30 Gleicher Sachverhalt wie Rdn 27, jedoch mit dem Unterschied, dass die Grundschuldbestellung keine Unterwerfungserklärung enthält und der Notar lediglich beauftragt wird

- die Unterschrift des Eigentümers unter der ihm vorgelegten, vollständig ausgefüllten und vollzugsfähigen Grundschuldbestellung zu beglaubigen, sowie
- die Grundschuldbestellung beim Grundbuchamt zum Vollzug einzureichen (die Genehmigung der Sanierungsbehörde wird von dem Beteiligten selbst eingeholt, der Notar wird hierzu nicht beauftragt).
- Der Notar überprüft vor Einreichung der Erklärung deren Vollzugsfähigkeit.
- Einen Auftrag, darüber hinaus den Inhalt des ihm vorgelegten Entwurfs der Grundschuldbestellung zu prüfen, erhält der Notar nicht.

6. Antwort Teil c)

31 **Unterschriftsbeglaubigung**
Hinweise:

Bei einer reinen Unterschriftsbeglaubigung bestimmt sich der Geschäftswert gem. § 121 GNotKG in gleicher Weise wie für eine beurkundete Grundschuldbestellung, somit nach dem Nominalbetrag. Es entsteht eine 0,2-Gebühr nach KV-Nr. 25100 GNotKG, höchstens jedoch 70 EUR.

Bewertung:

Geschäftswert, §§ 121, 53 Abs. 1 GNotKG (Grundschuldnennbetrag)	2.000.000,00 EUR
0,2-Gebühr gem. KV-Nr. 25100 GNotKG (hier Höchstgebühr)	70,00 EUR

32 **Vollzugstätigkeit (Übermittlung ans Grundbuchamt)**
Hinweise:

Für die Einreichung einer Erklärung, für die der Notar weder eine Beurkundungsgebühr noch eine Entwurfsgebühr erhalten hat, entsteht gem. KV-Nr. 22124 GNotKG eine Vollzugsgebühr von 20 EUR. Es handelt sich hierbei um eine Festgebühr. Diese Gebühr schließt auch die Prüfung der Vollzugsreife durch den Notar ein.

Bewertung:

Gebühr nach KV-Nr. 22124 GNotKG (Festgebühr)	20,00 EUR

VI. Überlassung eines Grundstücks mit Gegenleistungen

1. Frage

Die Eheleute Martha und Klaus F. (59 und 63 Jahre alt; je zur Hälfte Miteigentümer des nachgenannten Grundstücks) überlassen ihrem einzigen Kind Claudia N. das Wohnhaus-Grundstück Fl.Nr. 107/1 Gemeinde Neuhaus. 33

Die im Grundbuch noch eingetragene Grundschuld zu 100.000 EUR zugunsten der Sparkasse wird zur Löschung beantragt. Die Grundschuld sichert keine Forderungen mehr.

Als Gegenleistung verpflichtet sich die Erwerberin, an die Veräußerer (als Gesamtberechtigte) auf Lebensdauer ein monatliches Taschengeld von 700 EUR zu zahlen; hierzu wird eine Wertsicherungsklausel vereinbart.

Der Verkehrswert des überlassenen Grundstücks wird von den Beteiligten mit 400.000 EUR angegeben.

2. Antwort

Überlassungsvertrag 34
Hinweise:

Der Geschäftswert bestimmt sich nach § 97 Abs. 3 GNotKG (Gegenüberstellung der Leistungen der Vertragsteile). Der höhere Wert ist anzunehmen (Austauschvertrag).

Das übertragene Grundstück ist mit dem Verkehrswert gem. § 46 GNotKG zu bewerten, die Gegenleistungen nach § 52 Abs. 4 GNotKG. Für die Verpflichtung zur Zahlung eines Taschengeldes ist zunächst der Jahreswert zu ermitteln, der sodann nach den Vorgaben des § 52 Abs. 4 GNotKG zu vervielfältigen ist. Nachdem es sich um ein Recht auf Lebensdauer handelt, ist der nach dem Lebensalter des jüngsten Berechtigten maßgebliche Multiplikator (hier 10 für das Lebensalter der Ehefrau) maßgeblich. Die vereinbarte Wertsicherungsklausel ist gem. § 52 Abs. 7 GNotKG nicht gesondert zu bewerten.

Bewertung:

- Leistung Veräußerer

§ 46 GNotKG, Verkehrswert des überlassenen Grundstücks	400.000,00 EUR

- Leistung Erwerber

§ 52 Abs. 4 GNotKG, kapitalisiertes Taschengeld (700 EUR x 12 = Jahreswert x 10 = Multiplikator nach Lebensalter des Berechtigten)	84.000,00 EUR
maßgebender Wertansatz somit	400.000,00 EUR
2,0-Gebühr gem. KV-Nr. 21100 GNotKG	1.570,00 EUR

Vollzugstätigkeiten 35
Hinweise:

Die auftragsgemäße Einholung der Löschungsbewilligung ist Vollzugstätigkeit nach Vorbem. 2.2.1.1 Abs. 1 S. 2 Nr. 9 KV GNotKG und löst aus dem Wert des Beurkundungsverfahrens (§ 112 GNotKG) eine 0,5-Gebühr nach KV-Nr. 22110 GNotKG aus.

Bewertung:

Geschäftswert, § 112 GNotKG (Wert des Beurkundungsverfahrens)	400.000,00 EUR
0,5-Geb. gem. KV-Nr. 22110 GNotKG	392,50 EUR

VII. Bestellung einer Grunddienstbarkeit (Geh- und Fahrtrecht)

1. Frage

36 Es wird eine Grunddienstbarkeit bestellt. Darin räumt der Eigentümer des Grundstücks Fl.Nr. 113 (dienendes Grundstück; Verkehrswert: 300.000 EUR) dem jeweiligen Eigentümer des Nachbargrundstücks Fl.Nr. 265 (herrschendes Grundstück) an dem über das dienende Grundstück verlaufenden Weg ein Geh- und Fahrtrecht ein. Ein Nutzungsentgelt wird nicht vereinbart. Der vorhandene Weg wird neben dem Berechtigten auch vom Eigentümer des dienenden Grundstücks benutzt.

Der Ausübungsbereich des Geh- und Fahrtrechts betrifft bzw. entspricht ca. 10 % der Fläche des dienenden Grundstücks.

Der Entwurf der Dienstbarkeitsbestellung, welche lediglich formelle Grundbucherklärungen enthält, wird vollständig vom Notar gefertigt. Auf dem Entwurf wird die Unterschrift des Eigentümers des dienenden Grundstücks am Tag der Entwurffertigung beglaubigt.

2. Antwort

37 **Geschäftswert, §§ 119 Abs. 1, 52 Abs. 3 u. 5 GNotKG**
Hinweise:

Der Geschäftswert für eine Dienstbarkeit ist nach § 52 GNotKG zu bestimmen. Bei einer Grunddienstbarkeit liegt eine wiederkehrende Leistung von unbeschränkter Dauer vor, maßgebend ist daher der auf die ersten 20 Jahre entfallende Wert des Rechts (§ 52 Abs. 3 GNotKG). Da der Wert nicht feststeht, kann die Bewertung nach § 52 Abs. 5 GNotKG erfolgen: 10 % vom Wert des dienenden Grundstücks (Ausübungsbereich) = 30.000 EUR, davon 5 % (Jahreswert nach § 52 Abs. 5 GNotKG) = 1.500 EUR x 20 (§ 52 Abs. 3 GNotKG) = 30.000 EUR.

Nachdem es sich nicht um ein ausschließliches Nutzungsrecht des Berechtigten handelt, ist ein Abschlag gem. § 52 Abs. 6 GNotKG gerechtfertigt. Bei einem Abschlag von ca. 50 % beträgt der Wert 15.000 EUR.

Geschäftswert:

§ 52 Abs. 3, 6 GNotKG (20-facher Jahreswert mit Abschlag 50 %)	15.000,00 EUR

38 **Gebühr**
Hinweise:

Der Entwurf enthält formelle Grundbucherklärungen, sodass gem. KV-Nr. 24102 i.V.m. KV-Nr. 21201 Nr. 4 GNotKG eine 0,5-Gebühr zu erheben ist.

Zwar handelt es sich bei KV-Nr. 24102 GNotKG um eine Rahmengebühr, jedoch ist gem. § 92 Abs. 2 GNotKG bei vollständiger Entwurfsfertigung die höchste in Betracht kommende Gebühr anzunehmen.

Bewertung:

0,5-Entwurfsgebühr gem. KV-Nr. 24102 i.V.m. KV-Nr. 21201 Nr. 4 GNotKG	45,50 EUR

VIII. Erteilung einer Vollmacht (Entwurf mit Beglaubigung der Unterschrift)

1. Frage

39 Die Geschwister Johann und Margit F. sind zu gleichen Teilen Eigentümer des Grundstücks Fl.Nr. 1012/5, welches mit einer Hotelanlage bebaut ist. Sie beabsichtigen, das Grundstück zum Kaufpreis von 5,2 Mio. EUR an die XY-Hotelmanagement GmbH zu verkaufen, die Verkaufsverhandlungen sind nahezu abgeschlossen.

Da Johann F. bei der Beurkundung nicht anwesend sein kann, bevollmächtigt er seine Schwester Margit, ihn beim Abschluss des Kaufvertrages zu vertreten.

Der hierzu beauftragte Notar Dr. M. entwirft die entsprechende Vollmacht vollständig und beglaubigt die Unterschrift des Vollmachtgebers.

2. Antwort

Hinweise: 40

Der Geschäftswert für einen Entwurf ist gem. § 119 Abs. 1 GNotKG wie bei der Beurkundung zu bestimmen.

- Ausgangswert ist gem. § 98 Abs. 1 GNotKG der halbe Wert desjenigen Geschäfts, auf das sich die erteilte Vollmacht bezieht, somit (1/2 v. 5,2 Mio. EUR =) 2,6 Mio. EUR;
- es handelt sich jedoch um die Vollmacht eines Mitberechtigten, sodass sich der anzunehmende Wert gem. § 98 Abs. 2 GNotKG auf den Bruchteil der Mitberechtigung (hier 1/2) ermäßigt; Wertansatz somit 1,3 Mio. EUR;
- zu beachten ist jedoch § 98 Abs. 4 GNotKG, wonach der Höchstwert einer Vollmacht 1 Mio. EUR beträgt;
- Im Falle der Beurkundung würde der Gebührensatz 1,0 gem. KV-Nr. 21200 GNotKG betragen, somit ebenfalls 1,0 gem. KV-Nr. 24101 GNotKG, weil der Notar den Entwurf vollständig gefertigt hat (§ 92 Abs. 2 GNotKG).
- Für die (erstmalige) Beglaubigung der Unterschrift unter dem vom selben Notar gefertigten Entwurf entsteht gem. Vorbem. 2.4.1 Abs. 2 KV GNotKG keine gesonderte Gebühr.

Bewertung:

Wertansatz somit	1.000.000,00 EUR
1,0-Gebühr gem. KV-Nr. 24101	1.735,00 EUR

IX. Aufteilung in Wohnungseigentum (§ 8 WEG) mit Vollzugs- und Betreuungstätigkeiten

1. Frage

A ist Eigentümer des mit einem Einfamilienhaus bebauten Grundstücks Fl.Nr. 1712 (Verkehrswert: 220.000 EUR). 41

A beabsichtigt, einen Anbau (als abgeschlossene Wohnung) an das vorhandene Gebäude zu errichten. Die voraussichtlichen Baukosten für den Anbau betragen 130.000 EUR.

A teilt das Grundstück Fl.Nr. 1712 nach § 8 WEG in Wohnungseigentum auf.

Das Grundstück ist belastet mit einer Grundschuld zu 110.000 EUR (Gläubiger: Sparkasse), Die Grundschuld sichert keine Forderungen mehr. A stimmt der Löschung (in derselben Urkunde) zu und beantragt den Vollzug der Löschung im Grundbuch.

Der Notar wird beauftragt folgende Unterlagen einzuholen:

- die erforderliche Abgeschlossenheitsbescheinigung, sowie
- die Löschungsbewilligung des Grundschuldgläubigers (unter Fertigung des Entwurfs der Erklärung).

Die Löschungsbewilligung wird dem Notar vom Grundschuldgläubiger auflagenfrei erteilt.

2. Antwort

Teilungserklärung nach § 8 WEG; Löschungszustimmung 42

Hinweise:

- Gem. § 42 GNotKG bestimmt sich der Wert der Teilungserklärung nach dem Wert des Grundstücks im bebauten Zustand, somit nicht nur unter Berücksichtigung des vorhandenen Bauwerks, sondern auch der Baukosten für den noch zu errichtenden Anbau.

- Die mitbeurkundeten Löschungserklärungen des Eigentümers sind neben der (einseitigen) Teilungserklärung als verschiedener Beurkundungsgegenstand eigens zu bewerten; eine nach § 109 Abs. 1 GNotKG gegenstandsgleiche Durchführungserklärung liegt nicht vor. Für die Löschungserklärungen bestimmt sich der Wert nach § 53 Abs. 1 GNotKG nach dem Nominalbetrag der Grundschuld.
- Da für die gegenstandsverschiedenen Erklärungen unterschiedliche Gebührensätze zur Anwendung kommen (1,0-Gebühr für die Teilungserklärung und 0,5-Gebühr für die Löschungserklärungen) ist eine Vergleichsberechnung nach § 94 Abs. 1 GNotKG durchzuführen. Die für den Kostenschuldner günstigere Bewertung ist vorzunehmen.

Bewertung:

- Geschäftswert
  - Teilungserklärung, § 42 GNotKG
    Wert des aufgeteilten Grundstücks zuzüglich der voraussichtlichen Baukosten für den Anbau: 350.000 EUR
  - Löschungszustimmung, § 53 Abs. 1 GNotKG Nennbetrag der zu löschenden Grundschuld: 110.000 EUR
- Gebühren

1,0-Gebühr gem. KV-Nr. 21100 GNotKG aus Wert der Teilungserklärung = 350.000 EUR	685,00 EUR
0,5-Gebühr gem. KV-Nr. 21201 Nr. 4 GNotKG aus Wert der Löschungserklärungen = 110.000 EUR	136,50 EUR

Vergleichsberechnung gem. § 94 Abs. 1 GNotKG:

1,0-Geb. gem. KV-Nr. 21100 aus den zusammengerechneten Werten der gegenstandsverschiedenen Erklärungen (= 460.000 EUR): Gebühr = 885 EUR;

Ergebnis: Die getrennte Bewertung ist kostengünstiger und daher maßgebend.

43 **Vollzugsgebühren**

Hinweise:

Die Vollzugsgebühr entsteht gem. Vorbem. 2.2.1.1 Abs. 1 S. 2 Nr. 1 u. 9 KV GNotKG für das Einholen der Abgeschlossenheitsbescheinigung sowie der Löschungsbewilligung des Grundschuldgläubigers. Es ist eine 0,3-Gebühr nach KV-Nr. 22111 GNotKG zu erheben, weil die Gebühr für das zu vollziehende Beurkundungsverfahren weniger als 2,0 beträgt. Der Geschäftswert ist gem. § 112 GNotKG nach dem vollen Wert des Beurkundungsverfahrens zu bestimmen, hier also aus der Summe der Werte für die Aufteilung und die Löschungserklärungen.

Bewertung:

Geschäftswert, § 112 GNotKG (Wert des Beurkundungsverfahrens)	460.000,00 EUR
0,3-Gebühr gem. KV-Nr. 22111 GNotKG	265,50 EUR

X. Errichtung einer Kommanditgesellschaft mit Registeranmeldung

1. Frage Teil a) Errichtung der Kommanditgesellschaft

44 Beurkundet wird ein Gesellschaftsvertrag, mit dem Erna F. zusammen mit ihren Söhnen Martin und Harald F. eine Kommanditgesellschaft errichtet.

Erna F. übernimmt die Stellung des Komplementärs (persönlich haftender Gesellschafter) der neu gegründeten Gesellschaft, die beiden anderen Gesellschafter sind Kommanditisten.

Als Einlagen haben die Gesellschafter zu erbringen:

- Erna F. eine Bareinlage in Höhe von 5.000 EUR;
- Martin und Harald F. jeweils eine Bareinlage in Höhe von 2.500 EUR.

2. Antwort Teil a)

Hinweise: 45

Der Geschäftswert des Gesellschaftsvertrages ist nach § 97 Abs. 1 GNotKG zu bestimmen. Geschäftswert ist danach die Summe aller zu erbringenden Einlagen, das sind hier insgesamt 10.000 EUR. Der Mindestwert für Gesellschaftsverträge beträgt jedoch nach § 107 Abs. 1 GNotKG 30.000 EUR. Da es sich um einen Vertrag handelt, ist eine 2,0-Gebühr nach KV-Nr. 21100 GNotKG zu erheben.

Bewertung:

Summe der Einlagen = 10.000 EUR, jedoch Mindestwert gem. § 107 Abs. 1 GNotKG	30.000,00 EUR
2,0-Gebühr gem. KV-Nr. 21100	250,00 EUR

3. Frage Teil b) Registeranmeldung

Die neu gegründete Kommanditgesellschaft wird zur Eintragung im Handelsregister angemeldet. 46

Der Notar fertigt den Entwurf der Handelsregisteranmeldung vollständig und reicht die Anmeldung nach Vornahme der Unterschriftsbeglaubigung zur Eintragung beim Handelsregister ein (in elektronischer Form durch Übersendung des von ihm erstellten XML-Strukturdatensatzes).

4. Antwort Teil b)

Geschäftswert für Entwurf der Handelsregisteranmeldung 47

Hinweise:

Der Wert der Registeranmeldung bestimmt sich nach §§ 119 und 105 Abs. 1 Nr. 5 GNotKG. Danach sind die Einlagen der Kommanditisten unter Hinzurechnung eines Betrages von 30.000 EUR für den ersten persönlich haftenden Gesellschafter maßgebend.

Für die Fertigung des Entwurfs ist die 0,5-Gebühr nach KV-Nr. 24102 GNotKG zu erheben. Nach § 92 Abs. 2 GNotKG ist der höchste Gebührensatz der Rahmengebühr anzuwenden, da der Notar den Entwurf der Handelsregisteranmeldung vollständig gefertigt hat. Die erste Unterschriftsbeglaubigung ist mit der Entwurfsgebühr abgegolten.

Bewertung:

§§ 119 Abs. 1 i.V.m. 105 Abs. 1 Nr. 5 GNotKG, Summe der Kommanditeinlagen zzgl. 30.000 EUR für den Komplementär =	35.000,00 EUR
Gebühr, 0,5 nach KV-Nr. 24102 i.V.m. KV-Nr. 21201 Nr. 5 GNotKG	67,50 EUR

Erstellung XML-Strukturdatensatz, Vollzugsgebühr in einem Entwurfsverfahren 48

Hinweise:

Die Erstellung des XML-Strukturdatensatzes ist Vollzugsgebühr nach KV-Nr. 22114 GNotKG. Es ist eine 0,3-Gebühr zu erheben. Der Geschäftswert ist nach § 112 GNotKG zu bestimmen nach dem Wert der zu vollziehenden Registeranmeldung.

Bewertung:

Geschäftswert nach § 112 GNotKG	35.000,00 EUR
Gebühr, 0,3 nach KV-Nr. 22114 GNotKG	40,50 EUR

XI. Ist ein Gebührenerlass möglich?

1. Frage

49 Der Notar beurkundet eine Grundschuld mit Unterwerfungserklärungen. Der Grundschuldbesteller ist mit dem Notar befreundet und bittet ihn, ihm einen Teil der Gebühren zu erlassen. Ist das möglich?

2. Antwort

50 Der Notar ist gem. § 17 Abs. 1 BNotO verpflichtet, die gesetzlich vorgeschriebenen Kosten zu erheben. Jede Vereinbarung über die Höhe der Kosten ist unwirksam (§ 125 GNotKG). Ein Fall nach § 17 Abs. 2 BNotO, wonach eine sittliche Pflicht für einen Erlass oder Teilerlass besteht, liegt nicht vor. Auch eine Gebührenermäßigung nach § 91 GNotKG kann nicht erfolgen, weil eine Privatperson nicht zu den begünstigten Kostenschuldnern zählt.

Der vom Grundschuldbesteller angestrebte Teilerlass der Gebühren ist also nicht möglich und wäre gem. § 125 GNotKG unwirksam.

Stichwortverzeichnis

fette Zahlen = Paragrafen, magere Zahlen = Randnummern

Abgeltungsbereich Gebühren
- Beurkundungsverfahren **1** 21
- Entwürfe, isolierte **1** 22
- Gebühren, wertabhängige **1** 21 f.

Abschrift **2** 90 f.
Annahme als Kind **2** 42 f., 162 f.
Anrechnung
- Beendigung, vorzeitige **1** 38
- Beratungstätigkeiten **1** 47
- Entwürfe, isolierte **1** 34

Auslagen **1** 128 ff.
- Dokumentenpauschale **1** 129 ff.
- Kostenrechnung/Berechnung **1** 159
- Reisekosten **1** 139 ff.
- sonstige **1** 142
- Umsatzsteuer **1** 142

Auswärtsgebühr **1** 120 ff.
- Entstehungsvoraussetzungen **1** 120
- Geschäfte, mehrere **1** 127
- Geschäfte, privilegierte **1** 125 f.
- Höhe **1** 123 f.
- Tage-/Abwesenheitsgeld **1** 122
- Unterbleiben Geschäft **1** 121

Beendigung, vorzeitige **1** 37 ff.
- Anrechnung **1** 38
- Beendigungsgebühren **1** 39
- Beendigungsvoraussetzungen **1** 37
- frühzeitige **1** 40
- nach Beginn Beurkundung **1** 42
- nach Beratung **1** 41
- nach Versand Entwurf **1** 42
- Stufen **1** 37a

Beglaubigungen **1** 65 ff.; **3** 8, 31
- Fallbeispiele **2** 90 ff.
- Schriftsatz **2** 92 f.
- Zeugnisabschrift **2** 90 f.

Beratungstätigkeiten **1** 43 ff.
- allgemeine **1** 44
- Anrechnung **1** 47
- Geschäft/Verfahren, anderes **1** 45
- Geschäftswert **1** 46
- Gesellschafter-/Hauptversammlung **1** 48
- Grundsätze **1** 43

Bescheinigungen **1** 69 ff.
Betreuungsgebühr **1** 100 ff.; **3** 5, 23
- Anzeige Sicherungsabrede **1** 107
- Auflage **1** 105
- Bescheinigung § 40 Abs. 2 GmbHG **1** 108
- Entgegennahme Grundschuldbestellungsurkunde **1** 109
- Gebührensätze **1** 101
- Gebührentatbestände **1** 102 ff.
- Geschäftswerte **2** 69 ff.
- Mitteilung Fälligkeitsvoraussetzungen **1** 104
- Prüfung/Beachtung Auszahlungsvoraussetzungen **1** 106

Betrieb, land-/forstwirtschaftlicher **2** 9
Beurkundung **1** 182 ff.; **3** 3, 21 f., 28
- Beendigung, vorzeitige **1** 37 ff.
- Begriff **1** 183
- Berechnungsweisen **1** 190 f.
- Erklärungen, mehrere **1** 184 ff.
- fremdsprachliches **1** 117
- Gebührensätze **1** 24 ff.
- Gegenstände, besondere **1** 189
- Gegenstände, verschiedene **1** 188
- Gegenstand, derselbe **1** 185 f.
- Grundsätze **1** 182

Bewertungsvorschriften **1** 12, 20; **2** 8 ff.
- Betrieb, land-/forstwirtschaftlicher **2** 9
- Bewertungszeitpunkt **2** 2
- Dienstbarkeit **2** 16 f.
- Erbbaurechtsbestellung **2** 12
- Erwerbs-/Veräußerungspflichten **2** 15
- Geschäftsanteile/-beteiligungen **2** 19 ff.
- Grundpfandrechte **2** 18
- Grundstücke **2** 8
- Kaufvertrag **2** 13
- Leistungen, wiederkehrende **2** 16 f.
- Rechte, grundstücksgleiche **2** 11
- Sicherstellungen, sonstige **2** 18
- Verfügungsbeschränkungen **2** 15
- Verpflichtungen, schuldrechtliche **2** 14
- Vor-/Wiederverkaufsrechte **2** 15
- Wohnungs-/Teileigentum **2** 10

Dienstaufsicht **1** 3
Dienstbarkeit **3** 36 ff.
- Bewertungsvorschriften **2** 16 f.
- Unterschriftsbeglaubigung **2** 86 ff.

Dokumentenpauschale **1** 129 ff.

Eheverträge/Angelegenheiten, güterrechtliche **2** 30 ff.; **3** 20 ff.
Eidesstattliche Versicherung **1** 54 ff.
– Erbscheinsantrag **2** 94 f.
– Fallbeispiele **2** 94 ff.
– Testamentsvollstreckerzeugnis **2** 96 f.
Entwürfe, isolierte **1** 31
– Abgeltungsbereich **1** 21
– Anrechnung **1** 34
– Gebührenhöhe **1** 36
– Gebührensätze **1** 30 ff.
– im Rahmen Vollzug **1** 32
– Serienentwürfe **1** 35
– Überprüfung/Ergänzung/Änderung **1** 33
Entwurfsfertigung **1** 22
Erbausschlagung **2** 76 ff.
Erbbaurechtsbestellung **2** 12
Erbscheinsantrag **1** 54 ff.; **2** 94 f.
Erbvertrag **1** 52; **3** 16 ff.
Erlass Gebühren **1** 147; **3** 49 f.
Ermäßigung Gebühren **1** 143
Erwerbs-/Veräußerungspflichten **2** 15
Europäisches Nachlasszeugnis **1** 54 ff.

Festgebühren/-werte **1** 176, 181

Gebühren, wertabhängige **1** 19 ff.
Gebührenvereinbarung **1** 2
Gerichts-/Notarkostengesetz (GNotKG) **1** 8 ff.
– Abgeltungsbereich **1** 21 f.
– Auslagen **1** 128 ff.
– Beendigung, vorzeitige **1** 37 ff.
– Beratungstätigkeiten **1** 43 ff.
– Betreuungsgebühr **1** 100 ff.
– Beurkundungsverfahren **1** 24 ff., 37 ff.
– Bewertungsvorschriften **1** 20; **2** 8 ff.
– Entwürfe, isolierte **1** 30 ff.
– Erlass **1** 147
– Ermäßigung **1** 143
– Festgebühren **1** 181
– Festwerte **1** 176
– Gebühren, wertabhängige **1** 19 ff.
– Gebührenerhebung, einmalige **1** 23
– Höchstgebühren **1** 180
– Höchstwerte **1** 174
– Kostenverzeichnis **1** 16 ff.
– Mindestgebühren **1** 178
– Mindestwerte **1** 175
– Nichterhebung **1** 148
– Paragrafenteil **1** 9 ff.
– Rahmengebühren **1** 49 ff.
– Sonstige Geschäfte **1** 64 ff.
– Tätigkeiten, gebührenfreie **1** 144 f.
– Treuhandgebühren **1** 110 ff.
– Verfahren, sonstige **1** 51 ff.
– Vollzugsgebühren **1** 71 ff.
– Zusatzgebühren **1** 113 ff.
Gerichtskosten **1** 13
Geschäftsanteile/-beteiligungen **2** 19 ff., 130 f.
Geschäftsführerbestellung/-abberufung **2** 122 f.; **3** 12
Geschäftswerte **1** 20; **2** 1 ff.
– Änderung Rechtsverhältnis **2** 7
– allgemeine **2** 5
– Annahme als Kind **2** 42 f.
– Austauschvertrag **2** 6
– Beratungstätigkeiten **1** 46
– Betreuungstätigkeiten **2** 69 ff.
– Bewertungsvorschriften **2** 8 ff.
– Bewertungszeitpunkt **2** 2
– Bruttowerte und Ausnahmen **2** 3
– Dienstbarkeit **3** 37
– Eheverträge/Angelegenheiten, güterrechtliche **2** 30 ff.
– Gesellschafterbeschlüsse **2** 61 ff.
– Gesellschaftsverträge **2** 57 ff.
– Grundnorm **2** 1
– Grundsätze **2** 1 ff.
– Hauptgegenstand **2** 4
– Kostenrechnung/Berechnung **1** 156
– Letztwillige Verfügungen **2** 35 ff.
– Miet-/Pachtverträge **2** 29
– Nachlassgericht Anträge/Erklärungen **2** 74
– Rechtswahl **2** 40
– Regelungen, konkrete **2** 22 ff.
– Registeranmeldungen **2** 44 ff.
– Treuhandgebühren **1** 111
– Vereinsregister **2** 55 f.
– Verwahrung Geld/Wertpapiere/Kostbarkeiten **2** 72 f.
– Vollmacht **2** 23 ff.
– Vollzugsgebühren **1** 89
– Vollzugsgeschäfte **2** 68
– Wertvorschriften **1** 157
– Zustimmung **2** 23 ff.
Gesellschafter-/Hauptversammlung **1** 48
– Gesellschafterbeschluss **2** 61 ff., 117 ff.; **3** 12
Gesellschaftsvertrag **2** 57 ff.
GmbH-Gründung **2** 102 ff.; **3** 10 ff.
GmbH-Liquidation **2** 124 f.
Grundpfandrecht **2** 18, 80 ff.

Grundschuldbestellungen **1** 109; **2** 132 ff.; **3** 24 ff.
Grundstück **2** 8
Grundstückskaufvertrag **2** 142 ff.
Grundstücksüberlassungen **2** 150 ff.; **3** 33 ff.

Höchstgebühren/-werte **1** 174, 180

Kapitalerhöhung **2** 117 ff.
Kaufvertrag **2** 13, 142 ff.; **3** 2 ff.
Kommanditgesellschaft **3** 44 ff.
– Kommanditist Ausscheiden/Eintritt **2** 128 f.
Kostenauskünfte **1** 149 f.
Kostengläubiger/-schuldner **1** 161, 168 ff.
– Haftung, gesetzliche **1** 170
– Reihenfolge Inanspruchnahme **1** 173
– Schuldner, mehrere **1** 172
– Übernahmeschuldner **1** 169
– Urkundsbeteiligte **1** 171
– Veranlassungsschuldner **1** 168
Kostenrechnung/Berechnung **1** 151 ff.
– Änderung, nachträgliche **1** 166
– Aufbewahrung/Kopie zu den Akten **1** 167
– Auslagen **1** 159
– Berechnungsweisen Beurkundung **1** 190 f.
– Beträge Gebühren **1** 158
– Formerfordernisse **1** 151
– Formmängel **1** 163
– Geschäftsgegenstand **1** 152
– Geschäftswert **1** 156
– Inhalt **1** 152 ff.
– Kostengläubiger/-schuldner **1** 161
– Nummern KV **1** 153 ff.
– Posten, durchlaufende **1** 165
– Rechtsbehelfsbelehrung **1** 162
– Verjährung **1** 164
– Vorschüsse **1** 160
– Wertvorschriften **1** 157
– Zwangsvollstreckung **1** 165
Kostenverzeichnis **1** 16 ff.

Leistungen, wiederkehrende **2** 16 f.
Letztwillige Verfügungen **2** 35 ff., 158 f.

Miet-/Pachtverträge **2** 29
Mindestgebühren/-werte **1** 175, 178

Nachlassgericht Anträge/Erklärungen **2** 74
Nichterhebung Gebühren **1** 148
Notarkosten **1** 1 ff.
– Begriff **1** 1
– Beitreibung **1** 7
– Gerichts-/Notarkostengesetz (GNotKG) **1** 8 ff.
– Grundlage **1** 8
– Kostenvorschuss **1** 6
– Prüfung durch Dienstaufsicht **1** 3
– Überprüfung, gerichtliche **1** 4
– Verbot der Gebührenvereinbarung **1** 2
– Zurückbehaltungsrecht **1** 5

Rahmengebühren **1** 49 ff.
Rechte, grundstücksgleiche **2** 11
Rechtsbehelfsbelehrung **1** 162
Rechtswahl **2** 40
Registeranmeldungen **3** 14
– Anmeldungen, sonstige **2** 49
– Einzelkaufmann **2** 126 f.
– Erstanmeldungen **2** 50
– Fallbeispiele **2** 98 ff., 122 ff.
– Geldbetrag, bestimmter **2** 45 ff.
– Geschäftswerte **2** 44 ff.
– Gesellschaften, privilegierte **2** 53
– Handelsregister **2** 122 ff.
– Höchstwert **2** 54
– Kommanditgesellschaft **2** 128 f.; **3** 47
– ohne Bedeutung, wirtschaftliche **2** 52
– ohne Geldbetrag **2** 50 f.
– Unterschriftsbeglaubigungen **1** 99
– Vereinsregister **2** 55 f., 98 ff.
Reisekosten **1** 139 ff.

Scheck-/Wechselprotest **1** 58
Schenkung **2** 152 f.
Sicherstellungen, sonstige **2** 18
Sonstige Geschäfte **1** 64 ff.
– Beglaubigungen **1** 65 ff.
– Bescheinigungen **1** 69 ff.
– Verwahrung Geld/Wertpapiere/Kostbarkeiten **1** 70
– Zeugnisse, sonstige **1** 65 ff.

Tätigkeiten, gebührenfreie **1** 144 f.
Tage-/Abwesenheitsgeld **1** 122, 141
Testamentsvollstreckerzeugnis **2** 96 f.
Treuhandgebühren **1** 110 ff.; **3** 6
– Auflagen, mehrere **1** 112
– Geschäftswert **1** 111

Überprüfung, gerichtliche Gebühren **1** 4
Übersetzung **1** 118
UG-Gründung **2** 112 ff.
Umsatzsteuer **1** 142
Unterschriftsbeglaubigungen **2** 76 ff.
– Dienstbarkeit, beschränkt persönliche **2** 86 ff.

– Erbausschlagung **2** 76 ff.
– Grundpfandrecht **2** 80 ff.
– Löschung Wohnungsrecht **2** 84 f.
– Registeranmeldung **1** 99
Unzeitgebühr **1** 114

Vereinsregister **2** 55 f., 98 ff.
Verfahren, sonstige **1** 51 ff.
– Eidesstattliche Versicherung **1** 54 ff.
– Grundstücksversteigerung **1** 60
– Rückgabe Erbvertrag **1** 52
– Scheck-/Wechselprotest **1** 58
– Teilungssachen **1** 63
– Verlosung/Auslosung **1** 53
– Vermögensverzeichnis/Siegelung **1** 59
– Versteigerung Sachen, bewegliche/Rechte **1** 61
– Vorbereitung Zwangsvollstreckung **1** 62
Verfügungsbeschränkungen **2** 15
Verjährung **1** 164
Verlosung/Auslosung **1** 53
Vermögensverzeichnis/Siegelung **1** 59
Verpflichtungen, schuldrechtliche **2** 14
Versteigerung
– Grundstücksversteigerung **1** 60 f.
Verwahrung Geld/Wertpapiere/Kostbarkeiten **1** 70
– Geschäftswerte **2** 72 f.
– Prüfung/Beachtung Auszahlungsvoraussetzungen **1** 106
Vollmachten **3** 9, 39 f.
– Fallbeispiel **2** 160 f.
– Geschäftswerte **2** 23 ff.
– Vorsorgevollmacht **2** 26
Vollzugsgeschäfte **1** 71 ff.; **3** 4, 13, 32, 35, 42
– Anfordern Vollzugserklärung **1** 90
– Erhebung, einmalige **1** 73
– Fälle, besondere **1** 91 ff.
– Gebührensätze **1** 88, 97
– Geschäftswert **1** 89, 97; **2** 68
– Regelungsbereich **1** 74
– Tätigkeiten, gebührenauslösende **1** 75 ff.
– Unterschriftsbeglaubigung HR-Anmeldung **1** 99
– Vollzugsauftrag **1** 72
– XML-Strukturdatei **1** 95 ff.
Vor-/Wiederverkaufsrechte **2** 15
Vorschuss **1** 6, 160

Wohnungs-/Teileigentum
– Begründung **2** 154 ff.
– Bewertungsvorschriften **2** 10
– Fallbeispiele **2** 146 ff., 154 ff.
– Teilungssachen **1** 63; **2** 156 f.; **3** 41 f.
Wohnungsrecht **2** 84 f.

Zeugen-/Sachverständigenvernehmung **1** 54 ff.
Zeugnisse, sonstige **1** 65 ff.
Zurückbehaltungsrecht Gebühren **1** 5
Zusatzgebühren **1** 113 ff.
– Auswärtsgebühr **1** 120 ff.
– Gebührenhöhe **1** 119, 123 ff.
– Tätigkeiten, fremdsprachliche **1** 115 ff.
– Unzeitgebühr **1** 114
Zustimmung **2** 23 ff.
Zwangsvollstreckung **1** 62, 165